中国高等学校信息管理与信息系统专业规划教材

丛书主编：陈国青

信息系统项目管理
（第二版）

左美云　主　编
李　倩　副主编

清华大学出版社
北京

内 容 简 介

信息系统开发技术与信息系统项目管理是信息系统建设成功的两个重要支柱。本书围绕信息系统项目的立项、计划、执行、控制、验收五个项目管理的过程，重点讨论了信息系统项目的范围、进度、成本、质量、人力资源、沟通、风险、采购、干系人和整体管理十个项目职能管理的知识点。该书将案例教学法、体验式教学法、互动式教学法体现在书中，以增强读者对各种项目管理的工具和模板的直观认识。

本书是普通高等教育"十一五"国家级规划教材——"中国高等学校信息管理与信息系统专业规划教材"之一，可作为信息管理与信息系统、电子商务、电子政务、计算机应用、物流管理、信息安全、工商企业管理、软件工程等专业本科生的教材，也可作为系统集成项目经理培训教材，还可作为相关专业硕士生以及各类 IT 项目经理的培训教材和参考资料。

本书封面贴有清华大学出版社防伪标签，无标签者不得销售。
版权所有，侵权必究。举报：010-62782989，beiqinquan@tup.tsinghua.edu.cn。

图书在版编目（CIP）数据

信息系统项目管理/左美云主编. --2 版. --北京：清华大学出版社，2014（2023.8重印）
中国高等学校信息管理与信息系统专业规划教材
ISBN 978-7-302-38201-0

Ⅰ. ①信… Ⅱ. ①左… Ⅲ. ①信息系统－项目管理－高等学校－教材 Ⅳ. ①G202

中国版本图书馆 CIP 数据核字（2014）第 230614 号

责任编辑：刘向威
封面设计：常雪影
责任校对：焦丽丽
责任印制：曹婉颖

出版发行：清华大学出版社
　　　网　　址：http://www.tup.com.cn, http://www.wqbook.com
　　　地　　址：北京清华大学学研大厦 A 座　　邮　编：100084
　　　社 总 机：010-83470000　　　　　　　　邮　购：010-62786544
　　　投稿与读者服务：010-62776969, c-service@tup.tsinghua.edu.cn
　　　质量反馈：010-62772015, zhiliang@tup.tsinghua.edu.cn
　　　课件下载：http://www.tup.com.cn, 010-83470236
印 装 者：三河市龙大印装有限公司
经　　销：全国新华书店
开　　本：185mm×260mm　　　印　张：13.25　　　字　数：324 千字
版　　次：2008 年 5 月第 1 版　2014 年 12 月第 2 版　印　次：2023 年 8 月第 9 次印刷
印　　数：12401～12900
定　　价：39.00 元

产品编号：061452-02

前 言

FOREWORD

随着社会的进步，特别是近几年信息技术的快速发展，信息系统在国民经济和人们生活中发挥着越来越重要的作用。几乎所有人都有使用信息系统的需要，几乎所有商业模式、管理业务都需要信息系统支撑。作为信息管理与信息系统及其相关专业的一门必修的核心课程，"信息系统项目管理"的重要性日趋凸显。作为教材的编者，我们意识到，需要对"信息系统项目管理"教材进行深入的修订和完善，以适应不断发展的现实需求。

基于编者在每年教学实践中的不断打磨，与使用该教材的同学们和老师们的不断交流，听取合理化建议，结合最近一段时间信息系统的新特点和新发展，以及项目管理知识体系指南(PMBOK)2012版内容，对第一版的内容进行了或精炼、或删除、或完善、或增加的修订。大的修订主要体现在如下各章：

第1章，关于信息系统项目的特点与规划。对应于PMBOK 2012版的最新变化，介绍了项目管理的十大（而非第一版中九大）知识体系。同时，依据PMBOK 2012版的最新内容，修订了本章中对各知识体系的简要介绍。

第3章，关于信息系统项目的范围与计划。根据PMBOK 2012版增加了范围计划与管理的制订过程，将范围计划作为项目计划的一个重点子计划单独进行系统介绍，让读者对范围计划有较全面的理解。另外，考虑到资源计划经常和成本计划一起进行，方法也相似，所以把资源计划相关内容并入成本计划，这样充实了成本计划，增加了成本估算方法的介绍。

第4章，关于信息系统项目的执行与监控。重新组织编排与补充了范围变更控制的介绍，增加了范围控制的依据、变更控制的步骤，以及如何防范变更等内容。另外，增加了项目管理工具与技术的表格，列举了常用的工具与技术，并且补充完善了进度控制方法内容。

第5章，关于信息系统项目人力资源与沟通。围绕社交网络、虚拟社区、云存储等新型网络技术，在本章知识管理部分增加了"新型网络技术对团队知识管理的影响"，在项目沟通部分增加了"新型网络环境下的项目沟通"，分析了采用Web 2.0等网络应用进行知识管理和沟通，具备哪些新特点，以及对项目产生了怎样的作用。

第6章，关于信息系统项目的质量与风险。增加了"新型网络环境下信息系统安全面临的新挑战"和"云安全技术"部分，介绍了由于恶意软件发展和用户参与广泛程度的增加所带来的信息安全新挑战，以及在"云端"进行安全防范的新技术。更新和完善了关于质量管理标准、信息安全的国家标准新版本的内容。

第一版的第7章是"信息系统项目的运行与维护"，不少来信交流的老师们认为虽然信息系统的运行与维护非常重要，但是这一部分内容与项目管理联系不够紧密，而且在"管理信息系统"等课程当中相关内容均有所涉及。因此,该章在第二版中被删除。

第 7 章,关于项目管理软件,对应于第一版中的第 8 章。之前的内容涉及项目管理软件与系统监控软件。在这次修订中,删除了关于监控软件的内容,使得内容重点更加明确。同时,配合实例,详细介绍了项目管理软件最新版本 Microsoft Project 2013 的主要功能,而非第一版中使用的软件 Microsoft Project 2007。

第 8 章,关于典型信息系统项目管理,源于第一版中第 9 章的内容,并根据所涉及的三种类型信息系统 ERP、电子商务和电子政务的新特点,进行了修订补充。

除以上各章的较大范围的修订外,小的修订也有不少,这里就不再赘述。

本书第一版将案例教学法、体验式教学法、互动式教学法体现在教材中的做法,受到了教师们的广泛赞许。延续此做法,在第二版教材中设计了一个项目"学院网站信息系统建设"作为案例,贯穿本书的始终,以增强读者对各种项目管理的工具和模板的直观认识。

本书经过 2008 年第一版的发行使用,得到很多同行的建议和意见,这里一并感谢。我们希望通过版次的提升,使该书不断求"精",不断求"新"。我们真诚地希望第二版能继续得到同行和读者的支持和指导,请将意见或反馈等函至中国人民大学信息学院经济信息管理系左美云教授(邮政编码:100872),或电子邮箱:zuomy@ruc.edu.cn。

本书的第二版共分 8 章。具体分工如下:左美云博士完成第 1 章和第 7 章;杨波博士完成第 2 章;余力博士完成第 3 章和第 4 章;李倩博士完成第 5 章和第 6 章;左美云和杨波博士联合编写第 7 章;以钟兰云为主,张策协助,两位同志在左美云老师的指导下完成了全书案例部分的修订和项目管理软件部分的修订工作。全书由李倩、左美云两位老师进行了最终修改和完善。

因水平和精力有限,错误与不足之处在所难免,敬请读者不吝指正。

编　者
2014 年 7 月

目 录

CONTENTS

第1章　信息系统项目的特点与规划 ··· 1

1.1　项目管理的基本内容 ·· 1
 1.1.1　项目管理的由来与发展 ··· 1
 1.1.2　推广项目管理的权威机构 ·· 2
 1.1.3　项目的职能管理 ·· 4
 1.1.4　项目的过程管理 ·· 6

1.2　信息系统项目的特点与生命期 ·· 8
 1.2.1　信息系统项目的特点 ·· 8
 1.2.2　信息系统项目的生命期 ··· 9

1.3　组织信息化战略 ·· 12
 1.3.1　IT治理的含义和框架 ·· 12
 1.3.2　信息化成熟度模型 ··· 14
 1.3.3　组织的信息化战略 ··· 16

1.4　组织信息化项目规划方法 ·· 18
 1.4.1　信息化项目规划的步骤 ··· 18
 1.4.2　信息化项目规划的内容 ··· 19
 1.4.3　关键成功因素法与价值链分析法 ·· 22
 1.4.4　其他信息化项目规划方法 ·· 23

思考题 ·· 24

第2章　信息系统项目的立项与评价 ··· 26

2.1　CIO与信息系统项目 ·· 26
 2.1.1　CIO的概念及职责 ··· 26
 2.1.2　CIO的角色与信息系统项目 ·· 27

2.2　信息系统项目的可行性研究 ··· 28
 2.2.1　可行性研究的内容与方法 ·· 28
 2.2.2　需求调研的内容与方法 ··· 30
 2.2.3　信息系统项目的建设方式 ·· 32

  2.2.4　可行性研究报告的撰写 ·· 34
 2.3　信息系统项目的招标与评价 ·· 37
  2.3.1　信息系统项目的招标流程 ·· 37
  2.3.2　信息系统项目的招标书 ··· 38
  2.3.3　信息系统项目的投标书 ··· 41
  2.3.4　信息系统项目承包商的选择 ·· 42
  2.3.5　信息系统项目效益的评价 ·· 43
 2.4　信息系统项目的合同 ··· 43
  2.4.1　合同的一般格式与主要内容 ·· 44
  2.4.2　合同中的非价格条款 ··· 44
  2.4.3　项目章程的颁布和合同的管理 ·· 45
  2.4.4　案例：学院网站建设项目的项目章程 ·· 46
 思考题 ··· 48

第 3 章　信息系统项目的计划与范围 ·· 49

 3.1　信息系统的项目计划 ··· 49
  3.1.1　项目计划概述 ·· 49
  3.1.2　项目计划的编制过程 ··· 51
 3.2　信息系统项目的范围管理 ·· 53
  3.2.1　信息系统项目的范围 ··· 53
  3.2.2　工作分解结构 ·· 55
  3.2.3　案例：学院网站建设项目的工作分解结构 ···································· 57
 3.3　信息系统项目的进度计划 ·· 59
  3.3.1　活动定义、排序与表示 ··· 59
  3.3.2　网络计划技术 ·· 62
  3.3.3　案例：学院网站建设项目的网络图和甘特图 ·································· 65
 3.4　信息系统项目的成本计划 ·· 69
  3.4.1　信息系统项目成本的估算 ··· 69
  3.4.2　信息系统项目成本的预算与报价 ·· 70
  3.4.3　信息系统项目人力资源的规划与平衡 ·· 71
  3.4.4　案例：学院网站建设项目的成本计划 ·· 72
 思考题 ··· 73

第 4 章　信息系统项目的执行与监控 ·· 74

 4.1　项目管理方法论 ·· 74
  4.1.1　项目管理方法论的重要性 ··· 74
  4.1.2　项目管理方法论的内容 ··· 75
  4.1.3　项目管理方法论的裁剪与集成 ·· 77
  4.1.4　相关管理标准与项目管理方法论的关系 ······································ 78

4.2 项目文档管理与项目管理信息系统 ……… 78
4.2.1 信息系统项目的文档管理 ……… 78
4.2.2 项目管理信息系统的功能与结构 ……… 81
4.2.3 案例：学院网站建设项目的文档管理 ……… 82
4.3 信息系统项目的范围变更管理 ……… 84
4.3.1 信息系统项目范围变更的原因 ……… 85
4.3.2 信息系统范围变更控制的方法 ……… 85
4.3.3 案例：学院网站建设项目的范围变更管理 ……… 87
4.4 信息系统项目的进度与成本控制 ……… 87
4.4.1 信息系统项目进度、成本控制的一般方法 ……… 87
4.4.2 挣值分析与时间-成本平衡法 ……… 90
4.4.3 案例：学院网站建设项目的进度和成本控制 ……… 96
思考题 ……… 100

第5章 信息系统项目的人力资源与沟通 ……… 101
5.1 信息系统项目人力资源与组织结构 ……… 101
5.1.1 项目团队的激励理论 ……… 101
5.1.2 项目成员的数量、质量和结构 ……… 103
5.1.3 信息系统项目与企业的组织结构 ……… 104
5.1.4 案例：学院网站建设团队的组织结构 ……… 107
5.2 信息系统项目团队的管理 ……… 108
5.2.1 信息系统项目成员的职业生涯规划 ……… 108
5.2.2 项目团队的知识地图与职责分配矩阵 ……… 109
5.2.3 项目成员的个人时间管理 ……… 112
5.2.4 案例：学院网站建设团队知识地图与职责分配矩阵 ……… 113
5.3 信息系统项目团队建设与考核 ……… 115
5.3.1 项目团队内部的组织结构 ……… 115
5.3.2 团队知识的沉淀与转移 ……… 116
5.3.3 项目团队的激励与授权 ……… 118
5.3.4 项目成员和团队的考核 ……… 120
5.3.5 案例：学院网站建设团队的考核指标体系 ……… 122
5.4 信息系统项目的沟通管理 ……… 123
5.4.1 信息系统项目的干系人分析 ……… 123
5.4.2 信息系统项目沟通的特点与内容 ……… 125
5.4.3 信息系统项目沟通的方式与技巧 ……… 127
5.4.4 案例：学院网站建设项目的干系人分析 ……… 129
思考题 ……… 130

第 6 章 信息系统项目的质量与风险 ………………………………… 132

6.1 信息系统项目质量管理 ……………………………………………… 132
- 6.1.1 信息系统项目的全面质量管理 …………………………………… 132
- 6.1.2 质量管理标准 ……………………………………………………… 134
- 6.1.3 软件能力成熟度模型 ……………………………………………… 135
- 6.1.4 信息系统项目的质量规划和质量保证 …………………………… 137
- 6.1.5 信息系统项目的质量控制 ………………………………………… 141

6.2 信息系统安全、监理与审计 …………………………………………… 144
- 6.2.1 信息系统安全 ……………………………………………………… 144
- 6.2.2 信息系统监理 ……………………………………………………… 146
- 6.2.3 信息系统审计 ……………………………………………………… 149

6.3 信息系统项目风险管理 ……………………………………………… 151
- 6.3.1 信息系统项目的风险识别 ………………………………………… 151
- 6.3.2 信息系统项目的风险定性定量分析 ……………………………… 153
- 6.3.3 信息系统项目的风险应对与监控 ………………………………… 155
- 6.3.4 案例：学院网站建设项目的风险识别、分析与应对 …………… 157

思考题 ……………………………………………………………………… 159

第 7 章 项目管理软件 ……………………………………………………… 160

7.1 项目管理软件概述 …………………………………………………… 160
- 7.1.1 适用于项目管理不同阶段的软件 ………………………………… 160
- 7.1.2 适用于不同项目对象的软件 ……………………………………… 161
- 7.1.3 项目管理软件的不同功能 ………………………………………… 161

7.2 Microsoft Project 2013 介绍 ………………………………………… 162
- 7.2.1 Microsoft Project 2013 中的项目范围管理 ……………………… 164
- 7.2.2 Microsoft Project 2013 中的项目资源管理 ……………………… 172
- 7.2.3 Microsoft Project 2013 中的项目成本管理 ……………………… 176
- 7.2.4 Microsoft Project 2013 中的项目进度管理 ……………………… 183

思考题 ……………………………………………………………………… 187

第 8 章 典型信息系统项目管理 ……………………………………………… 188

8.1 企业资源计划项目管理 ……………………………………………… 188
- 8.1.1 企业资源计划项目的特点 ………………………………………… 188
- 8.1.2 ERP 选型的一般方法 ……………………………………………… 189
- 8.1.3 ERP 实施准备 ……………………………………………………… 191
- 8.1.4 ERP 上线试运行 …………………………………………………… 192
- 8.1.5 ERP 项目的验收与后评估 ………………………………………… 193

8.2 电子商务项目管理 …………………………………………………… 194

    8.2.1 电子商务项目的特点 …………………………………………… 194
    8.2.2 电子商务系统建设的一般方法 ……………………………… 195
    8.2.3 电子商务项目的实施 ………………………………………… 196
    8.2.4 电子商务项目的验收与后评估 ……………………………… 197
  8.3 电子政务项目管理 ………………………………………………………… 197
    8.3.1 电子政务项目的特点 ………………………………………… 197
    8.3.2 电子政务系统建设和运维的一般方法 ……………………… 198
    8.3.3 电子政务项目的实施 ………………………………………… 199
    8.3.4 电子政务项目的验收与后评估 ……………………………… 200
 思考题 …………………………………………………………………………… 200

主要参考文献 ……………………………………………………………………… 202

第 1 章　信息系统项目的特点与规划

信息系统开发技术与信息系统项目管理是信息系统建设成功的两个重要支柱。信息系统开发技术是考虑选用何种开发模式和架构、何种数据库、何种开发环境和工具、何种网络结构、何种开发方式等系统建设的技术问题,而信息系统项目管理则是考虑如何组织人力、如何安排进度、如何控制成本和质量、如何达到客户满意度等系统建设的管理问题。以上两个支柱是信息系统项目建设成功的重要保证,偏废了哪一方都可能会导致项目的失败。

本章首先介绍项目管理的基本内容,然后,讨论信息系统项目的特点和生命期,之后讲授组织的信息化战略,以及如何根据战略来进行信息化项目的规划。因为信息系统项目都不是孤立的,信息系统的建设是应组织的业务需求而提出的,组织有什么样的战略,就应该导出相应的信息化战略,然后根据信息化战略进行信息化项目的规划。在此基础上,才会有对每一个具体项目的管理。

1.1　项目管理的基本内容

本节首先简要回顾项目管理的由来与发展,简要介绍研究和推广项目管理的权威机构,然后从职能和过程的两个维度对项目管理的内容进行简要阐述。

1.1.1　项目管理的由来与发展

通俗地讲,项目就是在一定的资源约束下完成既定目标的一次性任务。这个定义包含三层意思:一定资源约束、一定的目标、一次性任务。这里的资源包括时间资源、经费资源、人力资源、物质资源(比如工具、设备)等。所谓项目管理,就是指在项目活动中运用知识、技能、工具和技术,以满足项目干系人对项目的需求和期望的过程。

一般来说,项目管理学科起源于 20 世纪 50 年代,再远则可以追溯到 20 世纪初,在发展过程中有以下一些标志性事件:

1917 年,亨利·甘特发明了著名的甘特图,使项目经理可以按日历制作任务图表,方便日常工作安排;

1957 年,杜邦公司将关键路径法(CPM)应用于设备维修,使维修停工时间由 125 小时锐减为 7 小时;

1958 年,在北极星导弹设计中,应用计划评审技术(PERT),将项目任务之间的关系模型化,将设计完成时间缩短了 2 年;

20 世纪 60 年代著名的阿波罗登月计划,采用了网络计划技术,使得耗资 300 亿美元、2 万家企业参加、40 万人参与、700 万个零部件的项目顺利完成;

直到20世纪80年代,项目管理主要还限于建筑、国防、航天等少数行业。实际上,我国和世界其他各国历史上都有许多成功的项目管理范例。项目管理的实践可以追溯到古代的一些主要基础设施如埃及金字塔、欧洲的古教堂、中国的都江堰、万里长城、京杭大运河等的建设之中。提到项目管理,读者一般会想到大型的工程项目,如三峡工程、奥运场馆建设、黄河小浪底工程、上海洋山港工程、青藏铁路、南水北调、西气东输、西电东送等大型工程项目,确实,项目管理的技术和方法为这些大型工程项目的成功建设提供了有力的保证。

如果要将项目管理划分为两个阶段的话,那么,20世纪80年代之前为传统的项目管理阶段,重点应用于前述的工程项目;20世纪80年代之后则为现代项目管理阶段,这个时候的项目已经泛化了。像家庭装修、旅游、婚宴、培训、电影拍摄、电视节目制作等等这样一次性的活动都可以作为项目来进行管理。《财富》杂志曾经断言:"21世纪是项目管理的世纪,因为一切商务活动都可能转化为项目进行管理。"显然,项目管理理论知识虽然来自于工程项目领域,但现在已经广泛应用于各行各业中,尤其是IT项目中。

1.1.2 推广项目管理的权威机构

项目管理能得到各行各业的重视和快速发展,离不开权威机构的推广。下面介绍几个主要的项目管理推广机构以及相应的知识体系。

1. 美国项目管理学会

美国项目管理学会,即PMI(Project Management Institute),是成立于1969年一个国际性组织,是项目管理专业领域中最大的、由研究人员、学者、顾问和经理组成的全球性专业组织,学会的网址为http://www.pmi.org。这个组织的出现大大推动了项目管理的发展。

PMI在1987年推出了项目管理知识体系指南(Project Management Body Of Knowledge,PMBOK),这是项目管理发展史上的一个里程碑。PMBOK从1996年推出新版本开始,每隔四年修订一次,此后分别在2000、2004、2008和2012年进行了四次修订,使该体系更加成熟和完整。最新的PMBOK 2012版本的知识体系把项目管理归纳为项目整体管理、项目范围管理、项目时间管理、项目费用管理、项目质量管理、项目人力资源管理、项目沟通管理、项目干系人管理、项目风险管理和项目采购管理十大知识领域。

PMI组织的项目管理资格认证考试(Project Management Professional,PMP)已经成为项目管理领域的权威认证。每年全球都有大量从事项目管理的人员参加PMP资格认证。截至2013年12月份中国参加考试的人员17万多人,顺利拿到PMP证书的人数约7.5万人。

2. 国际项目管理协会

国际项目管理协会,即IPMA(International Project Management Association),创建于1965年,是国际上成立最早的项目管理专业组织,网址为http://www.ipma.ch。其目的是促进国际间项目管理的交流,为国际项目领域的项目经理之间提供一个交流各自经验的论坛。IPMA的成员主要是各个国家的项目管理协会,到目前为止共有英国、法国、德国、中国、澳大利亚等50多个成员国组织,这些国家的组织用他们自己的语言服务于本国项目管理的专业需求。

国际项目管理专业资质认证（International Project Management Professional，IPMP）是 IPMA 在全球推行的四级项目管理专业资质认证体系的总称。根据 IPMP 认证等级划分获得 IPMP 各级项目管理认证的人员，将分别具有负责大型国际项目、大型复杂项目、一般复杂项目或具有从事项目管理专业工作的能力。

IPMP 认证的基准是国际项目管理专业资质标准（IPMA Competence Baseline，ICB），由于各国项目管理发展情况不同，各有各的特点，因此 IPMA 允许各成员国的项目管理专业组织结合本国特点，参照 ICB 制订在本国认证国际项目管理专业资质的国家标准（National Competence Baseline，NCB），这一工作授权于代表本国加入 IPMA 的项目管理专业组织完成。

3. 英国商务部与 PRINCE 2

早在 20 世纪 70 年代，英国政府就要求所有政府的信息系统项目必须采用统一的标准进行管理。20 世纪 80 年代英国政府计算机和电信中心（CCTA）（后来并入英国政府商务部（OGC，网址为 http://www.ogc.gov.uk））出资研究开发 PRINCE，1989 年 PRINCE 正式成为英国政府 IT 项目的管理标准。

PRINCE，是 PRojects IN Controlled Environments（受控环境中的项目）的缩写，是组织、管理和控制项目的方法。1993 年，OGC 又将注意力转移到 PRINCE 新改版 PRINCE 2 的开发。通过整合现有用户的需求，同时提升该方法成为面向所有类型项目的、通用的、最佳实践的项目管理方法，1996 年开发工作正式结束。目前，PRINCE 2 已成为了英国政府、公共部门、私营企业广泛接受的项目管理事实上的标准，PRINCE 2 已风行欧洲与北美等国家。

PRINCE 2 是基于过程（Process-based）的方法，它提供从项目开始到项目结束覆盖整个项目生命期的基于过程的结构化的项目管理方法，适合于所有类型项目（不管项目的大小和领域，不再局限于 IT 项目），是一种易于剪裁和灵活使用的管理方法。目前全世界已有 40 多万人获得 PRINCE 2 从业资格证书（Practitioner Certificate）。

4. 中国项目管理研究委员会（PMRC）

中国项目管理研究委员会，即 PMRC（Project Management Research Committee，China），成立于 1991 年 6 月，作为中国项目管理专业组织的代表加入了国际项目管理协会（IPMA），成为 IPMA 的成员组织，网址为 http://www.pmrc.org.cn/。PMRC 的宗旨是致力于推进我国项目管理学科建设和项目管理专业化发展，推进我国项目管理与国际项目管理专业领域的交流与合作，使我国项目管理水平尽快与国际接轨。其上级组织是由我国著名数学家华罗庚教授组建的中国优选法统筹法与经济数学研究会。

中国项目管理研究委员会自成立以来，立足于我国项目管理学科的基础建设，建立了与国际接轨的《中国项目管理知识体系（C-PMBOK）》，引进并推行"国际项目管理专业资质认证（IPMP）"，基于国际项目管理协会推出的认证标准 ICB（IPMA Competence Baseline）建立了既能适合我国的国情又能得到国际认可的中国项目管理能力基准（C-NCB）。

5. 中国人力资源和社会保障部与项目管理师

中国的项目管理师(China Project Management Professional)国家职业资格认证是中华人民共和国人力资源和社会保障部在全国范围内推行的项目管理专业人员资质认证体系的总称。它共分为四个等级：项目管理员(国家职业资格四级)、助理项目管理师(国家职业资格三级)、项目管理师(国家职业资格二级)、高级项目管理师(国家职业资格一级)，每个等级分别授予不同级别的证书。认证不但对项目管理的基础知识、基本技能进行严格的考试，而且严格地考察项目管理者的学历、实践经验、职业道德和相关的法律法规。

6. 系统集成项目经理与信息系统项目管理师

为了促进计算机信息系统集成行业的发展，规范行业管理，提高计算机信息系统集成项目管理水平和项目建设质量，原信息产业部于2002年发布了《计算机信息系统集成项目经理资质管理办法(试行)》的通知，明确系统集成项目经理考试(又称系统集成项目管理工程师考试)是由国家软考办(全国计算机软件资格考试办公室)承办的职业资格考试，合格人员能够掌握系统集成项目管理的知识体系；具备管理系统集成项目的能力；能根据需求组织制订可行的项目管理计划；能够组织项目实施，对项目进行监控并能根据实际情况及时做出调整，系统地监督项目实施过程的绩效，保证项目在一定的约束条件下达到既定的目标；能分析和评估项目管理计划和成果；能对项目进行风险管理，制订并适时执行风险应对措施；能协调系统集成项目所涉及的相关单位和人员；具有工程师的实际工作能力和业务水平。

信息系统项目管理师考试(又称系统集成高级项目经理考试)也是由国家软考办承办的职业资格考试，合格人员能够掌握信息系统项目管理的知识体系，具备管理大型、复杂信息系统项目和多项目的经验和能力；能够根据需求组织制订可行的项目管理计划；能够组织项目实施，对项目的人员、资金、设备、进度和质量等进行管理，并能根据实际情况及时做出调整，系统地监督项目实施过程的绩效，保证项目在一定的约束条件下达到既定的目标；能分析和评估项目管理计划和成果；能在项目进展的早期发现问题，并有预防问题的措施；能协调信息系统项目所涉及的相关人员；具有高级工程师的实际工作能力和业务水平。

除以上权威机构在推动项目管理外，实际上，还有许多民间社团和组织在推动项目管理的普及和发展，由于篇幅关系，这里就不一一详述。

项目管理有两个管理的维度，一个是职能管理，即项目管理的十大知识体系，一个是过程管理，即通常所说的项目的启动、计划、执行、控制和收尾五个过程。下面就从这两个角度进行讲解。

1.1.3 项目的职能管理

美国项目管理学会对项目管理的知识体系进行了规范，将项目管理知识结构化后分为十大知识体系，也即项目整体管理、项目范围管理、项目时间管理、项目费用管理、项目质量管理、项目人力资源管理、项目沟通管理、项目风险管理、项目采购管理和项目干系人管理。这十大知识领域又称项目的十大职能管理。本节介绍美国项目管理学会推出的PMBOK 2012年修订版的框架，参见图1.1。

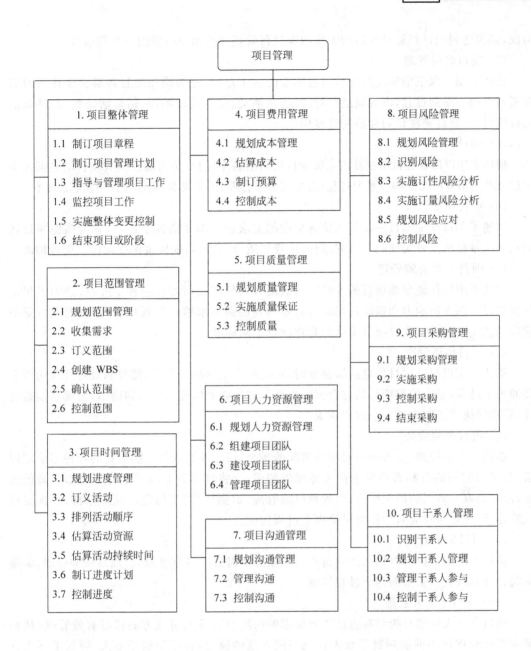

图1.1 项目管理的十大知识体系(PMBOK 2012版)

(1) 项目整体管理

描述了用以保证各种项目要素能够相互协调所需要的各个过程,由制订项目章程、制订项目管理计划、指导与管理项目工作、监控项目工作、实施整体变更控制、结束项目或阶段六个过程构成。实际上,项目的整体工作就是要将另外九个知识点的管理进行权衡和整合,目的是项目的成功。

(2) 项目范围管理

描述了用以保证项目包含且只包含所有需要完成的工作,以便顺利完成项目所需要的各个过程,由规划范围管理、收集需求、定义范围、创建WBS、确认范围、控制范围六个过程构成,是为达到项目目标对项目的工作内容进行管理和控制所需要的一系列过程。

(3) 项目时间管理

描述了用以保证能够按时完成项目所需的各个过程,是为确保项目各部分工作按时完成所需要的一系列过程,由规划进度管理、定义活动、排列活动顺序、估算活动资源、估算活动持续时间、制订进度计划和控制进度构成。

(4) 项目费用管理

描述了用以保证在批准预算内完成项目所需的各个过程,是为确保完成项目的总费用不超过批准的预算所需要的一系列过程,由规划成本管理、估算成本、制订预算和控制成本构成。

(5) 项目质量管理

描述了用以保证项目满足其所执行标准的要求而所需要的各个过程,是为确保项目达到其质量目标所需要实施的一系列过程,由规划质量管理、实施质量保证和控制质量构成。

(6) 项目人力资源管理

描述了用以保证参加项目的人员能够被最有效使用而所需要的各个过程,是为了保证所有项目干系人的能力和积极性得到最有效的利用而采取的一系列步骤,由规划人力资源管理、组建项目团队、建设项目团队和管理项目团队构成。

(7) 项目沟通管理

描述了用以保证项目信息能够被及时、正确地产生、收集、发布、储存和最终处理而所需要的各个过程,是为确保项目信息合理收集和传输所需要实施的一系列措施,由规划沟通管理、管理沟通和控制沟通三个过程构成。

(8) 项目风险管理

描述了有关识别、分析和应对项目风险的各个过程,涉及项目可能遇到的各种不确定因素,为了将它们的有利方面尽量扩大并加以利用,而将其不利方面带来的后果降到最低程度,需要采取一系列的风险措施,由规划风险管理、识别风险、实施定性风险分析、实施定量风险分析、规划风险应对和控制风险六个过程构成。

(9) 项目采购管理

描述了用以从执行机构以外获得物资和服务所需要的各个过程,由规划采购管理、实施采购、控制采购、结束采购四个过程构成。

(10) 项目干系人管理

项目干系人管理是指对有直接或间接影响的项目有关人员或方面进行有效管理,从而最大限度地保证不同的项目干系人得到不同程度的满足,包括识别干系人、规划干系人管理、管理干系人参与和控制干系人参与四个过程。

没学过项目管理的人一般都会有过程管理的思路,即项目的立项(启动)、计划、执行与控制、验收(收尾),但学过项目管理之后还应该要了解项目管理的十大职能,要有职能管理的思路,只有这十个方面都管理好了,项目才有可能建设成功。

1.1.4 项目的过程管理

过程是指产生某种结果的行动序列,项目管理是由多个过程组成的大过程。对项目进行过程管理既要有很朴素的项目管理思想,也要有很实用的方法。项目过程由人执行,主要分为两类：①项目管理过程，主要关注描述和组织项目的各项工作，比如如何定义项目的范围、如何组织人力、如何分配预算、如何控制进度和质量等各项管理工作。②产品实现过程，主要关注具体描述和创造项目产品，比如如何分析、如何设计、如何实施等具体的产品实现工作。项目管理过程和产品实现过程在项目整个过程中重叠并相互作用。例如，项目范围的定义不可能缺少对如何生产产品的基本理解。

项目具有生命期，它有一个开始时间和目标必须实现的完工日。例如，校舍的翻修必须在7月10日~8月30日的时间内完成。项目的生命期是一个专用术语，界定了项目的开始时间和结束时间，包含了完成项目目标所要经历的一个个阶段序列。

1．项目管理过程和通用生命期

从项目管理过程的角度出发，有一个大的管理过程，即一般可以分为四个阶段：项目的立项(启动)阶段、计划阶段、执行与控制阶段、验收(收尾)阶段。这四个阶段又叫项目的通用生命期，对任何行业和类型的项目都适用。

2．产品实现过程和专用生命期

从产品实现过程的角度出发，不同的项目生命期是不一样的，或者说不同类型的项目都有其专用的生命期。这是因为，不同项目所要完成的具体产品实现阶段不一样。比如软件开发项目的生命期可以包括如下阶段：需求分析阶段、系统设计阶段、编码阶段、测试阶段、试运行阶段等，而一个生日宴会项目的阶段则可能为：宴会风格和方案的设计、宾客的邀请、宴会的准备、宴会的举行、宴会的善后与总结等。

3．生命期阶段中的五个管理过程

对于组成项目生命期每个阶段的管理过程，如果把这些过程分组，有五个基本的管理过程——启动过程、计划过程、执行过程、控制过程和收尾过程，如图1.2所示。

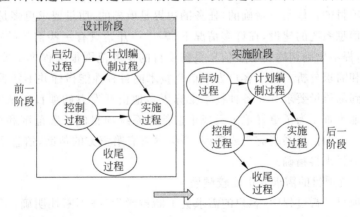

图1.2　项目生命期各阶段中的管理过程

例如，在设计阶段启动后，要制作设计阶段的计划，比如对于一个信息系统的开发项目来讲，就要考虑分为哪几个模块(范围计划)、应该花多少时间设计(进度计划)、花多少费用(成本计划)、设计要达到什么要求(质量计划)、每个模块都有哪几个人来设计(人力资源计划)、团队之间就设计内容如何沟通(沟通计划)、设计中可能会出现什么风险(风险管理计划)、哪些内容可以分包给别人设计(采购计划)、设计工作牵涉到哪些人(干系人计划)、这些计划如何协调(整体计划)等。有了设计阶段的计划后,就可以执行这个设计阶段的计划了,在执行计划的过程中要注意对计划的控制,如果计划中的内容都实现了,就要进行设计阶段的收尾,再开始下一个阶段的工作。下一个阶段同样包括以上五个过程。

所以,对于一个项目来讲,既要作项目的总体计划,又要作项目各阶段的计划,并且在每个阶段中都应该对照各阶段的计划来进行控制。

以上从职能管理和过程管理两个维度对项目管理进行了阐述,实际上,本书总的架构也是结合这两个维度的思想进行展开的。

1.2 信息系统项目的特点与生命期

信息系统项目是一类典型的项目,应该采用项目管理的思想和方法进行管理。本节首先介绍信息系统项目的特点,然后介绍信息系统项目的生命期,目的是让读者了解信息系统项目进行的一般阶段。

1.2.1 信息系统项目的特点

信息系统的建设是一类项目,因为信息系统的建设符合项目的几个特点:首先信息系统的建设是一次性的任务,有一定的任务范围和质量要求,有时间或进度的要求,有经费或资源的限制;其次,信息系统具有生命期,这与项目具有生命期也是一致的。所以信息系统的建设也是一类项目的建设过程,可以采用项目管理的思想和方法来指导信息系统的建设。在对信息系统项目进行基本分析之后,下面来了解一下信息系统项目的特点。

(1) 信息系统项目的目标是不精确的

信息系统项目的目标是不精确的,任务的边界是模糊的,质量要求更多是由项目团队来定义的。对于信息系统的建设,在许多情况下,客户一开始只有一些初步的功能要求,给不出明确的想法,提不出确切的要求。信息系统项目的任务范围很大程度上取决于项目组所做的系统规划和需求分析。由于客户方对信息技术的各种性能指标并不熟悉,因此,信息系统项目所应达到的质量要求——各种技术指标更多地由开发方的项目组来定义,而客户更多的是尽可能地审查。为了更好地定义或审查信息系统项目的任务范围和质量要求,客户方可以聘请第三方的信息系统监理或咨询方,但尽管有第三方的帮助,信息系统项目的范围还是不如工程项目来得精确。

(2) 信息系统项目的需求变更比较频繁

信息系统项目进行过程中,客户的需求会不断被激发,被不断地明确,可能导致项目的范围、进度、费用等计划不断更改。尽管已经做好了系统规划、可行性研究,签订了较明确的技术合同。然而随着系统分析、系统设计和系统实施的进行,客户的需求会不断被激发,被不断地明确,导致系统的范围经常需要修改。在修改的过程中又可能产生新的问题,并且这些问题很可能在过了相当长的时间以后才会发现。这样,就要求项目经理要不断监控和调整项目的计划执行情况,还要有较强的范围变更管理的能力。

(3) 信息系统项目受人力资源的影响很大

信息系统项目是智力密集、劳动密集型的项目,受人力资源影响最大,项目成员的结构、责任心、能力和稳定性对信息系统项目的质量以及是否成功都有决定性的影响。信息系统项目工作的技术性很强,充满了大量高强度的脑力劳动,尽管近年来信息系统辅助开发工具和套装软件应用越来越多,但是项目的各个阶段还是渗透了大量的手工劳动,这些劳动十分细致、复杂和容易出错,因而信息系统项目既是智力密集型项目,又是劳动密集型项目。

其次,由于信息系统建设的核心成果——开发的应用软件(包括基于特定客户对套装软件进行的二次开发)是不可见的逻辑实体,如果人员发生流动,对于没有深入掌握软件知识或缺乏信息系统开发实践经验的人员,一般很难在短时间里做到无缝承接信息系统的后续开发工作。

另外,信息系统的建设特别是软件的开发渗透了人的因素,带有较强的个人风格。为高质量地完成项目,必须充分发掘项目成员的智力才能和创造精神,不仅要求他们具有一定的技术水平和工作经验,而且还要求他们具有良好的心理素质和责任心。与其他行业相比,人力资源的这一特点十分突出,必须给予足够的重视。因而在信息系统项目的管理过程中,要将人力放到与进度和成本一样高的地位上来对待。

除上述三个特点以外,典型的信息系统项目还具有如下特点:牵涉的技术人员高度专业化;涉及的设备和软件的供应商比较多;项目生命期通常比较短;通常要采用大量的新技术;使用与维护的要求比较复杂;信息系统应用的行业特性比较强等。这些特点要求系统建设人员除了要有IT方面的技术外,必须还要有较丰富的行业经验。

1.2.2 信息系统项目的生命期

信息系统的生命期一般包括系统规划、系统分析、系统设计、系统实施、系统运行和维护五个阶段。显然,信息系统项目也可按照上述五个阶段进行管理,依次制订各阶段的任务范围、进度、费用安排以及质量要求,这五个阶段构成的生命期称为信息系统项目的一般生命期。

1. 信息系统项目的一般生命期

(1) 系统规划阶段

系统规划阶段的任务是对组织的环境、目标、现行系统的状况进行初步调查,根据组织目标和发展战略,确定信息系统的发展战略,对建设新系统的需求做出分析和预测,同时考虑建设新系统所受的各种约束,研究建设新系统的必要性和可能性。根据需要与可能,给出拟建系统的备选方案。对这些方案进行可行性分析,写出可行性分析报告。可行性分析报告审议通过后,将新系统建设方案及实施计划编写成系统规划报告。

(2) 系统分析阶段

系统分析阶段的任务是根据系统规划报告所确定的范围,对现行系统进行详细调查,描述现行系统的业务流程,指出现行系统的局限性和不足之处,确定新系统的基本目标和逻辑功能要求,即提出新系统的逻辑模型。系统分析阶段的工作成果体现在系统分析说明书中。

(3) 系统设计阶段

系统设计阶段的任务是根据系统说明书中规定的功能要求,考虑实际条件,具体设计实现逻辑模型的技术方案,也即设计新系统的物理模型。这个阶段的技术文档是系统设计说明书。

(4) 系统实施阶段

系统实施阶段是按系统设计说明书的要求将系统的设计付诸实施。这一阶段的任务包括套装应用软件的选择和购买、应用程序的编写和调试、人员培训、数据文件的准备和转换、计算机等设备的购置、安装和调试、系统调试与转换等。这个阶段的特点是几个互相联系、互相制约的任务同时展开,必须精心安排、合理组织。系统实施是按实施计划分阶段完成的,每个阶段应写出实施进度报告。系统测试之后写出系统测试分析报告。

(5) 系统运行和维护阶段

系统投入运行后,需要经常进行维护和评价,记录系统运行的情况,根据一定的规则对系统进行必要的修改,评价系统的工作质量和取得的效益。对于不能修改或难以修改的问题记录在案,定期整理成新需求建议书,为新的信息系统项目规划做准备。

2. ERP 项目的生命期

对于不同类型的信息系统项目,除了要把握上述一般生命期之外,还应该注意各自的特点。这里以典型的信息系统项目——ERP 项目为例,讲述 ERP 项目的生命期。

ERP 是 Enterprise Resources Planning 的缩写,即企业资源计划系统。对于 ERP 项目阶段的划分是众说纷纭。这里给出一种比较能够为用户快速接受的划分方法,即四个阶段:ERP 选型期、ERP 上线准备期、ERP 上线试运行期和 ERP 正式运行期。

根据许多实施 ERP 企业的经验,实施 ERP 项目存在着如图 1.3 所示的幸福度曲线。其中,横坐标是 ERP 实施的时间,纵坐标是企业员工的满意度。

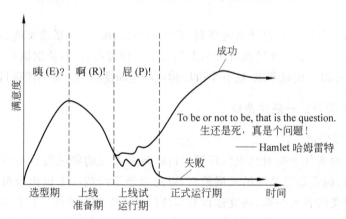

图 1.3 ERP 项目生命期——ERP 实施的幸福度曲线

在第一个阶段,ERP 选型期,企业的员工对 ERP 充满了好奇,他们的感叹词是"咦(E)?",对应 ERP 中的首字母,他们惊讶自己也要接触时髦的 ERP 了。他们希望接触新技术、新知识、新管理思想,希望 ERP 软件系统的应用能够支持企业竞争力的提高以及员工个人职业生涯的成长,这时员工的满意度在不断地上升。

在第二个阶段,进入 ERP 上线准备期后,随着 ERP 实施商或软件提供商对用户的培训与辅导,用户对 ERP 的了解逐渐加深,这时他们的感叹词是"啊(R)!",对应 ERP 中的第二个字母,他们感叹原来这就是ERP,怎么这么复杂？他们发现ERP非常复杂、非常繁琐、非常细致、非常枯燥,以至于有人说"你想将你的急脾气磨成慢脾气吗,那就去用ERP吧！"。有很多的基础数据,比如BOM(Bill of Materials,物料清单)中的数据需要反复讨论、确认以及录入,并且还要保证接近100%的正确率。这是因为,ERP在某种程度上它是一个大型的运算器,只有将所有的数据都正确输入了,才能输出正确的计算结果。这时员工的满意度在不断地下降。

在第三个阶段,进入ERP上线试运行期后,这时员工的满意度一般来讲都降到了最低点,当有人问到那些对ERP评价极端负面的用户"ERP怎么样时？"他们会说ERP是个"屁(P)！！",对应ERP中的第三个字母。这时,大多数用户的满意度出现了比较长时间的波动,一方面,他们期望投入了许多精力和资金的系统能够尽快发挥作用,另一方面,他们对手工作业流程与ERP系统运行流程的不适应感到很困惑,很可能还有许多功能不能完全替代现有的流程,经常出现流程中断、跳跃的事情,工作效率开始降低,这时有一部分保守的用户开始反对启用新系统或者埋怨启用新系统,而这时可能还没有出现取得显著改善效果的功能模块,在该阶段的前期,阻力明显大于动力,观望的气氛很浓厚。

这时领导的决心就非常重要。在领导决心大的企业,会采取很多有力的推进措施,如激励措施、惩罚措施,一方面将是否采用ERP支持工作、ERP输出数据的正确率、投入在ERP上的学习时间、与ERP实施商的配合程度等作为企业员工的考核指标,另一方面组织力量,尽快将ERP软件与现有业务流程进行双向调整。在这样的企业,尽管员工的满意度有波动,但是波动的整体趋势是向上的,如上线试运行期中上部的曲线。

而在领导决心不够大的企业,领导可能会犹豫彷徨,怀疑自己当时做出上ERP的决策是不是做错了以及是不是选错了ERP软件或者实施商,或者怀疑自己是不是没有那么幸运,"没有摸到大奖",不能进入少数成功的行列,只能待在绝大多数失败的行列。如果这个时候刚好有工期很紧的订单,有一些部门就会借口时间很紧,要用原系统或手工流程尽快完成任务,这样,许多模块就会弃置不用,这个时候,员工满意度的波动趋势是掉头向下,如上线试运行期中下部的曲线。

在第四个阶段,进入ERP正式运行期后,这时路径依赖就出现了。著名戏剧家莎士比亚笔下的哈姆雷特(Hamlet)的问题出现了：生还是死,真是个问题！(To be or not to be, that is the question.)对于在试运行期间员工满意度波动整体趋势向上的,随着大家对ERP系统的日渐熟悉,工作效率逐渐升高,员工觉得工作越来越规范、越来越得心应手,这时越来越多的模块应用后开始发挥作用,有的是显著提高效率、有的是显著提高效益、有的是规范和加强了管理,有的是改善了决策质量。这时,员工的满意度一路走高,大家都很自豪,系统取得了真正的成功,参见正式运行期中上部的曲线。

对于在试运行期间员工满意度波动整体趋势向下的,随着一些模块的弃置不用,大家的观望情绪越来越浓厚,实施方也逐渐失去了耐心,有的领导开始做出"止损"的决策,决定已经用起来了的继续使用ERP中的模块,没有用起来的停止使用,甚至是全部重新回到实施ERP系统前的状态。这时,员工的满意度持续走低,员工纷纷找出各种原因来述说ERP的失败,参见正式运行期中下部的曲线。实际上,对于这一类的用户企业,实施方要反思的是,当初是否应该只选择一两个有条件的模块先上,取得成果,再逐步推广。

对于以上的幸福度曲线,如果用户企业的员工和领导都很清楚,他们在上线准备期和上线试运行期就会有良好的心理准备,企业领导在员工满意度的波动期就会有坚强的信心,积极地推进 ERP 的实施,直至成功。

最后要说明的是,不仅仅是 ERP 的实施,其他应用信息系统的实施和应用也会存在着类似的幸福度曲线,只不过 ERP 存在着非常典型的上述曲线。

如果 ERP 的实施方一开始就能够和用户企业的员工交流和讨论上述生命期曲线,用户就会知道出现满意度下降或波动是必然的,他们就会有坚强的信心去推动项目的成功。所以,建议在项目开始的阶段,合作双方就能明确信息系统项目的生命期,了解各阶段的工作内容和特点,做到心中有数,心中不慌。

1.3 组织信息化战略

组织建设信息系统的目的是为了提高组织的竞争力,而建设信息系统的风险很大,这就要求从战略上考察信息系统的建设,设计组织的 IT 治理框架,把握组织信息化的演化规律,对信息系统进行总体规划,在此基础上,进行信息化项目的规划。因而本节首先介绍 IT 治理的含义和框架,然后阐述信息化成熟度模型,最后根据组织战略导出信息化战略。

1.3.1 IT 治理的含义和框架

IT 管理与 IT 治理不同,IT 管理更多的是指 IT 部门内部事务的管理,IT 治理更多的是指 IT 作为一个重要的生产力要素与组织发展之间关系的制度性安排。下面首先阐述 IT 治理的含义,然后简要介绍 IT 治理的框架 COBIT 模型。

1. IT 治理的含义

一个单位的管理层需要确保 IT 与组织战略一致而且组织战略也应该很好地利用 IT 的优势。因此,随着对信息系统依赖性的增加,IT 治理对于组织的成功是愈发重要。

IT 治理(IT Governance)是信息系统审计和控制领域中一个相当新的概念,国际信息系统审计与控制协会(Information Systems Audit and Control Association,ISACA,网址为:http://www.isaca.org)定义如下:IT 治理是一个由关系和过程所构成的体制,用于指导和控制企业,通过平衡信息技术与过程的风险、增加价值来确保实现企业的目标。

通俗地讲,IT 治理用于描述组织为了实现 IT 应用的期望行为,而对与 IT 相关事务制订明确的决策权归属和责任承担的框架,以及设计相应的管理机制,平衡 IT 应用过程中的风险,从而获得良好的投入产出关系,最终使得 IT 的应用能够帮助实现组织的战略目标。

IT 治理的目标是帮助管理层建立以组织战略为导向,以外界环境为约束条件,以业务与 IT 融合为目标的观念和运行制度,正确定位 IT 部门在整个组织中的角色和作用,最终能够针对不同业务发展要求,整合各层次的信息资源,制订并执行推动组织发展的信息化战略。

显然,IT 治理必须与组织的战略目标一致,IT 治理和公司治理一样,要明确各级管理人员和利益相关者的责任。另外,IT 治理还需保护利益相关者的权益,使风险透明化,指导和控制 IT 投资,有效利用信息资源,使信息化的收益最大化。

2. IT 治理的框架：COBIT

一个有效的 IT 治理架构需要理解组织的核心竞争力,考虑信息技术如何充分支持组织战略的实现,进而提出 IT 治理框架,设计信息化的组织结构和相应的信息化制度,明确不同层次的管理层在信息化工作中的权力和责任。

COBIT(Control Objectives for Information and related Technology),直译为信息及相关技术的控制目标,是 IT 治理的一个开放性标准,是国际信息系统审计与控制协会(ISACA)开发的。COBIT 的目标是为组织的管理层和业务流程负责人提供一个 IT 治理模型,以帮助他们深入理解和管理 IT 相关风险。

COBIT 的思想基础是 IT 资源管理需要一系列的流程,以确保组织能够得到为达到其目标所需的可靠信息,并通过平衡 IT 及其过程的风险与回报提高价值,实现组织的战略目标。除此之外,COBIT 也支持对组织战略状态的自我评估,对 IT 过程的改进以及过程性能的监控。COBIT 是一个控制模型,它满足了 IT 治理(IT Governance)的需要,确保了信息和信息系统的完整性。

COBIT 控制目标体系从一个简单而实际的假设开始：为了提供组织达到其目标而需要的信息,IT 资源(IT Resources)需要由一组自然分类的 IT 过程(IT Processes)管理。COBIT 三维体系模型如图 1.4 所示。

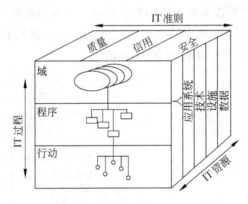

图 1.4 COBIT 三维体系模型

COBIT 三维体系模型中的三维分别是：IT 资源维,IT 准则维和 IT 过程维。

(1) IT 资源维

IT 资源维,主要包括人、应用系统、技术、设施及数据在内的信息相关的资源,这是 IT 治理过程的主要对象。

(2) IT 准则维

IT 准则维,集中反映了组织的战略目标,主要从质量、成本、时间、信用、安全、资源利用率、系统效率、保密性、完整性、可用性等方面来保证信息的安全性、可靠性和有效性。COBIT 模型首先考虑了组织自身的战略规划,对业务环境和总的业务战略进行分析定位,并将战略规划所产生的目标、政策、行动计划作为信息技术的关键环境,并由此确定 IT 准则。

(3) IT 过程维

IT 过程维,是在 IT 准则的指导下,对信息及相关资源进行规划与处理。COBIT 包含

34个信息技术过程控制,并归集为四个控制域:规划和组织(Planning and Organization)、系统获得和实施(Acquisition and Implementation)、交付与支持(Delivery and Support)以及信息系统运行性能监控(Monitoring)。

COBIT重点关注组织需要什么,而不是如何做,它不包括具体的实施指南和实施步骤,它是一个控制架构(Control Framework),而非具体如何做的过程架构(Process Framework)。COBIT的"目标听众"是信息系统审计师、组织的高级管理人员,如CIO(首席信息官,Chief Information Officer)等。

COBIT的意义在于,它在组织的业务战略与组织的信息系统战略之间建立了一种紧密的联系,使二者成为互相依托、相互促进的一个有机整体。组织利用COBIT可以更加有效地利用信息资源,有效地管理与信息相关的风险,从而更好地帮助组织实现其业务战略。

1.3.2 信息化成熟度模型

组织在设立信息系统项目之前,应该全盘地考虑如下问题:组织已经做了哪些项目?组织的信息化处于什么阶段?根据组织的IT治理框架,组织的信息化离理想状态还有哪些差距?还要做哪些项目?上述问题的解决需要对照通用的信息化成熟度模型(Informatization Maturity Model,IMM)来进行分析和比较。

组织信息化成熟度模型研究的是组织信息化从不成熟到成熟过程中演变的规律。组织信息化是一个发展的问题,同时也存在着一个层次的问题。通用的IMM模型分为五级,每级关注的内容不同,各包含若干关键状态,参见图1.5。

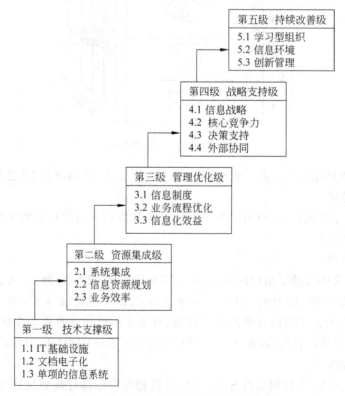

图1.5 通用组织信息化成熟度模型(IMM)

第一级——IMM1，技术支撑级。它是IMM模型中最低的一级，主要从信息技术的角度展开，达到这一级的组织，才开始真正跨入组织信息化的门槛；组织对于信息化的理解侧重于技术层面，主要是购买计算机等IT设备，开发面向业务的独立应用系统；这些组织有一定的计算机数量，组织中传递的文档基本实现电子化，有些部门内有独立的系统和数据库，但是相互之间不一定兼容，存在一个个的信息孤岛；组织成员对信息化的理解是初步的，在有效利用信息资源、支持管理、辅助战略决策等方面有着明显的不足。

第二级——IMM2，资源集成级。它是IMM模型中次低的一级，除了继续关注信息技术外，关注的重点已经是组织内的信息资源。达到这一级的组织，组织开始认识到信息作为一种资源，并对组织内的信息资源进行规划；这些组织以提高组织整体运作效率为目标，以局域网建设、数据库整合、系统集成和疏通信息传递渠道为投入重点，实现信息共享，消灭信息孤岛；信息技术带来了效率上的提高，但是信息化的效益还未明显体现出来。

第三级——IMM3，管理优化级。它是IMM模型的中间的一级，主要考虑纵向管理链和组织内部的横向价值链，突出中层的管理和组织内部业务流程的整合，达到这一级的组织，设置了首席信息官（CIO），开始重视信息安全，建立信息制度，组织结构趋向扁平化；在资源整合的基础上，真正把前期的IT技术投入与管理模式结合起来，通过进行业务流程重组或业务流程改进来对业务流程进行变革，使组织内部的信息流、资金流、业务流、物流等"各流合一"；在整体运作效率提升后，组织的主要目标转变为实际效益的提高。

第四级——IMM4，战略支持级。它是IMM模型中比较高的一级，主要从纵向管理链和包括组织内部、外部业务流程的横向价值链的角度展开，突出高层的管理以及组织内部与外部业务流程的整合，达到这一级的组织，建立了CIO机制，组织对信息战略进行规划，使信息战略与业务战略相一致，达到支持业务战略的目的；通过核心价值链的信息化，强化了自身的核心竞争力；组织与上下游合作伙伴开始进行各种资源整合；组织积极推动信息文化的培育过程，努力使信息化的目标融入到每个员工的实际行为之中。

第五级——IMM5，持续改善级。它是IMM模型中最高的一级，也是模型开放的体现；达到这一级的组织，已经成为了学习型组织，有了IT治理意识，并试图成为创新型组织；在各项信息化基础设施、基本制度、运行机制齐备的条件下，信息化已经成为组织创新的重要工具和力量；信息文化已经成为组织文化中重要的一部分；组织作为一个智能的主体，有快速对环境或市场做出反应的能力，成为自适应组织；该级别的信息化已经是如此基础和重要，犹如电力，使人感觉到它处处存在，以至于熟视无睹，好像IT对于组织战略来讲不再重要一样，但实际上是非常重要。

要说明的是，IMM模型并不是一个组织必须一步步去实施的步骤，而仅仅是一个个状态的反映和描述。也就是说，一个组织完全可以瞄准第三级或第四级甚至第五级的状态去制订信息化战略和进行信息化的规划，而不必从第一级开始实施。IMM模型只是要反映一个组织目前信息化建设所取得成效的一个状态，有助于各企事业单位了解本组织的信息化的状态，在此基础上，找到本单位的差距，并开始制订组织的信息化战略，进而对拟建设的信息系统项目进行规划。

1.3.3 组织的信息化战略

信息化已日益成为组织成功的关键。组织只有从战略高度开发信息资源,科学地管理、充分有效地利用信息资源,才能在竞争中取胜。信息化战略的构成要素包括信息化的目的、方针和计划。它关注了组织的信息需求和供应,以及管理者的态度。信息战略与组织的整体战略密切相关,它属于职能管理战略之一,同时推动其他职能管理战略的执行。

企业战略的一般过程主要包括制订战略、实施战略、控制战略和评估战略,信息化战略同样具有这样的过程,这个过程称为组织信息化战略的管理。信息化战略从内容上具体还可以划分为信息技术战略、信息资源战略、信息机构战略等功能或管理战略。

1. 信息技术战略

信息技术战略是信息化战略的一部分。它关注对于组织信息技术发展的总体对策、方向、目标、与信息化整体战略的关系等等。制订信息技术战略的前提是对信息技术现状的了解。信息技术战略一般应考虑三方面的内容:跟踪学习战略、应用开发战略和系统维护战略。

(1) 跟踪学习战略

信息技术是一种发展速度非常快的技术,跟踪它的发展是一件很有难度的事情。要确立组织在这个方面的目标,不能盲目求新,无的放矢。这个战略一旦制订下来,也就为今后应用开发打下了基础。制订跟踪战略时通常要考虑以下五个问题。

① 组织对信息技术的关注方式;
② 对信息技术是采取激进,还是保守的态度,或者跟随同行的态度;
③ 组织的信息技术的来源;
④ 组织高层领导者需要掌握信息技术的程度;
⑤ 组织员工的信息技术素质。

多数组织面对日新月异的信息技术更愿意采取跟随同行的态度,不敢冒险,等到同行的其他单位获得成功后再跟上。这样显然是"保险"的,但同时也就丧失了先人一步的可能。总的来说,在跟踪学习战略方面应该尽可能的积极,不管目前组织的信息技术发展水平如何,都要制订明确的战略,紧跟技术的革新,在必要的时候付诸实施是最终的目的。

(2) 应用开发战略

在信息化程度高的组织中,可以发现这样一个事实:组织对信息技术的应用能力已经成为决定组织生存与发展的关键因素。基于信息技术的各种应用已经支撑组织的大部分甚至全部的工作,组织的应用开发战略的地位可见一斑。在制订应用开发战略之前应该明确以下几点。

① 信息技术现在能做什么,以后能做什么;
② 本组织的信息技术人才储备情况如何;
③ 信息技术对组织的生存环境产生了什么影响;
④ 竞争对手从信息技术得到了什么优势;
⑤ 掌握信息技术对组织的经营发展战略的影响。

应用开发给组织带来的不仅仅是实现自动化和提高效率,更为重要的是它影响到组织的流程。在应用开发的模式中,既可以考虑依靠自身力量开发,也可以联合开发或外包,还可以购买套装软件。信息技术已经成为组织竞争的工具,而应用开发的战略则决定采用什么方式来获得这个工具。

(3) 系统维护战略

信息系统为组织的业务提供支撑。组织对于信息的依赖程度决定了我们要为信息系统的维护制订一套战略,以保证它可用、安全、可靠和低成本。系统维护战略是信息技术的基本战略,在信息系统的建设阶段就要开始制订。下面是系统维护战略中的六个典型问题。

① 日常业务对信息的依赖程度;
② 信息系统发生故障的风险和成本;
③ 系统的容错能力的评估;
④ 如何衡量信息系统运行状况;
⑤ 信息系统的技术和资源保障是什么;
⑥ 得到技术和资源的途径。

20世纪90年代以来流行的系统运行维护外包(Outsourcing)就是典型的系统维护战略之一。到底是自行维护还是外包,维护战略应该在系统的故障模式、风险、成本的权衡中予以确定。

2. 信息资源战略

信息资源与人力、物力、财力等资源一样,也是组织的重要资源。现代组织如何围绕用户信息需求和现有信息资源分布结构,采用有效手段配置信息资源,使信息资源在时间、空间上分布合理,已成为组织信息资源战略的重要内容。对组织信息资源的管理提高了组织的管理绩效,已经成为知识经济时代组织进行有效管理的重要组成部分。

据国外有关分析表明,组织的信息资源有85%蕴藏在组织的内部。组织的信息资源战略关键是解决这部分信息资源的合理配置。制订信息资源战略的原则是满足组织运作、管理和决策对信息的需求。在设计信息资源战略的过程中应该注意以下两点:一要认识到信息是一种战略资源,善于应用信息资源形成竞争优势;二要尽可能降低信息资源配置成本。信息资源配置成本是指信息资源配置中的资源耗费,即信息资源配置所需付出的代价,尽可能减少信息资源配置成本是信息资源配置的基本要求。

在具体的信息资源战略中,可以根据职能的侧重不同分为研发信息资源管理战略、市场信息资源管理战略、原料信息资源管理战略、客户信息资源管理战略、产品信息资源管理战略和物流信息资源管理战略等。

3. 信息机构战略

随着组织信息化的发展,单位内部的组织结构也需要做相应的转变。这就需要制订组织的信息机构战略。

(1) 信息化委员会

组织的信息化发展应当有计划地进行,应当有组织上的保证。因此有条件的单位应该成立一个信息化委员会,专门负责制订信息化过程中的重大决策,为信息化的成败承担最终责任。

信息化委员会是组织信息化的最高决策机构。很多单位的信息化经验说明,单位"一把手"的参与是信息化成功十分关键的条件。单位高层领导、CIO 以及各业务部门领导应当都是这个委员会的成员。

(2) 设置 CIO 岗位

由于信息化对于组织的影响越来越重要,组织应当设置一名 CIO,负责信息化的领导工作。包括信息战略的制订、信息机构的发展、信息资源的管理、资金的投入规划以及信息技术部门与其他部门的工作协调等。CIO 可以由一把手或由副总级的高层领导来兼任,但不应由部门经理来担任。

(3) 成立信息系统部门

组织应成立相应的信息系统部门(当然,也可以称为信息资源管理部门)负责信息系统的运行、管理,解决员工有关的信息技术问题,从事实际推进信息化的工作。

信息技术的发展导致组织管理的变革,组织的信息化是一项庞大而复杂的系统工程,应该从战略的高度加以认识。组织应该制订信息化战略,统筹本单位的信息化建设。并在实施信息系统项目时运用成熟的方法进行规划,如果项目需要外包,还应该对外包进行管理。

1.4 组织信息化项目规划方法

信息化建设具有综合性、系统性、变革性和可持续性等特点,信息化建设是信息化项目规划和信息化项目实施这两个层次构成的动态螺旋式递进过程。信息化项目的规划,是指在理解组织发展战略和信息化战略的基础上,结合所属行业信息化方面的实践和对最新信息技术发展情况的认识,提出组织信息化建设的目标和计划建设的具体项目清单,以满足组织可持续发展的需要。本节首先介绍信息化项目规划的一般步骤,然后介绍规划的内容,接下来再介绍信息化项目规划的主要方法。

1.4.1 信息化项目规划的步骤

一般来说,信息化项目的规划通常需要以下五个步骤。

(1) 了解组织当前信息系统以及管理状况

现有信息系统的状况,包括软件设备、硬件设备、人员、各项费用、现有开发项目的进展及应用系统的情况,应充分了解和评价;同时,对于当前的组织结构、业务流程、组织文化、管理制度等情况做一些分析,上述信息都是制订总体规划的基础。

(2) 对相关信息技术发展进行预测

信息系统战略规划必然受到信息技术发展的影响。因此,对规划中涉及的软、硬件技术和方法论的发展变化及其对信息系统的影响应做出预测,有条件的还应进行评估,以提高技术选型和产品选型的正确性。

(3) 制订信息系统的总目标和阶段性目标

进行信息系统规划,应根据组织的战略目标和内外约束条件(比如地域因素、行业因素、目前现状等），确定信息系统的总目标和总体结构。信息系统的总目标规定信息系统的发展方向，然后再进一步将总目标细分为信息系统建设的阶段性目标，并列出它们的先后顺序，以确定信息系统建设的重点和突破口。

(4) 列出带有优先权的信息化项目的建设清单

对于列出的阶段性目标，可以分别对应相应的信息化项目。由于资源有限，不可能所有项目同时进行，只有选择一些综合分析相对有利的项目先进行，在此基础上，给定每个项目的优先权，给出未来一段时间待建设项目的清单。如果可能，则应初步估计各项目的成本费用，以便组织的管理层对于未来一段时间的投入有一个初步的了解，从而能够在组织的预算规划中相应地进行安排。

(5) 撰写并审批信息化项目规划报告

在上述四步的基础上，把信息化项目的规划整理成规范的报告。在此过程中，要不断与组织信息化委员会或领导小组交换意见，听取修改的建议和意见。信息化项目规划报告要给组织的最高层领导批准才能生效，宣告信息化项目规划的工作完成。当然，随着时间和各方面情况的变化，信息化项目规划需要相应地进行调整和修订。但是一旦批准的报告，原则上就应该执行，从而保证信息化工作的连续性和稳定性，避免随意性。

1.4.2 信息化项目规划的内容

信息化项目规划包含的内容十分广泛，但从大的方面来讲，不外乎以下三个方面。

(1) 带有优先权的项目清单的设计。具体体现为各阶段需要实现的功能是什么，需要通过什么应用来具体实现，突破口如何选择等。

(2) 信息系统项目建设方式的考虑。比如是自行建设还是外包，是采取一步到位的策略还是分步实施的策略等。

(3) 业务和技术标准的设计。具体体现为采用什么样的业务流程优化原则、采用什么样的信息资源整合的标准和原则、采用什么样的开发框架、协议和标准等。

对于以上规划的内容，本节重点讨论突破口的安排和建设方式的选择。

1. 信息化的层次与突破口的选择

组织信息化一般包含四个层次：一线运作层信息化、管理办公层信息化、战略决策层信息化和外部协作层信息化。前三层是在组织内部信息化，而最后一层是在组织之间信息化。

一线运作层的信息化有对设计研发方面的、对生产方面的和对作业监控方面的信息化，包括计算机辅助设计(CAD)、数控机床(NC)、计算机辅助测试(CAT)以及各种各样的业务处理系统等；管理办公层的信息化有管理信息系统(MIS)、企业资源计划(ERP)、办公自动化(OA)、工作流系统(WFS)等；战略决策层信息化包括决策支持系统(DSS)、战略信息系统(SIS)、主管信息系统(EIS)、专家系统(ES)等；外部协作层的信息化包括电子数据交换(EDI)、电子商务(EC)、客户关系管理(CRM)、供应链管理(SCM)等。

组织信息化有上述四个层次，原则上讲，信息化应该自下而上，由内而外，因为只有这样，才能保证数据取自于源头，真实、有效。但实际上，组织的发展是不平衡的，出现的问题在各个层次的分布是不均匀的。并且上述每一个术语的实现都是一笔不小的投资。信息技术的生命期一般在五年左右，如果选错了项目，或者没有考虑到未来的发展，那么人力和物力的浪费将是巨大的。因而对于组织信息化所要实施的项目一定要做好规划，要对信息化的建设做出先后安排，最好先解决的是组织的瓶颈问题。也就是说将组织的瓶颈作为突破口，是比较理性的做法。

有的组织领导对信息化很有战略眼光，也很支持，而单位内部的总体信息素质不够高，这样的组织突破口应该选在哪里呢？那么选瓶颈就不一定是很明智的做法。因为既然是瓶颈问题，那么可能牵涉的因素比较多，解决起来比较困难，加上员工的素质导致信息化建设失败的风险比较高。这时组织应该将容易入手的、业务比较规范的、人员素质相对较高的部分作为信息化建设的突破口，比如从财务、人事、产品的辅助设计等领域入手，取得示范效应，同时培训员工，逐步推广信息化领域。

还有一类组织的领导对信息技术的作用认识不够深，特别是信息化失败的项目听得多了，对于信息化建设持观望徘徊的态度。对于这样的组织在做信息化规划时，建议选择办公自动化和电子商务为突破口。这是因为办公自动化的主要内容是公文流转系统和会议管理系统，与单位的领导直接接触，实现起来不是太难，但能切实让领导感觉到信息化带来的好处，比如效率提高、信息更准确更完整等等。而电子商务第一阶段的实施往往能起到在网上寻找商机的作用，也能较好地强化单位领导对信息化的认识。

办公自动化和电子商务都是信息化建设的一部分，它们建设好了，会对其他层次的信息化提出需求，比如电子商务，当由寻找商机阶段发展到网上交易、根据网上订单生产的时候就会对组织内部的信息化提出较高的要求，比如生产作业、管理办公、战略决策等的信息化以及它们与电子商务的集成。所以有人讲电子商务的建设能够进一步推进组织内部的信息化。当然，如果组织内部信息化的水平已经很高，那就使电子商务的建设在一个高起点上进行。

2. 信息化的模式选择

组织信息化的建设一般受同行竞争的压力以及信息技术的扩散和渗透程度两方面因素的推动。根据我国学者的研究，组织投资信息化的模式主要归纳为四种：行业互动模式、挑战-反应模式、雁行模式、地域互动模式。

（1）行业互动模式

组织信息化建设与其所在行业的信息化之间普遍存在着相互促进和约束的互动关系，组织的信息化建设与行业信息化之间相互影响而出现的信息化建设模式称为行业互动模式。行业互动模式适合于一般单位的信息化建设。

（2）挑战-反应模式

它是组织为了面对现实的挑战或未来的挑战而采取积极的对应措施，在组织选择各种对策措施中，信息系统建设成为首选方案或重点工程而出现的信息化建设模式。假定组织不采用新的信息技术则将会在未来的竞争中处于不利位置，因而为了适应这种挑战，主动反应、积极建设信息系统。挑战-反应模式更适于行业中领头羊单位的信息化的建设。

（3）雁行模式

由于不同组织实施信息化的时间不同或起点不同，行业内不同单位之间形成了技术和管理水平上的差距系列，犹如大雁飞行状发展。这种信息化模式称为雁行模式。许多单位都愿意"跟跑"而不愿意"领跑",具体表现为在同行业的竞争对手或合作伙伴建立信息系统之后,吸取其经验教训,建设自己的信息系统。

(4) 地域互动模式

由于组织所在区位或区域政府推动,主动提供信息系统建设的各种有利的环境条件,或者由于所在某个自然形成的经济区域内不同单位之间相互影响的结果,或者区域内信息传播成本低廉而促进了不同组织间信息相互交流和影响,总而言之,由于地域因素影响投资信息化而形成的信息化建设模式,称为地域互动模式。

地区内的企业可以联合起来,为购买某一类管理软件与供应商进行集体议价,地区内的不同组织还可以经常互相走访、学习和参观。经验数据表明,地区内的单位集中购买某一家或少数几家供应商解决方案的案例较多。一般来讲,地区的排头兵单位选择某家供应商后,其他单位会来参观考察以减少风险。基于这个特点,供应商很清楚,一旦打入某个未开发地区,就有锁定该市场的可能。所以,需要实施信息化的组织应该在价格上和学习知识上从供应商争取一个较好的条件。

3. 一个信息化项目规划的实例

如上所述,要实现组织的信息战略,就需要对信息化项目进行规划。在进行信息化项目规划时要考虑采用的模式、实施的信息化层次等。表 1.1 是一个企业针对未来五年的信息化需求所作的信息化项目规划。

表 1.1 某企业信息化项目规划的实例

项目 目标	ERP 项目	网站建设项目	办公自动化系统项目	工程项目管理信息系统	知识管理系统项目	数据挖掘与决策支持项目	企业信息门户建设项目	客户关系管理系统与供应链管理系统	计算机辅助设计与产品数据管理系统项目
主要支持战略	大服务	大服务	大服务	大服务	大服务	大服务	大服务	大服务小制造	小制造
信息化层次	经营管理层	四层的综合	经营管理层	生产作业层	生产作业层	战略决策层	四层的综合	协作商务层	生产作业层
建议模式	地域互动	行业互动	行业互动	雁行	挑战反应	挑战反应	雁行	地域互动	行业互动
主要用户	中层管理者	所有员工	中层管理者	一线员工	一线员工	高层管理者	所有员工	外部用户	一线员工
是否实施	已实施	规划中	规划中	规划中	规划中	规划中	规划中	规划中	规划中
信息化水平	基本信息化					全面信息化			
信息化投入	每年将技术改造投入的 80%～50% 用于 IT 项目,刚开始多一点,后面少一点								
信息化人才	培养信息化队伍,提高员工信息素质,增强企业信息能力; 每年将员工工资的 10% 左右用于员工培训,其中 50% 左右用于信息素质的培养								

案例中的企业是一个以服务为主的企业,目标是增加一部分盈利高的制造业务。但是根据对各方面情况的分析,该企业未来五年的发展战略概括为"大服务、小制造"的战略,从表 1.1 中可以清楚地看到,每个项目都是紧密围绕这个战略的,支持这个战略实现的。有了表 1.1 中的项目规划,组织的决策管理层就非常清楚今后信息化项目的安排,预算的安排,技术人员则会自然地考虑与未来系统的接口。

1.4.3 关键成功因素法与价值链分析法

随着信息技术的不断进步,信息化项目规划方法也相应随之发展,涌现了各种各样的分析方法,下面主要介绍两种重要的有代表性的分析方法:关键成功因素法与价值链分析法。表1.1中的规划案例正是根据这两种方法进行规划的。

1. 关键成功因素法

关键成功因素法(Critical Success Factors,CSF)是以关键成功因素为依据来确定系统信息需求的一种信息系统规划常用方法,20世纪70年代末期由麻省理工大学(MIT)的教授John Rockart提出。在现行系统中,总存在着多个变量影响系统目标的实现,其中若干个因素是关键的和主要的(即成功因素),这些因素称之为关键成功因素。通过分析找出实现目标所需的关键信息集合,然后再围绕这些关键因素来确定系统的需求,从而确定系统或项目建设的优先次序,这个就是关键成功因素法的具体含义。

关键成功因素法(CSF)包含以下四个步骤。
① 了解组织的目标;
② 识别关键成功因素;
③ 识别性能的指标和标准;
④ 识别测量性能的数据。

关键成功因素法源自组织目标,通过目标分解和识别、关键成功因素识别、性能指标识别,一直到产生数据字典。关键成功因素就是要识别联系于系统目标的主要数据类及其关系,识别关键成功因素所用的工具一般是树枝因果图。

例如,某企业有一个目标是提高产品竞争力,可以用树枝图画出影响它的各种因素,以及影响这些因素的子因素。然而如何评价这些因素中哪些因素是关键成功因素,不同的企业有不同的关键成功因素。对于一个具体的组织,主要由高层管理人员在此图中分析和选择。

关键成功因素法在高层应用一般效果比较好,因为每一个高层领导人员日常总在考虑什么是关键因素。对中层领导来说一般不大适合,因为中层领导所面临的决策大多数是结构化的,其自由度较小,对他们最好应用其他方法。

有了关键成功因素法,可以识别出组织在不同阶段的关键成功因素,然后考虑用不同的信息化项目去支持这些关键成功因素发挥更好的作用,这样,就可以得到一个系列的信息化项目规划。

2. 价值链分析法

价值链分析法(Value-Chain Analysis,VCA)是由美国哈佛商学院教授迈克尔·波特于20世纪80年代中期提出的。该方法认为信息技术在对组织的战略牵引方面能起到关键作用,它将一个组织视为一系列的输入、转换与输出的活动的集合,每一个活动都有可能相对于最终服务或产品产生增值的行为,为增强企业的竞争地位做出贡献;利用信息技术,在价值链中识别并设置"信息增强器",使得整个价值链在总体上得以增值,从而提高组织的竞争优势。

价值链分析的思想认为企业的价值增值过程，按照经济和技术的相对独立性，可以分为既相互独立又相互联系的多个价值活动，这些价值活动形成一个独特的价值链。价值活动是企业所从事的物质上和技术上的各项活动，不同企业的价值活动划分与构成不同，价值链也不同。在同一行业中，不同的企业有不同的价值链，通过对价值链的分析，可以准确地把握企业的特色和竞争优势；对同一企业而言，在不同的发展时期，也会具有不同的价值链，因此，利用各种策略对价值链进行优化，就可以在无形中优化企业的经营管理活动，进而提高竞争优势。

如图 1.6 所示，企业的价值活动分为两大类：基本活动和辅助活动。对制造业来说，价值链的基本活动包括内部后勤、生产经营、外部后勤、市场营销和服务；辅助活动包括企业基础设施（企业运营中各种保证措施的总称）、人力资源管理、技术开发、采购。每一活动都包括直接创造价值的活动、间接创造价值的活动、质量保证活动三部分。企业内部某一个活动是否创造价值，就看它是否提供了后续活动所需要的东西、是否降低了后续活动的成本、是否改善了后续活动的质量。

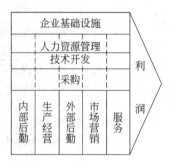

图 1.6　企业价值链分析

总体说来，要进行价值链分析首先要识别有价值的活动，在此基础上，确立活动类型：在每类基本和辅助活动中，都有以下三种不同类型。

① 直接活动：涉及直接为买方创造价值的各种活动，例如零部件加工、安装、产品设计、销售、人员招聘等；

② 间接活动：指那些使直接活动持续进行成为可能的各种活动，如设备维修与管理、工具制造、原材料供应与储存、新产品开发等；

③ 质量保证：指确保其他活动质量的各种活动，例如监督、检查、检测、核对、调整和返工等。

这些活动有着完全不同的经济效果，对竞争优势的确立起着不同的作用，应该加以区分，权衡取舍，以确定核心和非核心活动。价值链分析法就是要将企业的活动细分，发现与顾客增值无关的活动，从而除去这些活动。取消这些活动不仅可以降低企业营运成本，还能够为顾客提供更快的服务，提高企业业务流程运行质量。价值链的分析还要将剩余链条上的各个活动的成本、收入和价值等进行分析，从而对企业整个流程进行优化，获得成本差异和累计优势。

有了价值链分析法，可以识别出组织在不同阶段的核心活动，然后考虑用不同的信息化项目去支持这些核心活动的作用更好发挥，这样，就可以得到一个系列的信息化项目规划。顺便提一句，政府的信息化项目规划也可以参照上述企业的价值链分析法对政务流程进行价值分析。

1.4.4　其他信息化项目规划方法

从方法论的角度上看，除常用的关键成功因素法（CSF）和价值链分析法（VCA）外，一些著名公司也分别建立了一些成熟的方法论，其中比较著名的有 IBM 的业务系统规划法

(Business System Planning，BSP)等。不同的规划方法都各有侧重点和自己的优势,以下将从实际操作的角度上对具体的信息系统规划方法进行分类归纳。

根据信息技术和信息系统发展的特点,可以将其划分为三个时期:早期的电子数据处理时期、稍后的管理信息系统和决策信息系统时期、目前的战略信息系统时期,与此对应,信息化项目规划也相应地划分为三个时期,如表1.2所示。

表1.2 不同时期的信息化项目规划方法

时期	名称	产生及目标
电子数据处理时期	业务系统规划法（Business Systems Planning,BSP）	IBM公司20世纪70年代初发明的内部系统开发的方法,目标是将企业目标转化为信息系统战略
	战略目标集转化法（Strategy Set Transformation,SST）	William R. King于1978年提出,提供一种将信息系统战略集与组织战略集关联的方法
	关键成功因素法（Critical Success Factors,CSF）	MIT教授John Rockart提出,根据企业关键成功因素来定义信息资源分配的优先级别
管理信息系统/决策支持系统时期	信息工程法（Information Engineering,IE）	James Martin于20世纪80年代初提出的一种面向技术的方法。提供了建立企业模型、数据模型、流程模型的技术手段,其核心为战略数据规划
	战略系统规划法（Strategy System Planning,SSP）	Holland公司20世纪80年代中期提出的一种信息化项目规划方法。在具体步骤上,与BSP有许多相似之处
	战略栅格法（Strategic Grid,SG）	McFarlan等学者20世纪80年代中期提出的方法,利用栅格表,辅助用作信息系统作用诊断的工具
战略信息系统时期	价值链分析法（Value Chain Analysis,VCA）	Port于20世纪80年代中期提出的,通过对组织的每一个活动的优化,使得整个价值链增值,提高竞争优势
	战略一致性模型（Strategy Alignment Model,SAM）	John Handerson在1994年哈佛商学院提出的一套思考架构,目的在于帮助企业如何检查经营战略和信息架构的一致性

从表1.2中可看出,早期的研究主要关注规划方法,帮助信息化项目规划者利用系统来支持和实现组织目标,到了管理信息系统和决策支持系统时期,开始研究分析企业内部流程与数据分布的问题。到了战略信息系统时期,信息化项目规划的作用才与企业战略发展紧密联系起来,于是,如何进行有效的信息化项目规划,与企业的经营战略规划一样,已经成为企业日益重视的问题。

思考题

1. 请简要介绍目前有哪些权威的项目管理机构？上网查一查,有哪些与项目管理相关的认证？

2. 项目职能管理的含义是什么？人们平常容易忽视哪个职能？

3. 项目有哪两类过程？它们之间的关系如何？
4. 信息系统项目具有哪些特点？你认为还有哪些特点是本书没有总结到的？
5. 信息系统的生命期有什么作用？
6. IT 治理的含义是什么？典型框架是什么？
7. 你是否能绘制信息化成熟度模型？对照自己所在的学校，思考一下，自己的学校处在哪个层次？应该注意发展哪些内容？
8. 信息化战略包括哪些内容？书上还有没讲到的信息化战略吗？
9. 如何进行信息化项目的规划？有哪些步骤与内容？
10. 简述关键成功因素法和价值链分析法的思路，能否找一个学校餐馆或商店，用上述方法进行一个该组织的信息化项目的规划练习？

第2章 信息系统项目的立项与评价

本章将首先介绍在一个组织中首席信息官(CIO)具有哪些职责和作用,在信息系统项目的立项、建设、运行中CIO应该发挥什么样的作用;然后介绍信息系统项目可行性研究的内容和方法、需求调研的方法和步骤、信息系统的建设方式以及可行性研究报告的内容;接着介绍信息系统的招标和评价,包括招标规划、招标流程以及招标书与投标书。最后介绍信息系统项目的合同,包括合同的基本内容、非价格条款的设计以及项目章程的颁布。

2.1 CIO 与信息系统项目

CIO 是组织中连接 IT(Information Technology,信息技术)与战略的重要纽带,他(她)既要负责 IT 的供给又要负责 IT 的需求。本节将介绍 CIO 的概念和职责、CIO 的角色与信息系统项目的关系。

2.1.1 CIO 的概念及职责

20 世纪 70 年代末 80 年代初,CIO 的概念在信息资源管理理论中就已经出现,而作为管理岗位的 CIO 则出现于 20 世纪 80 年代中期的美国,CIO 是 Chief Information Officer 的缩写,直译为首席信息官。从组织性质的角度看,CIO 可以大体分为政府 CIO 和企业 CIO。

CIO 起源于 20 世纪 80 年代初的美国。1984 年,美国总统负责的委员会收到了一份关于信息差距的调查报告,该报告指出:"政府拥有太多的错误信息,太少的正确信息……"调查者声称发现了一种"结构真空",即政府中无人去协调管理信息的选择和流通。该委员会提出的解决办法是在政府的每一级机构中设立一名主管信息资源的高级官员,从比较高的层次上全面负责本部门信息资源的管理、开发与利用,直接参与最高决策管理。此后,美国、加拿大等国家在政府中都增设了"信息部长"(或称之为信息大臣)一职,而且还在政府各部门设立了 CIO 职务。

CIO 出现之后,有效地改善和加强了政府部门的信息资源管理。其成功经验促使一些大型公司将这一新的职位引入到本企业的信息资源管理中,企业 CIO 由此应运而生。企业 CIO 虽源于政府部门 CIO,但无论是在数量、职能、活动范围、知名度等各方面,都已超越了政府部门的 CIO。

美国企业管理协会对 CIO 的定义是"负责一个公司或组织信息技术和系统所有领域的高级官员"。它的使命是为组织贡献技术远见和领导能力,主动开发和实施 IT 应用,在持续变化和激烈竞争的市场中创建并保持组织的领导地位。他们通过指导对信息技术的利用来支持组织的目标。他们具备技术和业务过程两方面的知识,常常是将组织的技术调配战略与业务战略紧密结合在一起的最佳人选。

通常所谓的 CIO 是指处于该职位并负责一个组织战略信息管理活动的高层管理人员。但是负责战略信息管理并不意味着无视战术层次和操作层次的信息管理，CIO 实质是站在战略的高度统筹一个机构或组织的信息管理。也就是说，组织中的信息管理不能仅仅只依赖于一个 CIO。在 CIO 的统筹之下，还应设有健全的信息管理部门。

CIO 的职责是讲 CIO 应负责哪些事务，总的说来，CIO 的主要职责包括以下十个方面。

① 参与制订组织发展战略，领导组织信息战略的制订；
② 确立信息处理和利用及其所需设备方面的政策、标准和程序，制订组织信息制度和信息政策；
③ 培育良好的信息文化；
④ 提升组织和员工的信息素质、信息能力；
⑤ 为高层管理者提供决策所需的信息支持和信息能力支持；
⑥ 进行信息化项目规划，领导重要信息化项目的实施；
⑦ 监控所有信息化项目的实施，监控现有信息系统的运行；
⑧ 领导组织内所有信息部门为操作部门和业务功能提供咨询或服务；
⑨ 与业务部门一道，考虑如何使信息和知识为产品或服务增值；
⑩ 将自己的经验、教训和知识贡献给行业协会和社会。

CIO 的职责主要是由组织信息功能的集成程度等因素所决定的，它也受信息部门内部分工的制约。但无论从组织分工的角度，还是信息部门内部分工的角度，CIO 都应立足于从战略层次来审视自己的职责。

2.1.2 CIO 的角色与信息系统项目

前面讲过，CIO 既要负责组织的 IT 需求，又要负责组织的 IT 供给。而组织的 IT 需求具体体现在一个个实际的信息系统项目上，即 CIO 需要负责领导信息系统项目的发起、可行性分析、决策制订、信息系统项目的规划和组织监督。而组织的 IT 供给具体体现在信息系统的稳定可靠经济运行上，所以 CIO 又是信息系统正常可靠运行的管理者和保障者。

(1) CIO 是组织信息化的鼓动者

要以满腔热情宣传和贯彻中央关于信息化战略决定的精神，提高单位全员职工对信息化的认知度和理解力。信息化事业要"以人为本"，最终要求全员参与，才能成功。不能满足于"IT 部门热，非 IT 部门冷"的状况，也不能停留在"领导层明白，基层人员不了解"的阶段。提高全员信息化认识度，是 CIO 的首要作用。

(2) CIO 是组织信息化战略的制订者

当信息化与组织自身业务发展紧密结合，并成为其发展战略的组成部分时，制订信息化战略立即成为十分重要的一项任务。制订信息化战略要比设立一个具体项目重要得多。例如当前我国将电子政务与政府职能转变结合在一起。又如我国一些后起的商业银行，深知与历史悠久的大银行竞争不在一个起跑线上，因而选择信息化加速形成竞争力的战略，有的已取得明显的成效。CIO 的作用就在于根据组织业务发展全局需要制订正确且符合实际的信息化发展战略。实践证明，CIO 的这种贡献和作用往往是不可替代的，不是一般信息技术部门职能能做到的。

(3) CIO 是重大信息化项目实施的发起者、决策参与者

信息化在组织中越来越起到关键的作用,CIO 应该密切关注信息系统项目给组织带来的战略机会,CIO 应该是信息系统项目的发起者,推动者。但是组织的资源是有限的,需要建设的信息系统项目总是要比能够建设的信息系统项目多,这就需要进行权衡,进行有效的 IT 治理。CIO 需要推动 IT 治理,通过有效的 IT 治理机制,参与和推动有关信息系统项目的科学决策,使组织能够从信息系统项目中获得最大的价值。

(4) CIO 是重大信息化项目实施的组织者

由于当前出现相当一批重大信息化工程项目,规模大、投资多、涉及面广,关键成功因素多元化。比如有些项目规划和方案都是好的,方向也是对的,但由于缺乏科学的组织实施和严格的项目管理而陷入泥潭,最后以失败而告终,其损失不言而喻。一个既懂得项目管理知识又善于领导实施团队的 CIO,对于重大项目的成功也是不可缺位的。

(5) CIO 是信息系统正常可靠运行的保障者

经验表明,重要信息系统的建设是一个过程,不可能毕其功于一役。对系统日常运行维护的管理,对信息资源的不断积累和利用潜力的挖掘,对信息网络及信息安全的制度化审计以及根据业务发展需求实现技术升级和采用新技术,都要求做出持续不懈的努力。只有这样,才能使信息系统具有生命力,成为增强组织机构竞争力的原动力之一。

2.2 信息系统项目的可行性研究

组织的 IT 需求具体体现在一个个实际的信息系统项目上,哪些信息系统项目应该建设,哪些信息系统项目不应该建设或者暂缓建设,这些信息系统项目是否可行,都需要进行可行性研究。

2.2.1 可行性研究的内容与方法

可行性研究是开发信息系统项目过程中的重要环节之一。在国家《计算机软件开发规范》中指出,可行性研究的主要任务是"了解用户的需求及现实环境,从技术、经济和社会因素三个方面分析并论证软件项目的可行性,编写可行性研究报告,制订初步的项目开发方案。"可行性研究是信息系统项目建设前期工作的重要步骤,启动项目的一个重要环节就是对项目进行论证。也就是说,确定是否应该立项。

可行性研究的目的是在开发系统立项之前,对所要开发的系统进行必要性、可行性及可能采取的方案进行分析和评价,为组织领导层决策提供科学的依据。统计显示70%以上的信息系统项目都失败了,事实表明很多的项目在立项阶段就应该终止,可行性分析就是要根据组织的环境、资源等条件,判断所提出的信息系统项目是否有必要、有可能开始进行。

1. 可行性研究的内容

可行性研究包括必要性和可行性两项主要内容,经过组织信息化项目规划后提出的项目需求一般来讲是必要的,这里重点讨论可行性。可行性可以从以下三个方面去分析。

(1) 技术上的可行性

技术上的可行性是分析所提出的要求在现有技术条件下是否有可能实现；是不是具有所需的相应的人力资源、是不是具备了所需的技术能力。例如对加快速度的要求，对存储能力的要求，对通信功能的要求等，都需要根据现有的技术水平进行认真的考虑。这里所说的现有水平，是指社会上已经比较普遍使用了的技术。不应该把尚在实验室里的新技术作为讨论的依据。

(2) 经济上的可行性

这包括对项目所需费用的估算和对项目预期收益的估算。这是非常重要的，如果不进行认真的分析，就可能带来巨大的损失。在估算的过程中常常会出现将费用低估而把收益高估的现象，这主要是由于人们在进行经济的可行性分析时经常忽略一些重要的因素。以计算机为例，人们在考虑费用的时候，常常是只考虑了主机的费用，而忽略或低估外围设备的费用；或者只考虑硬件的费用，而低估了软件的费用；或者只考虑了建设的费用而忽略了运行维护的费用。所有这些因素都会导致对信息系统项目费用的低估。另一方面，对于项目的收益，人们往往把引进信息系统项目后所提高的信息处理能力，与实际产生的效益混为一谈。

(3) 组织或社会环境的可行性

由于信息系统是在组织或社会环境中工作的，除了技术因素与经济因素之外，还有许多组织环境或社会环境因素对于项目的开展起着制约的作用。例如，与项目有直接关系的管理人员是否对于项目的开展抱有支持的态度？又如，组织中的相关人员是不是具备了开展信息系统项目所需具备的基本能力？信息系统项目运行绩效的产生离不开具有相应能力的人员的有效使用，如果这些相关人员的信息化能力较低，而且在短时期内这种情况不可能发生根本的转变，这时如果考虑大范围地使用某些要求较高信息化能力的新信息系统项目，那就是不现实的。所有这些组织和社会的因素、人的因素必须进行充分的考虑。

可行性分析需要从以上三个方面来判断项目是否具备开始进行的各种必要条件。

2. 可行性研究的一种方法：要素加权分析法

要素加权分析法又叫指标加权分析法，如图 2.1 所示，首先是根据信息系统项目的目标设置一系列的评价指标或要素，并对这些评价指标或要素赋予一定的权值，然后对要评价的项目或方案进行打分，综合分值达到一定分值的项目为可行项目，低于一定分值的项目为淘汰项目。这种方法既可以用来对项目进行可行性分析，也可以在项目确定以后，对项目的实施方案进行评选。要素加权分析方法包括如下步骤。

① 确定所要考虑和比较的项目或项目方案；
② 挑出在选择项目或选择方案时最重要的因素，并将所有要素（指标）按其重要性大小降序排列；
③ 赋予每项要素一个权重数值，以便采用该数值后使各指标能进行互相比较；
④ 暂时先不考虑权重因素，仅对单个指标进行打分；
⑤ 将每一个单个指标得分与权重数值相乘，所得结果填入加权得分栏；
⑥ 把所有的加权得分分别相加，得出备选项目的总加权得分；
⑦ 对项目的总加权与设定的分值进行比较，决定项目是否可行。

要记住,最终选出的项目之所以被选中是有一定条件的,一是取决于一套现有的指标;二是取决于给定的当前权值;三取决于设定的标准分值。值得注意的是,这三个条件的认定都具有一定的主观性,如果上述三个条件变化了,可能被选择的方案也不一样了。

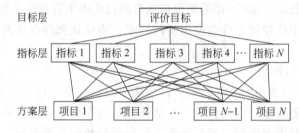

图 2.1　要素加权分析法图示

2.2.2　需求调研的内容与方法

为了进行可行性研究,就需要对信息系统的需求进行分析。如果需求都不能确定,那么可行性分析针对什么来谈可行性呢?业内有一个说法是信息系统项目普遍存在开始时"需求说不清",项目结束时"需求说不完"的现象。那么需求分析就是要确定对目标系统的综合要求,并提出这些需求的实现条件,以及需求应达到的标准,也就是解决要求所开发的信息系统做什么,做到什么程度的问题。

1. 功能需求与非功能需求

(1) 功能需求

功能需求就是要列举出所开发的信息系统在功能上应该具备哪些内容,这是最主要的需求。其中功能性需求又可以根据这些功能对用户的重要程度和迫切程度划分为三种类型。

① 必备功能:必须做什么(need),这一部分需求是一个信息系统的核心需求,一般也是立项的初衷,是必须要实现的,如果这部分需求不实现,信息系统项目必定达不到要求,用户也绝对不会满意;

② 可选功能:应该做什么(want),大部分的需求都属于这一类;

③ 附加功能:可以做什么(wish),这一部分需求实现的功能对用户目前来讲不是很急迫,但一般都采用了比较新的技术或新的方法,所以尽管这部分的需求不多,但会花掉很大的一块预算。

(2) 技术性能需求

给出对信息系统的技术性能指标要求,包括存储容量的限制、运行时间的限制、传输速度的要求等。

(3) 可靠性需求

具体分析对信息系统的可靠性要求。在需求分析时,应对信息系统在投入运行后发生故障的概率,按实际的运行环境提出要求。对于那些重要的子系统,或者运行失效会造成严重后果的系统,应当提出较高的可靠性要求,以期在建设的过程中采取必要的措施,使信息系统能够高度可靠地稳定运行,避免因运行事故而带来的损失。

(4) 安全保密要求

不同的信息系统对其安全、保密的要求也是不同的。需求分析时,应当对这方面的需求做出适当的规定,以便对所开发的信息系统给予特殊的设计,使其在运行中安全保密方面的性能得到必要的保证。

(5) 用户界面需求

用户界面的友好性、以人为本的设计理念是信息系统成功的关键因素之一。具有友好用户界面的信息系统更能产生较高的效益。因此,必须在需求分析时,为用户界面细致地规定以达到更好的要求。

(6) 使用人员技能的需求

在使用方面,需要使用部门在制度上或者操作人员的技术水平上应具备什么样的条件等。

(7) 成本与进度需求

对信息系统项目建设的进度和各步骤的费用提出要求,作为建设过程进行管理的依据。

(8) 可扩展性需求

在开发过程中,应对系统将来可能的扩充与修改做准备。一旦需要时,就比较容易进行补充和修改。

功能性需求是人们普遍关注的,但是上述第(2)项至第(7)项的非功能性需求同样是非常重要的。非功能性需求涉及面多而广,容易被忽略。信息系统的软件费用很大程度上取决于功能性需求,而硬件和网络费用则很大程度上取决于非功能性需求。

2. 需求调研的方法和步骤

信息系统的需求需要通过在调查和收集各种数据和要求的基础上,进行科学地分析得出。信息系统的需求调研方法和步骤包括以下几个方面。

(1) 文献阅读

在可能的情况下,阅读与该项目有关的文献资料,搞清楚组织的营业范围、组织结构、业务流程、业务术语等,可以增加需求分析的准确度。

(2) 实地考察

实地考察又叫直接观察法。实地考察的目的之一就是尽可能接近事件发生地去研究真实的业务运作情况。通过实地考察,可以增加系统开发人员的感性认识,有助于加快对组织业务流程和业务活动的理解。观察内容包括现行系统的实际布局、人员的安排、各项活动及业务的流转情况。

(3) 用户访谈

在通过文献阅读和实地考察之后,调研人员就可以在此基础上,起草有针对性的访谈提纲。用户访谈可以采用多种形式,比如一对一的访谈,专门针对一个部门的访谈,以及举行会议等形式。

用户交谈的目的主要包括两个方面,一是获得信息;二是对书面资料、观察而获得的信息进行验证。用户访谈可以采用从上而下的方法,也可以采用从概括到细致的方法。例如,可以先由组织的领导开始访谈,再到中层,再到基层管理人员,甚至还可以扩大到全体职工。这样能够对组织的状况有一个全面地了解,不仅了解组织战略层面的信息系统需要,而且能了解到具体的信息系统需求。这种方法的成功与否主要依赖信息分析员的提问水平。

（4）发放调查问卷

凡是要人们单独答卷的各种方法，几乎都属于问卷的范畴。调查问卷方式的优点之一是比面谈节省时间，执行起来需要较少的技巧，受访者有时间思考、计算、查阅资料，因此提供的信息更准确等。

发放调查问卷还有一个很重要的优点，就是用户可以将自己的各种需求，比如初级的或高级的、眼前的或长远的、难以启齿的或可以冠冕堂皇公之于众的全部列在问卷上。显然，这需要一个前提，就是调查问卷不要求署名或签字。这种轻松的方式常常可以获得面谈所意想不到的需求。因为在面谈的情况下，由于可能有其他人在场，并且需要签字确认，或者由于各种难以明说的原因，需求可能是不完整的。

（5）业务专题报告

对于某些需要信息系统重点支持的业务需求或比较复杂的业务需求，最好能请用户的高层或有关业务的骨干为信息系统调研人员作专题报告。专题报告由于经过报告人的认真准备，因此系统性、逻辑性、完整性、准确性都比较高，是提高调研效率的一个好方法。

要注意的是，在采用上述各种调研方法收集到所需信息后，应该将其记录下来，作为可行性分析报告的一部分。并且，做记录时应该尽量注意叙述的完整性、正确性、可检验性等特征。

对组织待建信息系统的调研是新系统可行性研究阶段和系统分析阶段所必须进行的工作内容，无论是在可行性研究阶段还是在系统分析阶段，调查工作都可以按照上述方法来进行，但调查的程度有所不同。可行性研究阶段的调查不必非常详尽，而系统分析阶段的调查则越详细越好。

2.2.3　信息系统项目的建设方式

在确定了信息系统项目的需求之后，就需要考虑信息系统项目的建设方式。对于组织而言，由自己直接掌握的 IT 资源总是有限的。同时，先进管理思想往往是从组织外部逐步向组织内部扩散，新型的信息技术也是逐渐被组织所掌握的，因此组织在实现信息化的过程中应该尽可能利用外部的资源为自己所用。在组织信息系统的建设模式上，组织是选择"自力更生"自行开发，还是直接购买现成的软件或者是选择外包的方式委托外包服务商开发？这就是一个信息系统的建设模式选择问题。信息系统建设模式可以分为以下三种。

（1）组织自行开发模式。
（2）外购现成系统模式。
（3）外包（Outsourcing）模式。

1. 组织自行开发模式

这种模式通常由组织内部自己组建信息化队伍，在采购成熟软硬件设备基础上，主要依靠组织自身力量从事信息系统建设。在信息系统建设中，组织能够控制其全过程，开发出的系统能够充分、真实地反映组织的实际业务要求，针对性较强，系统实施相对比较容易，风险较小，而且这种模式留有项目的全套资料，后续的维护就比较简单。在信息系统建设的实践中也会不断锻炼和培养组织的信息化队伍。

不利之处在于,由于大多数组织的信息化队伍中人员结构不尽合理,业务人员多、技术人员少,尤其是高水平的系统分析员少,而且主要依靠非从事业务管理的技术人员去做业务调研,技术人员不能够也没有能力去解决原有管理中存在的落后经营方式、僵化的组织结构、低效的管理流程等问题,因而难以吸收先进的管理理念和思想来提高管理水平,导致开发周期长、生命周期短等问题。自行开发还可能带来以下问题。

(1) 形成庞大的 IT 队伍,组织在 IT 这个非核心领域投入过大,并且还有可能不断膨胀;

(2) 要靠组织自身的 IT 队伍跟上 IT 技术发展的潮流非常困难。如果不发展,又恐不能充分利用最新的信息技术对管理和生产力的提升,最终被不断变化的商业环境所淘汰。

2. 外购现成系统模式

外购模式是直接采购市场上成熟的商品软件,考虑到软件产品的特殊性,往往同时选择一个专业化实施团队负责项目的实施,项目的结果是在组织中建立一个满足组织特定功能需求的信息系统。

商品软件通常是由一批具有丰富经验的管理专家和高级专业计算机技术人员共同开发的,软件本身蕴涵了许多管理的先进思想和手段,针对行业特点为组织提供了各种管理功能的模块,这些软件模块为组织流程优化与重组提供了可借鉴的参考模型,能够在较高的层次上提升组织管理水平。而且软件已具有一定数量的用户,经过实际应用的考验,一般都比较成熟与稳定,质量有所保证,升级维护方面的支持比较及时,有利于组织信息系统的更新。

但是,由于商品软件追求销售数量,功能一般都会通用化,其功能无论在范围上还是在深度上都只能使组织的需求得到部分满足,系统的适应性可能比较差。在具体的实施过程中,这种外购模式会更多地依靠软件提供商,可能会出现用户过分按照软件提供的理想模式行事,而忽视组织具体的实际,或软件提供商过分依从用户的所谓组织"特色",造成软件的先进性消失。另外,信息系统的自身发展也是一个渐进的过程,如果选择外购的信息系统模式,往往缺乏程序源代码不便于系统维护和二次开发。

3. 外包模式

外包是指组织利用其外部优秀的专业化资源,从而为达到降低成本、提高效率、维护自身核心竞争能力和增强组织对环境应变能力的一种管理模式。主要的方式包括:信息技术外包、营销外包、人力资源管理外包和应收账管理外包等。

IT 外包(IT Outsourcing),就是组织将部分或全部的 IT 工作外包给专业性公司完成的服务模式。信息系统建设的外包是 IT 外包的一种主要形式,就是将信息系统项目的建设交给外部的专业的外包服务提供商完成。信息系统建设外包一般包括三个连续的过程。

① 外包的决策过程:即考虑是否外包,外包什么?

② 外包商的选择过程:即考虑选择国外的外包商还是国内的外包商?是选择一个外包商还是选择多个外包商?选择外包商的依据是什么?

③ 外包商的管理过程:外包过程中的风险如何防范?如何对外包商进行监控?如何对外包商进行评价和适当的激励?

信息系统建设外包通常是基于以下三个方面的原因。

(1) 涉及战略优势的外包原因

组织可以在有经验的外包服务商的帮助下再造业务流程。通过外包可以将信息技术的服务与各种不同的商业价值联系起来，利用外包对组织重新定位以应对现行业务和技术的变革。

(2) 涉及组织财务的动因

首先，很多组织都希望通过外包降低成本或者至少可以控制成本。由于外包服务提供商通常都具有规模经济和专业化的优势，他们与组织内部的IT部门相比，提供服务的成本更低。由外包服务商提供服务，成本更易预测、更好控制。

(3) 获取先进的技术

外包服务商一般都具有丰富的经验和特殊才能，外包可以使组织使用前沿技术和技能并从中获益。

但是，信息系统建设的外包中也蕴含着大量的风险，比如失控的风险。组织无法像管理内部的部门一样去管理外包服务提供商，所以难以监督和控制外包服务提供商的行为。在外包服务提供的及时性以及服务的质量上存在失控的风险，成本有可能会不知不觉上升，还可能存在对外包服务商产生依赖被套牢的风险，以及存在业务机密和相关知识产权被泄漏的风险等。所以在外包决策和外包管理中必须要认真考虑风险的问题。外包风险的防范方法可以概括为：审慎地进行外包决策；选择合适的外包服务商；通过完善的合同限制外包服务商的投机行为以及管理外包关系等。

总之，组织信息系统的建设模式的选择，需要组织根据自己信息化成熟度情况，自身的信息能力状况以及外部的IT服务市场状况，选择适合自己的建设模式。

2.2.4 可行性研究报告的撰写

在对一个拟建的信息系统项目进行上述可行性研究步骤后，需要站在客观公正的立场下进行调查研究，并编制可行性研究报告。可行性研究报告包含以下主要内容。

(1) 现行系统的目标、功能、范围、关键信息需求及存在的主要问题。

(2) 拟建新系统的总体方案，总体方案至少提供两套，并对方案进行分析对比。

(3) 系统开发的分阶段投资计划与投资总额；系统正常运行后日常维护、材料消耗等方面的年费用投入；系统投运后所产生的经济与社会效益分析。

(4) 开发系统所具有的技术条件和对技术能力的评估。

(5) 系统环境的整改方案与整改计划，包括人员培训计划。

(6) 信息系统开发的结论意见，可行性报告必须提出明确的分析结论。

只有在可行性研究报告得到组织领导、同行专家的论证批准后，项目才可以进行实施。下面给出一个可行性研究报告的具体内容框架。

1. 引言

1.1 编写目的。说明编写本可行性研究报告的目的。

1.2 背景。说明：A.所建议建设的信息系统的名称；B.本项目的任务提出者、建设者、用户；C.该信息系统同其他系统或其他机构的基本的相互来往关系。

1.3 定义。列出本文件中用到的专门术语的定义和外文首字母组词的原词组。

1.4 参考资料。列出用得着的参考资料，如：(1)本项目的经核准的计划任务书或合同、上级机关的批文；(2)属于本项目的其他已发表的文件；(3)本文件中各处引用的文件、资料，包括所需用到的信息系统开发标准。列出这些文件资料的标题、文件编号、发表日期和出版单位，说明能够得到这些文件资料的来源。

2. 可行性研究的前提

说明对所建议的项目进行可行性研究的前提，如要求、目标、条件、假定、限制等。

2.1 要求。说明对所建议开发的系统的基本要求，例如："A.功能；B.性能；C.输出(如报告、文件或数据，对每项输出要说明其特征，如用途、产生频度、接口以及分发对象)；D.输入(说明系统的输入，包括数据的来源、类型、数量、数据的组织以及提供的频度)；E.处理(处理流程和数据流程用图表的方式表示出最基本的数据流程和处理流程，并辅之以叙述)；F.在安全与保密方面的要求；G.同本系统相连接的其他系统；H.完成期限。"

2.2 目标。说明所建议系统的主要目标，例如："A.人力与设备费用的减少；B.处理速度的提高；C.控制精度或生产能力的提高；D.管理信息服务的改进；E.自动决策系统的改进；F.人员利用率的改进等。"

2.3 条件、假定和限制。说明该项目建设的条件、假定和所受到的限制，例如："A.所建议系统的运行寿命的最小值；B.进行系统方案选择比较的时间；C.经费、投资方面的来源和限制；D.法律和政策方面的限制；E.硬件、软件、运行环境和开发环境方面的条件和限制；F.可利用的信息和资源；G.系统投入使用的最晚时间。"

2.4 进行可行性研究的方法。说明这项可行性研究将是如何进行的，所建议的系统将是如何评价的。摘要说明所使用的基本方法和策略，如调查、加权、确定模型、建立基准点或仿真等。

2.5 评价尺度。说明对系统进行评价时所使用的主要尺度，比如费用的多少、各项功能的优先次序、开发时间的长短及使用中的难易程度。

3. 对现有系统的分析

这里的现有系统是指当前实际使用的系统，这个系统可能是计算机系统，也可能是一个机械系统甚至是一个人工系统。分析现有系统的目的是为了进一步阐明建议中的新系统或修改现有系统的必要性。

3.1 处理流程和数据流程。说明现有系统的基本的处理流程和数据流程。此流程可用图表即流程图的形式表示，并加以叙述。

3.2 工作负荷。列出现有系统所承担的工作及工作量。

3.3 费用开支。列出由于运行现有系统所引起的费用开支，如人力、设备、空间、支持性服务、材料等项开支以及开支总额。

3.4 人员。列出为了现有系统的运行和维护所需要的人员的专业技术类别和数量。

3.5 设备。列出现有系统所使用的各种设备。

3.6 局限性。列出本系统的主要的局限性，例如处理时间赶不上需要，响应不及时，数据存储能力不足,处理功能不够等。并且要说明,为什么对现有系统的改进性维护已经不能解决问题。

4. 所建议的系统

说明所建议系统的目标和要求将如何被满足。

4.1 对所建议系统的说明。概括地说明所建议系统,并说明在可行性报告第2部分中列出的那些要求将如何得到满足,说明所使用的基本方法及理论依据。

4.2 处理流程和数据流程。给出所建议系统的处理流程和数据流程。

4.3 改进之处。按2.2条中列出的目标,逐项说明所建议系统相对于现存系统具有的改进。

4.4 影响。说明在建立所建议系统时,预期将带来的影响。

4.5 局限性。说明所建议系统尚存在的局限性以及这些问题未能消除的原因。

4.6 技术条件方面的可行性。本节应说明技术条件方面的可行性,例如:A. 在当前的限制条件下,该系统的功能目标能否达到;B. 利用现有的技术,该系统的功能能否实现;C. 对建设人员的数量和质量的要求并说明这些要求能否满足;D. 在规定的期限内,本系统的建设能否完成。

5. 可选择的其他系统方案

扼要说明曾考虑过的每一种可选择的系统方案,包括需建设的、可从国内国外直接购买的或外包的,如果没有供选择的系统方案可考虑,则说明这一点。

5.1 可选择的系统方案1。说明可选择的系统方案1,并说明它选中或未被选中的理由。

5.2 可选择的系统方案2。按类似5.1条的方式说明第2个乃至第n个可选择的系统方案。

6. 投资及效益分析

6.1 支出。对于所选择的方案,说明所需的费用。如果已有一个现存系统,则包括该系统继续运行期间所需的费用。包括基本建设投资、其他一次性支出、非一次性支出。

6.2 收益。对于所选择的方案,说明能够带来的收益,这里所说的收益,表现为开支费用的减少或避免差错、灵活性的增加、动作速度的提高和管理计划方面的改进等,包括一次性收益、非一次性收益、不可定量的收益等。

6.3 收益/投资比。求出整个系统生命期的收益/投资比值。

6.4 投资回收周期。求出收益的累计数开始超过支出的累计数的时间。

6.5 敏感性分析。所谓敏感性分析是指一些关键性因素如系统生命期长度、系统的工作负荷量、工作负荷的类型与这些不同类型之间的合理搭配、处理速度要求、设备和软件的配置等变化时,对开支和收益的影响最灵敏的范围的估计。在敏感性分析的基础上做出的选择当然会比单一选择的结果要好一些。

7. 社会因素方面的可行性

用来说明对社会因素方面的可行性分析的结果，包括以下两方面。

7.1 法律方面的可行性。法律方面的可行性问题很多，如合同责任、侵犯专利权、侵犯版权等，信息系统建设人员通常是不熟悉的，有可能陷入陷阱，务必要注意研究。

7.2 使用方面的可行性。例如从用户单位的行政管理、工作制度等方面来看，是否能够使用该信息系统；从用户单位的工作人员的素质来看，是否能满足使用该系统的要求等，都是要考虑的。

8. 可行性研究结论与建议

根据前面的研究结果，对项目在技术、财务、社会因素上进行全面的评价，对建设方案进行总结，提出结论性意见和建议。A. 可以立即开始进行；B. 需要推迟到某些条件（例如资金、人力、设备等）落实之后才能开始进行；C. 需要对开发目标进行某些修改之后才能开始进行；D. 不能进行或不必进行（例如因技术不成熟、经济上不合算等）。

可行性报告的结果并不一定可行，也有可能是得出在目前条件下不可行的结论，这是完全正常的。如果限定必须证明可行，那么可行性分析就没有意义了。甚至可以说，判断不可行性比判断可行性的收获还大，因为这避免了巨大的浪费。

2.3 信息系统项目的招标与评价

如果信息系统的建设采用外包或外购的方式，就需要对信息系统项目采用招标的方式。严格地讲，"招标"与"投标"是买方与卖方两个方面的工作。从买方角度看，招标是一项有组织的采购活动；从卖方的角度看，投标是利用商业机会进行竞卖的活动。

本节首先介绍信息系统项目招标的流程，然后介绍招标书和投标书的模板，在此基础上，对信息系统承包商的选择进行讨论。由于承包商的选择属于评价的内容，将信息系统项目效益的评价也放在该节一并讲述，因而在本节的最后讨论了信息系统项目效益评价的两种方法：前后对比法和有无对比法。

2.3.1 信息系统项目的招标流程

招标是指由招标人发出招标公告或通知，若干家投标单位同时投标，最后由招标人通过对各投标人所提出的价格、质量、交货期限和该单位技术水平、财务状况等因素进行综合比较，确定其中条件最佳的投标人为中标人，并与之最终订立合同的过程。

从买方的立场上看，作为业主进行招标的目标就是择优。具体的择优目标有：最佳质量、最优技术、最短周期、最低价格。这四个目标就好比打靶时的四个环心，四个目标同时达到或击中是很难的。业主只有按需要及投资能力来考虑这些目标的要素加权体系，综合评比众多投标人的优缺点，优胜劣汰，确定合适的中标人。

投标是指投标人接到招标通知后，根据招标通知的要求填写、编制相关文件（统称投标文件），并将其送交给招标人的行为。投标人在编制投标文件时，一般要先获得投标的资格。

在取得投标资格后,投标人再认真研究招标文件,并根据招标文件的要求进行填写和报价。

信息系统招标投标要遵循一定的流程,基本的流程为:招标→投标→开标→评标→定标→签订合同。招投标过程可划分成三个阶段:招标准备阶段、招标投标阶段和定标成交阶段。招标准备阶段从成立招标机构开始,到编制完成招标所需文件结束;招标投标阶段从发布招标信息(公告或邀请书)开始到投标截止结束;定标成交阶段从开标开始,到签订合同结束。

信息系统项目的用户方先自行组建或委托专门的招标公司组织项目招标领导班子,准备好招标书和投标标底,通过招标公告,从申请投标的承包商中挑选出部分合格的承包商,给他们发招标书,予以答疑,并在规定的时间内接收承包商的投标文件,并在公证部门的监督下开标、询标、评标,然后本着公平、公正、公开的态度决标,与中标的承包商签订合同,并由监理监督承包商履行合同,同时从没有中标的单位收回招标文件,退还投标保证金。

(1) 招标

招标是发标人单独所作的行为。在这一环节,招标人所要经历的步骤主要有:组织招标机构、编制招标文件(需要标底的要确定标底)、发布招标公告或发出招标邀请、投标资格预审、通知合格的投标人参加投标并向其出售标书、组织现场考察、召开标前会议等。

(2) 投标

投标是投标人单独所作的行为。在这一环节,投标人所要经历的步骤主要有:申请投标资格、购买标书(获得投标资格后)、考察现场、办理投标保函、计算投标价、编制和投送投标文件等。

(3) 开标

开标是招标机构在预先规定的时间和地点将各投标人的投标文件正式启封揭晓的行为。

(4) 评标

评标是招标机构确定的评标委员会根据招标文件的要求,对所有投标文件进行评估、排序,并推荐出中标候选人的行为。

(5) 定标

定标也称决标,是指招标人在评标的基础上,最终确定中标人,或者授权评标委员会直接确定中标人的行为。

(6) 签订合同

在这一阶段,通常先由双方进行签订合同前的谈判,就投标文件中已有的内容再次确认,对投标文件中未涉及的一些技术性和商务性的具体问题达成一致意见。

2.3.2 信息系统项目的招标书

在那些擅长设计招标书的专家以及法律顾问的帮助和指导下,由负责招标工作的团队制订招标书。招标书的主要内容包括以下几点。

(1) 介绍与概述。

(2) 客户信息。

(3) 信息系统项目的需求。

(4) 定价。

(5) 项目的管理。

(6) 合同到期与终止。

(7) 合同条款。

(8) 承包商信息。

(9) 附录和其他条款或条件。

1. 介绍与概述

(1) 对信息系统项目做出总体性的说明。

(2) 标书的范围。

(3) 标书议程中的关键日期。说明招标流程的每一个重要步骤的大致日期,标书的截止日期,标书的评议,谈判,决定以及相关事项。

(4) 项目开始、实施以及到期的计划日期。

(5) 如何投标。除了应对标书必须提交的日期和时间做出说明外,还必须对如何投标,是用纸面文件还是递交磁盘、副本的份数、传真件是否接受、接收标书人员的姓名地址以及标书是否要进行铅封等具体问题做出说明。

(6) 标书的格式。应该对标书的精确格式做出说明,以便标书的评议和比较工作容易进行。

(7) 联系人。

(8) 实盘报价。必须明确规定报价在规定的期限内(例如90~180天)不允许变更。

(9) 保密。包括详细的保密条款并要求投标方在分发标书前签署保密协议。

(10) 所有权。说明发包方对数据拥有所有权,投标方在发包方要求时必须归还这些数据。

(11) 投标方的成本和花销。说明在签订合同之前投标方自己负担一切相关费用。

(12) 权利和义务。注明发包方并没有任何义务和投标方签订合同,同时应注明发包方仍保留与其他投标方进行谈判的权利。

2. 客户信息

(1) 提供有关发包方的业务、规模、地点、客户、产品以及其他的事宜的一般信息。

(2) 说明发包方要求的服务的内容。对每一种服务提供详尽说明的附录,如有必要,按照系统的类型、地点、用户和其他的信息对服务做出全面说明。

(3) 解释发包方的2年、5年、10年的发展计划。

(4) 说明发包方的短期和长期IT目标。

3. 信息系统项目的需求

(1) 对现有的系统和要求承包商建设的系统做出说明,列出所有需要实施的地点,对影响系统的平台和环境以及将给予承包商的支持进行说明。这些说明必须足够的详细以便承包商可以充分的了解系统的运行要求。对系统的要求按照可度量的语言进行说明。

(2) 对信息系统未来效率和质量的预期以及为满足这些需求对承包商的程序和能力的

有关要求信息。

(3) 提供现在运行状况的有关统计数据,例如硬件、软件和通信设置、用户的数量、存储空间的大小、报告产生的频率以及其他一些相关内容。

(4) 对典型的日常工作流程做出说明。

(5) 要求承包商对实施发包方信息系统项目的计划做出说明。

(6) 提出对承包商报告的要求。

4. 定价

(1) 要求承包商提供最好的基于实际的报价,并清楚地说明这些报价将哪些服务包含在内,哪些服务不包含在内。

(2) 要求承包商按照不同的功能或要素分别报价。并对在服务量变化时如何调整价格以及在服务增长时如何提高价格做出解释。

(3) 对承包商可以使用的增加或减少服务的机制做出说明。

(4) 对附加的服务如何定价,机制如何?

(5) 说明对业务需求的显著变更应该进行重新的谈判或对定价机制做出变更。

5. 项目的管理

(1) 项目的执行者,要求投标商提供项目执行者的姓名以及资质。

(2) 项目管理架构,包括权利的架构和沟通的架构,计划的要求以及主要人员的作用。

6. 合同到期与终止

(1) 如果可行的话,则对合同及其重新谈判的流程、程序以及时间计划的正常截止期限做出规定。

(2) 对出于便利、利益、运行失败以及控制变更等原因而导致合同终止的情况做出规定,同时对要求承包商在合同终止时应该提供的协助工作做出规定。

7. 合同条款

(1) 谁将拥有什么知识产权?

(2) 由谁负责获得第三方的许可,由谁承担这些许可费用?

(3) 保险要求。

(4) 保密要求。

(5) 担保和保证事宜。

(6) 如果需要,对使用分包商的条件和限制。

8. 承包商信息

(1) 参考资料。要求承包商为客户提供为其他类似客户提供类似系统的客户列表和参考资料。

(2) 承包商财务状况。

(3) 有关承包商能力的质询。这些问题应该包括与要求的系统相关的知识、技术及资源等,以及采用的技术、人员状况、人员的流动率、安全性、备份、恢复能力和经验等。还应该包括承包商如何对信息系统项目进行组织以及该信息系统项目的程序和方法体系等。

9. 附录和其他条款或条件

附录包括信息系统功能的服务说明、技术计划、商业计划以及所有帮助澄清和解释那些希望承包商了解内容完整详细的说明。仔细考虑可以应用和随附于标书的其他条款或条件。

2.3.3 信息系统项目的投标书

投标书必须按照招标书要求的格式进行组织以便发标方进行分析和评估。每一部分必须按照要求的格式进行标记和编号。标书必须清晰、完整、准确和详尽,以便于发包方能够确定投标书中建议的服务和方法是否适当、可行和符合要求。在投标书中,承包商可以根据自己的需要使用叙述的文字或图表进行说明。

承包商在标书中使用的术语应尽量与招标书中的术语相一致。在提供清晰和精确的定义的情况下,承包商可以在适当的地方采用对等的术语。投标书的主要内容包括以下方面。

第一部分　同意的约定范围
第二部分　技术建议
 2.1　服务提供的方式
 2.2　信息系统技术解决方案
 2.3　建议的技术环境(硬件、软件、通信、网络等)
 2.4　人员计划和工作场所要求
  2.4.1　人员安排
  2.4.2　工作场所要求/设施
 2.5　项目管理和质量保证实施
  2.5.1　项目管理
  2.5.2　质量保证
  2.5.3　质量控制
 2.6　质量测评
第三部分　资质和参考
 3.1　投标工作的资质
 3.2　通用业务情况
 3.3　参考
第四部分　合同的管理程序
第五部分　报价
 5.1　各项功能的报价
 5.2　总报价
合同样本(作为标书的附录)
(需要的其他附录)

以上给出了信息系统项目招标书和投标书的模板,在实际项目中使用时可以根据具体情况做出相应的修改。

2.3.4 信息系统项目承包商的选择

在对信息系统承包商进行选择时,需要逐一审查承包商的标书。要注意在分析中可能要做一些必要的调整。举例来说,针对特定的某项工作,将承包商的成本与自己的成本做比较的时候,应当确保在投标书中没有计算但实际需要的某些支持性服务的成本支出(比如设备、软件、人员等),并将这些成本支出加入到对承包商的估计值中。否则,在实际运作的时候,这些"隐含成本"可能使看起来令人满意的交易大失所望。

对于任何规模的招标来说,评价承包商指标的判断和选择非常重要。所选的指标可以分别归类于最高或"必须"层次、次要或"需要"层次、第三或"参考"层次。在最高标准层次中,如果承包商没有能力达到核心要求,就可以立即判断它的资格不够。

如果所有参与竞争的承包商都能够实现核心要求,可以转向次要层的各个事项,对每一个承包商按各个指标进行评分,用1~5分或1~10分分别打分。把每个指标的权重与得分相乘,加总之后就可以得出所有承包商的总分。选择那些总分最高的承包商。如果承包商的总分相差很大,那么可能就没有必要进入第三层级的"参考"类指标了。但是,如果分数很接近的话,就要通过第三层级各项指标的比较,按照各自的权重进行加总,从而为决策提供参考信息。

在决策之前应当进行认真权衡。例如,如果信息系统对业务负有关键任务或支持关键任务的职能,就必须更加谨慎,以确保所选择的承包商能够完成这项任务。人们通常希望以低廉的价格得到自己想要的东西,但在市场上,通常不可能以最低的价格购买到最好的商品。如果希望得到最好的、最可靠的,以及专家级的服务,一般来说,就需要支付更高的价格。

前述的要素加权分析法,也是选择承包方的一个很有效的方法。如图2.2所示,可以根据招标方对信息系统项目的建设目标,确定评价指标。指标层是衡量承包商是否适合标准,比如在图2.2中具体的标准有承包商的资质评价标准、人力资源评价标准、技术解决方案的评价标准、财务状况评价标准、"软"标准(文化标准)等五个评价标准,这五个具体的标准又可以进一步的细分。当然,图2.2只是一个评价的模板,具体到每个信息系统项目上,可能指标并不一样,即使指标一样,可能权重也不一样。

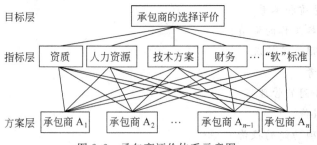

图 2.2 承包商评价体系示意图

根据图2.2的要素加权体系,评标委员会一般会选择若干家得分最高的承包商推荐给招标方,由招标方与推荐的投标方进行具体的合同谈判过程,最终确定合作方签订合同。

2.3.5 信息系统项目效益的评价

信息系统建设完成，首先需要针对当初的合同进行验收评价，在此基础上一般还需要对项目的效益进行评价。对于项目效益的评价有两种主要方式：前后对比法和有无对比法。下面分别予以说明。

(1) 前后对比法

前后对比是对于信息系统项目"建成并投入使用后"和该项目"建设前"组织的实际绩效进行对比，求得差值得到信息系统项目建设效益的一种方法。前后对比法是通过大量的参数比较，将被评对象（信息系统项目）执行前后的有关情况进行对比，从中获得评估的依据。这种方法是将事前和事后可以衡量的指标值进行比较，用指标的变化回答评估的问题，如效果、影响等。应用前后对比法的主要困难在于如何将被评对象所产生的效果和其他外在因素、偶发事件、社会变动等所造成的效果加以明确区分。

(2) 有无对比法

有无对比是对于项目建设后产生的实际影响和效果，和假设没有本项目可能发生的情况进行对比。

"有无对比法"是"有项目"与"无项目"两种情况进行对比分析；"前后对比法"则是"项目前"与"项目后"的对比分析。要注意的是，"前后对比法"的"项目前"是一种状态，反映未建项目前的状况；而"有无对比法"的"无项目"则是指不建设该项目的一种方案，它考虑在没有该项目的情况下的未来状况。

比如某信息系统项目在建设后，企业效益将比建设项目前每年递增10%，但若没有该项目，由于技术操作水平提高和企业经营管理加强，企业效益每年也可递增4%。因此，该项目的实施是使企业效益每年递增6%（10%－4%），而不是10%。由此可见，采用"前后对比法"把企业的发展状态视为静态的，不能真实反映信息系统项目的财务经济效益。采用"有无对比法"则不会有类似的问题存在，因为它考虑了企业原来在寿命期内可能发生的变化，将无项目时的状态视为动态的。显然，"有无对比法"要比"前后对比法"更客观和更科学一些。

必须指出，当兴建一个信息系统项目仅仅是为了改变现状，如果不建设项目其现状就不会改变时，"有无对比法"和"前后对比法"的结果是相同的。这时，可以把"前后对比法"看作是"有无对比法"的一种特殊情况。

2.4 信息系统项目的合同

信息系统项目的建设方选定之后，项目的投资方就必须尽快和建设方签订合同，并且尽快启动项目。一份完善的合同对信息系统项目的成功至关重要。合同应当保障实现客户和承包商二者的目标，对待双方都应公平合理，合同的内容要清楚明了，应使双方以及第三方（法庭）都对合同能够有一个清晰的理解。

合同必须是客户和承包商双赢的结果，双方达成共识的层面必须是全面的，从而具有一致的商业含义，但又必须有足够的柔性，以涵盖业务中的变化，使双方不必再次回到谈判桌前。合同代表了双方的合作伙伴关系。客户不能完全免除自己的责任,而且必须密切关注进展,并参与到合同的管理中。

2.4.1 合同的一般格式与主要内容

合同是交易双方签订的法律文件,是双方产生争议时协调、仲裁或诉讼的基点,所以合同应该尽可能完备,虽然合同不可能涵盖所有的不确定性,但是合同应该制订处理变更和争议的方法。

信息系统开发合同一般格式包括:合同的名称(比如:××公司信息系统委托开发合同)、甲方(客户)、乙方(开发方)、合同的主要条款、甲乙双方的签字盖章、合同的签订日期。

合同中一般应该包括如下的语句:甲乙双方经过协商和谈判达成了本协议,并经双方协商一致制订如下条款。合同的条款应该包括如下主要内容。

(1) 标定的范围。即开发的信息系统的目标和功能描述。信息系统的需求应该明确和可以度量,不能采用含糊的词语。

(2) 合同期限。双方协议的起止日期。

(3) 费用。该条款约定双方的合同价格。按照酬金的计算方式,可以划分为固定价格合同和成本补偿合同。

(4) 进度和质量。规定信息系统的进度和检验标准。对以什么样的进度递交原型和中间结果、采用什么样的测试方法和测试环境、验收测试的方法和程序以及每一测试阶段的验收标准、总体的资料要求以及培训,对双方的准备、标准、时间表和责任都应做出规定。

(5) 争议的解决。争议的解决方式包括协商、调解、仲裁和诉讼,对此双方需要在合同中进行约定。仲裁或诉讼的适用法律、地点、费用的承担都应该做出约定。

(6) 保证和责任的限定。约定双方的承诺和保证内容,比如开发商该项合同的订立不与开发商作为一方的与其他方签订的任何合同相抵触;开发商是一家具有正式组织、有效存在并严守国家法律的公司等。客户方也应该做同样或类似的承诺。

(7) 合同到期和终止。一旦合同的有效期限届满,开发商和客户应按照"合同到期和终止程序"部分的约定履行。

(8) 其他条款。变更、知识产权、分包、保密、不可抗力等条款。

2.4.2 合同中的非价格条款

信息系统项目的建设合同与其他合同一样,必须以可计量的或可测试的方式规定项目的范围、质量、进度和费用等目标,同时还要规定双方的权利和义务。除此之外,信息系统项目合同中还必须注意以下非价格条款的内容。

(1) 成本超支或进度延迟的通知条款

如果成本超支或进度延迟,承建方必须提前通知客户,并提交书面的情况说明及纠正措施计划。承建方很有可能通过简化功能模块、取消部分功能、忽略系统优化等手段控制成本、加快进度,从而使用户蒙受损失。所以,一旦出现实际成本或预期成本超支或进度计划将延迟的迹象,承建方必须及时通知用户单位,以使成本回到预算内来或进度计划回到正常的轨道上来。

(2) 分包的限制条款

用户可以要求禁止或限制分包。即使分包，承建方也必须通知用户，并要征得用户的同意，否则不得分包。

(3) 明确用户承担配合义务的条款

信息系统的顺利建设不仅仅是承建商的事情，它离不开用户的配合和协助。用户需要提供给承建方与信息系统建设有关的必要的文件、资料、设备等，并应明确提供的日期，并应该在建设的过程中对于承建商的合理要求给予必要的协助和配合。这个条款保护了承建方的利益，明确了由于用户配合不到位而导致的进度延误的情况下，用户应承担的责任。

(4) 有关知识产权的条款

在建设信息系统过程中产生的知识或软件的所有权的问题必须明确。在合同中，要明确知识产权的归属，如果归双方共有，还应明确各自所占的比例。需要强调的是，不同的知识产权安排将导致项目建设费用的不同，例如对于可推广的项目有时甚至是数量级的差别。

(5) 有关保密协议的条款

当承建商可以接触到核心系统和数据时，要求其保密是非常重要的。出于安全的考虑，可以在合同中规定任何一方向其他方面透露有关该信息系统项目的情况，或把项目有关机密信息、技术或该项目中另一方的工作流程用作其他用途必须经得另一方的书面同意或授权，否则视为侵权。

(6) 付款方式的条款

在合同中应该明确付款方式。具体的付款方式很多，比如每月付款、每季度付款、按合同中总数的百分比付款等多种形式。需要注意的是，在付款方式条款中要界定相应的里程碑，在这些里程碑上要有明确的提交物，在这些提交物提交之后，支付一定百分比的款项。

(7) 有关奖罚的条款

对于信息系统对用户业务有重大影响的项目，用户应该在合同中规定相应的奖罚条款，以确保项目的质量和进度能按期实现。如果承建方提前或高于合同约定标准完成项目，用户应付给承建方奖金。另外，如果项目到期没有完成或者没有达到合同约定标准，用户将减少付给承建方的最终款额，甚至处以罚款。

2.4.3 项目章程的颁布和合同的管理

双方签订合同了，无论是信息系统项目的用户方还是承建方，都意味着项目正式立项了。项目立项结束的标志就是项目章程的颁布，同时执行项目，开始对项目合同进行管理。

(1) 项目章程的颁布

项目章程是正式确认项目存在的文件，它主要包括对项目所产生的产品或服务特征，以及所要满足商业需求的简单描述。当项目在合同情况下执行时，项目章程也可以被所签订的合同所省略。

项目章程应该通过管理者对项目及项目所需的条件进行客观的分析后颁发，在项目章程中需要任命项目经理(或项目负责人)，它提供给项目经理运用、组织生产资源，进行生产活动的权力。

尽管项目章程不能阻止冲突的发生,但它可以提供一个有助于解决冲突的框架,因为它界定了项目经理为完成项目而使用组织公司资源的权限以及项目经理与其他职能部门经理之间的关系。项目章程是正式认可项目存在并指明项目目标和管理人员的一种组织级正式文件。项目主要干系人应该在项目章程上签字,以表示认可项目目的已经与组织达成一致。

对于信息系统建设项目来讲,承建方和用户方都应该签发各自的项目章程,任命各自的项目经理。作为用户,要成立一个配合和管理承建方的项目团队,作为承建方,要成立一个实施团队。2.4.4节给出了一个案例的项目章程。

(2) 合同的管理

用户方和承建方签订信息系统建设合同后并不是就完事大吉了,为了保证项目的按时按质完成,必须对合同进行有效的管理。合同为双方在信息系统建设过程中提供了行为的基础或规范。

保持承建商行为规范的基本方法是监督和控制。监督是用来观察承建商是否在做他应做的事情。如果通过监督发现承建商正在偏离合同预定的行为目标,控制就是使承建商回到正确的轨道上去。在信息系统建设合同中,合同是监督和控制行为的基础。

监督从根本上说是由合同目标决定的。监督应该提供必需的信息来判断合同的目标是否得到满足。在合同中明确的可量化和可测量的指标是非常重要的,这样将会使合同的管理变得相对简单。另外要做好监督管理的组织工作,例如由谁来检查监督数据是否得到及时而准确的收集;谁来收集监督数据;这些数据怎样分析和由谁分析;如何发现、识别和表述这些差异或分歧。每隔一段时间,都应该对信息系统建设的效果进行评估,对各个里程碑以及相应的提交物要进行广泛的评估。在合同执行过程中,应该按照预定的时间表,每隔一段时间进行检查。当在合同中产生问题时,则应按需进行检查。

在监督中发现承建方的工作在某一方面没有达到确保项目成功所需要的标准和尺度时,就需要通过控制,使项目回到正确的轨道上去。控制的步骤如下。

(1) 找到造成工作偏离预定标准问题的实质。
(2) 对产生问题的原因进行调查并做出结论。
(3) 拟定解决问题的可行方案,并从中选择出最好的方案。
(4) 实施选定的方案,从而使系统建设工作回到原定的标准上。

2.4.4 案例:学院网站建设项目的项目章程

为了使读者对项目管理的工具有直观的体会,下面以某学院网站建设为例,说明各种项目管理工具的使用。后面的一些案例分析都是建立在这个项目基础上的。本节的内容是该学院网站项目的项目章程。

1. 项目名称

××大学商学院网站的建设

2. 项目背景

近年来,随着信息技术的飞速发展,××大学积极开展信息化建设,信息化水平始终走在我国高校的前列。2013 年,该校启动了"数字校园"项目,计划用五年时间建成一个便于资源共享的个性化服务数字校园网。该校商学院网站的建设需要与全校信息化总体规划接轨,服从此框架,并为本院学生提供技术上集成的、内容上更贴近学生需求的服务。而 Web 2.0、云计算、大数据等技术的广泛应用,也为网站功能和形式的完善提供了可靠的技术支持,使得建设一个集数据收集、共享为一体的耳目一新、广受欢迎的学院网站成为可能。

该商学院现有的网站虽然在很大程度上满足了各方面的信息需求,但仍存在如下几点不足。

(1) 网站响应速度较慢;
(2) 网站更新较慢,信息时效性较差;
(3) 网站功能较少、缺乏互动性;
(4) 网站不能整合学院现有的教学资源并为教学互动提供良好支持。

总之,新的服务理念、新的应用技术都对原有网站提出了更高要求,迫切需要建设一个全新的网站,为该校商学院师生和其他访问者提供更好的服务。

3. 项目目标

本项目目标是为商学院建设一个全新的网站,对外打造一个宣传沟通、交流合作的信息平台,对内为师生互动、学习交流、资源共享提供一个方便快捷的方式。网站把众多分散的资源统一集成,展示到通用的学院门户平台框架之中;根据行政人员、教师、学生三种用户角色的不同,形成个性化的应用界面,建立一站式的信息服务平台、事务处理平台与互动沟通平台;同时实现网站的用户自我维护功能,节省网站的运维费用。

4. 项目主要内容

(1) 实现信息的发布、展示、动态更新等功能,向校内外提供一个信息交流窗口;
(2) 实现学院内教学资源共享、学院事务处理的平台;
(3) 实现学院内师生互动沟通等功能,为学院师生打造一个教学互动的平台;
(4) 实现用户自助管理和维护,节约后期运维费用。

5. 项目的约束条件

(1) 时间约束:本项目从 2013 年 10 月 1 日开始到 2013 年 12 月 20 日结束并交付最终成果。
(2) 质量约束:
① 操作简便、界面友好,用户满意度比现有网站提高 30%,访问满意率提高 50%;
② 系统正式上线后运行故障率低于 5%,并能持续运行三个月无重大软件故障;
③ 系统可承受的并发连接数达到 500 个;
④ 项目进行中所确立的各文档版本清晰、内容完整、明确;
⑤ 系统编码的一致性,便于推广重用和自维护。
(3) 费用预算:项目总费用 30 000 元人民币,其中软件开发费用 10 000 元,硬件采购费用 15 000 元,维护费用 5000 元。因而开发合同金额为 25 000 元人民币。

6. 项目的人员组成与职责分配

本项目的人员组成与职责分配如表 2.1 所示。

表 2.1 项目的人员组成与职责分配

人员组成	姓名	职 责
项目经理	靳××	负责项目分工、预算资金的分配、项目总体把握、召开主持例会等
项目组员	张××	项目信息明星,负责联系客户等外部干系人
项目组员	朱××	需求调研,总体设计
项目组员	尹××	需求调研,总体设计
项目组员	蔡××	详细设计,系统实施
项目组员	王××	详细设计,系统实施
项目组员	李××	详细设计,系统实施

7. 相关部门的支持

由于项目组主要成员为本学院研究生,导师每周提供同学用于项目开发的时间不少于五小时;实验室应提供硬件支持,机器不少于七台;负责该项目领导工作的商学院党委应组织和配合本项目的需求调研。

8. 签发人和签发日期

签发人应是该项目发起方或组织方的代表,本项目由商学院党委书记签发。签发日期:2013 年 9 月 25 日。

思考题

1. 请简要说明 CIO 的职责和任务。
2. 试说明 CIO 与信息系统项目的关系。
3. 请阐述可行性研究的内容。
4. 你认为信息系统项目的需求调研应该如何做?
5. 非功能需求包括哪些内容?
6. 信息系统项目的建设有哪几种方法,各有什么优缺点?
7. 简述信息系统的招标流程。
8. 对于一个信息系统项目来讲,选择承包商应该有哪些标准?
9. 请比较前后对比法和有无对比法的区别。
10. 合同签订中要注意哪些非价格条款?

第 3 章 信息系统项目的计划与范围

信息系统项目最常见的问题之一就是需求不断蔓延,项目范围边界被模糊,这在大型信息系统项目尤为普遍。究其原因,多半是缺乏有效范围管理和控制。项目的范围是制订项目计划的基础,而严格执行计划是进行有效范围管理和控制的重要手段与方法。

本章先介绍项目计划的概念与项目计划的编制过程;在 3.2 节简要介绍了项目范围管理的一般过程,详细介绍了工作分解结构;接下来分两节介绍了两个最重要的子计划,分别是在 3.3 节主要讲述了如何制订项目进度计划,包括进度计划的制订过程、网络计划技术等,在 3.4 节讲述了如何进行成本计划,包括成本估算、预算、人力资源成本平衡技术。

3.1 信息系统的项目计划

项目总体计划是用于指导项目实施和管理的一个整体计划文件。本节介绍信息系统项目的总体计划应该包含哪些领域计划,以及如何制订这些计划,有哪些方法,并重点介绍如何运用工作分解结构等方法制订详细的范围计划。

3.1.1 项目计划概述

1. 项目总计划的内容

计划是项目管理中最为重要的一环,项目管理中很大一部分就是制订计划。所有与项目相关的计划称之为项目的总计划,项目总计划包括若干个子计划,具体包括:

(1) 项目范围计划

项目范围计划阐述项目的原因或意义,形成项目范围的基本框架,使项目管理者能够系统地、逻辑地分析项目关键问题及项目形成中的相互作用要素,能够就项目的基本内容和结构达成一致。

(2) 项目进度计划

进度计划说明项目中各项工作的开展顺序、开始时间、完成时间及相互依赖衔接关系的计划,使项目实施形成一个有机的整体,是进度控制和管理的依据。

(3) 项目成本计划

项目成本计划就是决定在项目中的每一项工作中的成本如何,每个阶段或每个工作包的预算如何。

(4) 项目质量计划

质量计划针对具体待定的项目,安排质量保证和监控人员及相关资源、规定使用哪些制度、规范、程序和标准。项目质量计划应当包括与保证和控制项目质量有关的所有活动。

(5) 项目人力资源计划

项目人力资源计划就是决定在项目中的每一项工作中用什么样的人力资源,人力资源的数量、质量和结构如何。

(6) 项目沟通计划

项目沟通计划就是制订项目干系人之间信息交流的内容、方式、时间或频率等沟通要求的约定。有效的沟通计划和机制为成功的项目管理提供保障。

(7) 风险应对计划

风险应对计划是为了降低项目风险的损害或获得风险的机会而分析风险、制订风险应对策略方案的过程,包括风险识别、风险定性和定量分析、风险应对计划编制等过程。

(8) 项目采购计划

项目采购计划过程就是识别哪些项目需求可通过从本组织外部采购产品或设备来得到满足。

(9) 变更控制、配置管理计划

变更控制计划主要是规定变更的步骤、程序。配置管理计划就是确定项目的配置项和基线,控制配置项的变更,维护基线的完整性,向项目干系人提供配置项的准确状态和当前配置数据。

具体说来,项目总计划是指通过使用项目的各专项计划过程所生成的结果(即项目的各领域计划),运用整体和综合平衡的方法所制订出的,用于指导项目实施和管理的整体性、综合性、全局性、协调统一的整体计划文件。

2. 项目计划的层次性

一般情况下,尤其是投资比较大、系统比较复杂的信息系统项目,项目计划可以分为多个层次,如图 3.1 所示。

图 3.1 信息系统项目计划的层次图

高级计划是项目的早期计划,应当是粗粒度的,主要是进行项目的阶段划分,确定重大的里程碑,所需相关的资源,包括人力资源、设备资源、资金资源,即所谓的人、财、物三个要素。

大的阶段交替之前,应做好下一阶段的详细计划,称之为二级计划。详细计划要确定各项任务的负责人、开始时间、结束时间、任务之间的依赖关系、设备资源、里程碑。

如果项目规模相对较大,可以有多级的计划。比如说,一个项目组可能分为几个开发组,二级计划是各开发组制订的适合的自己小组的计划。如果开发组还分了小组,可以有小组的三级计划。

开发人员的个人计划是低级计划,由开发人员根据自己的任务自行制订,要把任务细化到每人每日的工作。

制订项目计划仅靠项目经理的"个人经验"是不够的,也不可能面面俱到。解决的办法有两个：一是充分鼓励、积极接纳项目干系人（包括客户、组织高层领导、项目组成员）来参与项目计划的制订。可以邀请客户和高层领导来共同讨论高级计划的制订。制订二级、三级项目计划要与项目组成员互动，可以让系统建设人员对自己职责范围内的事提出建议的时间和资源，再作讨论约定，这样开发人员在主观上会更加投入工作；二是要充分利用历史数据，历史数据是宝贵的财富，是可复用的资源，不仅要注意积累这些数据，也要学会从中提炼出可以为我所用的数据，如项目计划的模板，计划的资源数据等。

信息系统的项目计划就如同项目本身一样有它的特殊性，一个需要三五个人花两三个月就可以完工的小项目，可能项目计划就四五页纸，只有一个工作分解结构和一个甘特图。一个需要五六十个人甚至上百人，要花上半年或更长时间的大型项目则会有更多的项目计划内容。所以，计划的层次和详细程度必须按照项目的具体情况进行具体分析。

利用现有项目管理工具，可以极大地提高项目计划制订的效率。如 Microsoft Project 可以方便地安排任务，设置开始时间、结束时间、前置任务、资源名称等参数，并能自动生成网络图和甘特图，找出项目的关键路径。

3. 项目计划的作用

一般说来，项目总体计划有以下几方面的作用。

（1）指导项目的实施

项目计划可以有效地指导项目方案的实施，及时地发现项目工作中的偏差，积极采取各种纠正偏差的措施，从而保证项目的有效实施。

（2）激励和鼓舞项目团队的士气

项目计划不但对项目组织的工作做出了规定，而且对项目团队也有一定的激励和鼓舞士气的作用。项目的目标对项目成员具有较大的激励作用，项目进度安排中的各个里程碑对于项目团队的士气也有很大的鼓舞作用。

（3）度量项目绩效和控制项目的基准

项目计划中最主要的内容是项目的各种目标和计划要求，这些目标和要求是单位制订绩效考核和管理控制标准的出发点和基准。项目绩效度量和管理控制的标准，包括数量、质量、时间、成本和效益方面的标准，它们都是根据项目计划制订的。

（4）促进项目干系人之间的沟通

项目计划是项目利益相关者之间进行有效沟通的基础，使他们具备了相互开展沟通的平台。

（5）统一和协调项目工作的指导文件

项目计划是通过对项目各种专项计划的综合而形成的一份协调和统一项目工作的文件，有利于在项目实施中避免多头的、矛盾的指挥和命令，防止项目组织或项目团队中不同群体的"各自为政"。

3.1.2 项目计划的编制过程

项目计划是一个综合计划，在实际编制时需要分步骤进行。一般情况下，先编制依赖性领域（包括范围、进度和成本等）的子计划，在此基础上再编制保证性领域的子计划，如

图 3.2 所示。

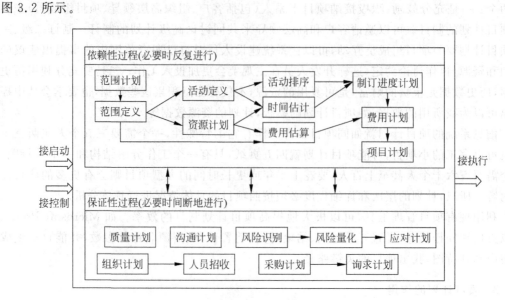

图 3.2 项目计划编制过程

具体来讲,项目计划的制订要经过以下八个步骤。
(1) 收集项目信息
通过收集与项目相关的信息,可以为项目计划的制订提供参考。收集的信息要尽可能地全面,既要有社会经济方面的信息,也要有具体项目的信息。特别与本项目类似的信息,可为本项目的进度、成本计划等提供参考。
(2) 确定项目的应交付成果
项目的应交付成果不仅是指项目的最终产品,还包括项目的中间产品。如对于信息系统项目其交付成果可能包括:需求规格说明书、概要设计说明书、详细设计说明书、数据库设计说明书、项目阶段计划、项目阶段报告、程序维护说明书、测试计划、测试报告、程序代码与程序文件、程序安装文件、用户手册、验收报告、项目总结报告等。
(3) 分解任务并确定各任务间的依赖关系
从项目目标开始,从上到下,层层分解,确定实现项目目标必须要做的各项工作,并画出完整的工作分解结构图(Work Breakdown Structure,WBS),得到项目的范围计划。确定各个任务之间的相互依赖关系,获得项目各工作任务之间动态的工作流程。
(4) 确定每个任务所需的时间和团队成员可支配的时间
根据经验或应用相关方法给定每项任务需要耗费的时间;确定每个任务所需的人力资源要求,如需要什么技术、技能、知识、经验、熟练程度等。确定项目团队成员可以支配的时间,即每个项目成员具体花在项目中的确切时间;确定每个项目团队成员的角色构成、职责、相互关系、沟通方式,得到项目的人力资源计划和沟通计划。
(5) 确定管理工作
项目中有两种工作,一是直接与产品的完成相关的活动,二是管理工作,如项目管理、项目会议等、编写阶段报告。这些工作在计划中都应当充分地被考虑进去,这样项目计划更加合理,更有效地减少因为计划的不合理而导致的项目进度延期。

(6) 制订项目的进度计划

进度计划应当体现任务名称、责任人、开始时间、结束时间、应提交的可检查的工作成果。

(7) 制订其他计划

考虑项目的费用预算、质量要求、可能的风险分析及其对策。需要公司内部或客户、其他方面协调或支持的事宜,制订项目的成本计划、质量计划、风险计划和采购计划等其他领域计划。

(8) 项目总体计划的整合、评审、批准

各分项的计划得到之后,需要集成为项目的总体计划,简称项目计划。项目计划书评审、批准是为了使相关人员达成共识、减少不必要的错误,使项目计划更合理更有效。

项目计划的编制过程的结束以项目计划的确认为标志。项目组在项目计划制订完成后,应该对项目计划予以确认,只有确认的项目计划才能作为项目实施和控制的现实性的指导文件。项目计划的确认,应该包含三个方面:一是项目管理团队对计划的认可,保证项目团队成员都对其有充分的理解和认可;二是组织管理层和项目涉及的相关职能部门对计划的认可,只要认可他们才可能为项目实施提供资源基础和行政保障;三是项目客户和最终用户对项目计划的认可,他们的认可可以明确项目管理及其实施的分工界面、明确项目的具体目标、清楚界定双方责任,从而增强了项目的透明度、提供客户满意程度。只有经过上面三个层次的确认,计划才能付诸行动,才是指导项目实施的基准计划。

通常,项目总体计划的编制需要通过多次反复优化和修订才能完成。一般来讲,初始的项目计划工作所给出的初始项目计划文件,可能只包括资源需求的一般的说明,甚至连项目完工的日期还尚未确定。但是,到最后的项目计划工作完成时所形成的最终项目计划文件,不但要详细地反映项目所需的各种资源,并且必须明确规定项目的完工日期、项目的质量和成本等要素。也就是说,项目计划的制订是一个逐步清晰和具体的过程,也即渐进明细的过程。

3.2 信息系统项目的范围管理

3.2.1 信息系统项目的范围

1. 项目范围的概念

从广泛来讲,项目范围指为完成项目的产品或提供所需服务所包含所有的工作,总体上来讲,项目范围包含两类。

(1) 产品范围

产品范围指对所需交付产品的范围特征和功能。对于信息系统项目而言,产品范围主要包含项目的功能模块、运行效率。这是狭义上的项目范围,也是项目合同对照检查的主要依据。

(2) 工作范围

工作范围指为完成项目所做的管理工作。这一类工作往往在项目管理实际过程中被忽略。但实际上,在一些大型的复杂项目中,这类工作占有相当的比重。常见的包括对项目进行需求调研、系统分析,以及项目计划工作等。

产品范围的完成情况是参照客户的要求来衡量的,而项目范围的完成情况则是参照计划来检验的。这两个范围管理模型间必须要有较好的统一性,才能确保项目的具体工作成果按特定的产品要求准时交付。

2. 项目范围管理的过程

项目范围管理是对项目包括什么和不包括什么的定义与控制过程,最终目标是"不做额外的工作,也不要渡金",以确保项目组和项目干系人对作为项目结果的项目产品以及生产这些产品所用到的过程,有一个共同的理解。为实现此目标,一般包含以下六个管理过程。

(1) 范围规划管理

范围规划是创立书面文件,阐述项目范围为未来项目提供基础条件的过程,特别是包括了用以确定项目或阶段是否成功完成的标准。范围阐述形式的基础是通过确认项目目标和主要项目的子项目,使项目团队与项目客户之间达成一个协议。

(2) 收集需求

在范围规划的基础上,进一步收集项目的需求。常用的收集需求方法包括访谈、调查表、头脑风暴、竞争对手和产品分析等。对项目组来讲,不但要收集用户提出的需求,还需要主动分析和挖掘问题背后的深层次问题。为保证收集需求的准确性和完整性,需求收集的过程应该流程化,收集的需求应该分类入库的归档化,将需求收集活动作为一个结构化的流程或过程,以真正的促进收集的过程和采集的数据的有效性。

(3) 范围定义

范围定义是以范围规划和需求收集的成果为依据,逐步详细阐述产生项目产品的项目工作(项目范围),并将其形成文字的过程。其输出是范围说明书、范围管理计划及相关的详细资料。范围说明书明确了项目目标与项目可交付成果,形成了项目与项目客户之间协议的基础。

(4) 创建 WBS

把项目的主要可交付产品和服务划分为更小的、更容易管理的单元,即形成工作分解结构(WBS)。通过创建 WBS,使得原来非常笼统、非常模糊的项目目标一下子清晰下来,使得项目管理有依据,项目团队的工作目标清楚明了。

(5) 范围核实

范围核实是指对项目范围的正式认定,项目主要干系人,如项目客户和项目发起人等要在这个过程中正式接受项目可交付成果的定义。范围确定之后,执行实施之前各方相关人员的承诺问题。一旦承诺则表明已经接受该事实,那么就必须根据承诺去实现它。这也是确保项目范围能得到很好的管理和控制的有效措施。

(6) 范围控制

范围控制是指对有关项目范围的变更实施控制。主要的过程输出是范围变更、纠正行动与教训总结。控制好变更必须有一套规范的变更管理过程,在发生变更时遵循规范的变更程序来管理变更。通常对发生的变更,需要识别是否在既定的项目范围之内。如果是在项目范围之内,那么就需要评估变更所造成的影响,以及如何应对的措施,受影响的各方都应该清楚明了自己所受的影响;如果变更是在项目范围之外,那么就需要商务人员与用户方进行谈判,看是否增加费用,还是放弃变更。

3.2.2 工作分解结构

1. 工作分解结构的含义

工作分解结构(WBS)是将项目逐层分解成一个个可执行的任务单元,这些任务单元既构成了整个项目的工作范围,又是进度计划、人员分配和成本计划的基础。

项目工作范围的结构分解,强调的是结构性和层次性,即按照相关规则将一个项目分解开来,得到不同层次的项目单元,然后对项目单元再作进一步的分解,得到各个层次的活动单元,清晰反映项目实施所涉及的具体工作内容,最终形成工作分解结构(WBS)图,项目干系人通过它可以看到整个项目的工作结构。

通过项目的工作结构分解,可以加强项目组成员对项目的共同认知,保证项目结构的系统性和完整性,还可使项目易于检查和控制。最重要的是,WBS是制订进度计划、成本计划等其他项目管理计划的基础。

2. 工作分解结构的表示形式

常用的工作分解结构表示形式主要有以下两种:树型图和缩进图。

(1) 树型图

树型结构类似于组织结构图,如图3.3所示。树型图的优点是WBS层次清晰,非常直观,结构性很强,但不是很容易修改。

图 3.3 某信息系统集成项目工作分解结构

(2) 缩进图

缩进图,类似于分级的图书目录,如表3.1所示。缩进图表能够反映出项目所有的工作要素,但直观性较差。对于一些大的、复杂的项目而言,内容分类较多、容量较大,用缩进图表的形式表示细节比较方便,也可以装订手册,称之为WBS手册或WBS字典。

表 3.1 某信息系统开发及实施项目工作分解结构表

工作分解结构			
工作编号	工作名称	负责人	资源描述
1.1.0	系统分析		
1.1.1	需求分析		
1.1.2	方案设计		
1.2.0	系统设计		
1.2.1	网络系统设计		
1.2.2	数据库设计		
1.3.0	系统开发		
1.3.1	软件开发		
…	…		

工作分解结构的编码设计与结构设计是有对应关系的。结构的每一层次代表编码的某一位数，有一个分配给它的特定的代码数字。如表 3.1 所示，WBS 编码是由三位数组成，第一位数表示整个项目；第二位数表示子项目要素（或子项目）的编码；第三位数是具体活动单元的编码。

编码设计对 WBS 来说很重要，不管是高级管理人员还是其他层次员工，编码对于所有项目组来说都应当有共同的意义。在进行编码设计时，必须仔细考虑收集到的信息和收集信息所用到的方法，使信息能够自然地通过 WBS 编码进入应用记录系统。

3．工作分解结构的创建方法

创建 WBS 是指将复杂的项目分解为一系列明确定义的项目工作并作为随后计划活动的指导文档。创建 WBS 的方法主要有以下三种。

（1）自上而下法（系统思考法）

这是构建 WBS 的常规方法，即从项目的目标开始，逐级分解项目工作，直到管理者满意地认为项目工作已经充分的得到定义。由于该方法可以将项目工作定义在适当的细节水平，对于项目工期、成本和资源需求的估计可以比较准确，对具备较好系统思维能力的人来说，可以说是很好的方法。

（2）发散归纳法（头脑风暴法）

让成员一开始尽可能地确定各项具体任务，然后将各项具体任务进行整合，有了这些零散的思路，再归纳就相对容易了。想到什么就记下来，然后再不断补充，不断归纳。对那些全新的系统和项目可以采用这种方法，通过该方法也可促进全员参与，加强项目团队的协作。

（3）模板参照法

如果存在 WBS 的模板，就会容易得多。我们可以借鉴别人的模板，比如图 3.3 就是一个模板，以后其他的信息系统集成项目就可以参考采用。

创建 WBS 的过程非常重要，因为在项目分解过程中，项目经理、项目成员和所有参与项目的职能经理都必须考虑该项目的所有方面。制订 WBS 的过程如下。

① 得到范围说明书或工作说明书。
② 召集有关人员,集体讨论所有主要项目工作,确定项目工作分解的方式。
③ 分解项目工作。如果有现成的模板,应该尽量利用。
④ 画出 WBS 的层次结构图。WBS 较高层次上的一些工作可以定义为子项目或子生命周期阶段。
⑤ 将主要项目可交付成果细分为更小的、易于管理的工作包。工作包必须详细到可以对该工作包进行成本和工期估算,能够安排进度、做出预算、分配负责人员。
⑥ 验证上述分解的正确性。如果发现较低层次的工作项没有必要,则修改组成成分。
⑦ 在此基础上,建立一个 WBS 编号系统。
⑧ 随着其他计划活动的进行,不断地对 WBS 更新或修正,直到覆盖所有工作。

3.2.3 案例:学院网站建设项目的工作分解结构

采用自上而下的编制方法,前述某学院网站建设项目 WBS 图可分为四层。第二个层次按照项目实施的阶段进行分解,分为六个模块;第三个层次的各模块按照项目的产品构成进行分解。具体的 WBS 树状图如图 3.4 所示。

各模块的主要任务如下:

(1) 项目管理(1100)

主要任务是在项目启动阶段制订项目开发计划,并在项目的其他阶段进行必要的文档管理。

(2) 需求确定(1200)

按照调研计划,开展需求调研,然后就调研结果进行分析,将需求分析说明书交由负责人签字,确定客户最终需求并交由负责人签字生效。

(3) 网站分析设计(1300)

系统分析,划分网站功能模块,进行后台数据库设计,同时进行页面美工设计,并建立设计文档。

(4) 网站实施(1400)

采购需要的硬件设备,按照网站设计成果,选择合适的开发语言,分别完成"交流子系统"、"教学子系统"和"认证子系统"三个子系统的程序开发,并进行单元测试,建立实现文档。

(5) 网站测试(1500)

编写测试计划书,首先进行集成测试,记录测试结果,建立相应文档并由负责人签字,然后按照测试计划书,完成系统测试,记录测试结果,建立相应文档并由负责人签字。

(6) 验收总结(1600)

网站试运行,同时对客户进行培训,最终将产品和用户手册交付客户,项目组成员还要提交网站移交报告和开发总结报告。

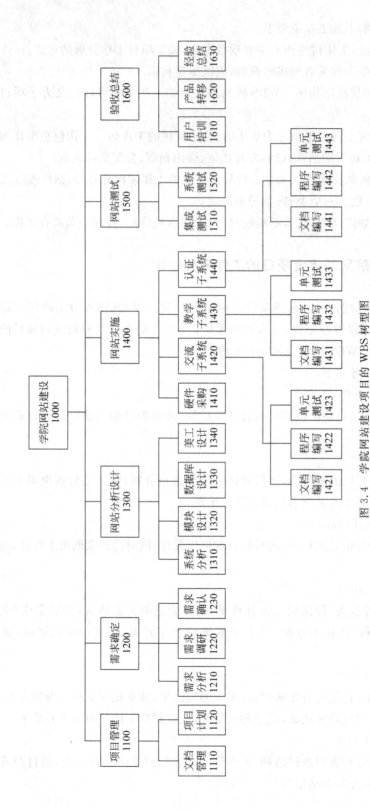

图 3.4 学院网站建设项目的 WBS 树型图

3.3 信息系统项目的进度计划

进度计划是成本计划、人力资源计划等其他子计划的基础。为了制订进度计划，在 WBS(工作分解结构)的基础上还需要考虑各项工作之间的先后关系，并在此基础上制订项目的进度计划。信息系统项目进度计划的制订一般包含活动的定义、活动排序、活动工期估计以及进度计划的制订等环节，并通过网络图和甘特图等显示出来。本节的最后通过一个学院网站的实例介绍了信息系统项目计划的制订过程。

3.3.1 活动定义、排序与表示

1．活动定义

活动定义就是根据项目范围说明书中规定的可交付成果或半成品，确定项目必须要进行的各种具体活动(工作)。活动定义的主要方法有分解法和模板法。

(1) 分解法

通过分解把 WBS 中的项目工作包进一步分解成更小的、更易于管理的部分，得到活动清单，以提供更良好的管理控制。WBS 和活动清单通常按先后顺序制订，WBS 是最终活动清单制订的基础。在某些应用领域，WBS 和活动清单同时制订。

(2) 模板法

以前做过的类似项目的活动清单可以为新项目活动定义提供参考依据，可用作新项目活动定义的模板。

一般活动都需要投入一定的人力完成，除这些活动外，还有如下三种特殊的活动。

(1) 里程碑活动

该活动是工期为零，不需要人工完成，其他设置一般作为阶段检查点，以增加项目的模块性。

(2) 虚活动

该活动用于表示活动间的先后顺序，也是不需要人工完成的。

(3) 摘要活动

该活动是有别于具体的活动，是大活动、综合活动。

2．活动排序

活动排序过程包括确认并编制活动间的相关性。活动必须被正确地加以排序，以便今后制订可行的进度计划。活动排序时要考虑到的因素主要有各活动间的依赖性、本项目活动与外部活动间的相关性、相关约束及假设条件等。活动排序一般需要考虑的逻辑关系因素包括活动规律、工艺要求、场地限制、资源限制和作业方式等。

常见的活动关系主要包括以下四种，如图 3.5 所示。

(1) Finish-to-Start (FS)关系，即完成-开始关系

Finish-to-Start (FS)关系，指 A 任务结束，到 B 任务开始之间建立连接，B 任务的开始必须要等到 A 任务的结束。

(2) Start-to-Start (SS)关系，即开始-开始关系

Start-to-Start (SS)关系，指 A 任务开始，B 任务才可以开始。把 B 任务的开始日期和

前提条件 A 任务的开始日期对齐,一般用于并行任务的安排,也可以 A 任务启动后,B 任务延后或提前数日启动。例如制订下一段的工作计划,必须要等到整个设计被批准之后才能完成。

(3) Finish-to-Finish (FF)关系,即完成-完成关系

Finish-to-Finish (FF)关系,指 A 任务完成 B 任务才可以完成。把 B 任务的结束日期和前提条件 A 任务的结束日期对齐,可以用于协调任务的统一时间完成,这样可以定义好任务的开始时间。例如检查管道是否通畅必须在打开水管阀门完成后才能完成。

(4) Start-to-Finish (SF)关系,即开始-完成关系

Start-to-Finish (SF)关系,指 A 任务开始 B 任务才可以完成。把 B 任务的结束日期和前提条件 A 任务的开始日期对齐,或者说是前置任务开始的日期决定了后续任务的完成时间,比如说前置任务是一个后续任务需要使用的资源,前置任务什么时候可以开始释放出来,这决定了后续任务什么时候才可以完成。例如,建筑项目的屋架不是现场建造的。项目中有两个任务"交付屋架"和"装配屋顶","装配屋顶"任务要在"交付屋架"任务开始之后才能完成。

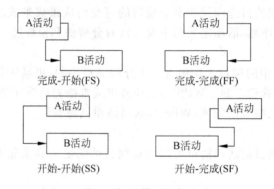

图 3.5 项目活动关系

3. 活动工期估计

活动确定并排序后,接下来就是估计各活动的工期。活动工期包括一项活动所消耗的实际工作时间加上间歇时间。活动工期估计除了可以估计一个最可能的历时,对于不太常做的新项目类型,还可以进行悲观历时估计和乐观历时估计。活动历时估计的方法主要有以下三种。

(1) 专家判断

利用专家根据历史资料进行判断。该方法适用于影响活动所需时间的因素太多,一般很难对其进行估计(例如资源水平、资源能力)的活动。

(2) 类比估算

类比估算,指利用过去类似活动的实际所用时间作为基础,估算将来活动的所需时间。在项目的早期阶段往往采用这种方法估算项目的所需时间。

在信息系统项目中采用类比法,往往还要解决可重用代码的估算问题。估计可重用代码量的最好办法就是由程序员或系统分析员详细地考查已存在的代码,估算出新项目的代码中需重新设计的代码百分比、需重新编码或修改的代码百分比以及需重新测试的代码百分比。根据这三个百分比,可用下面的公式计算出等价新代码行:

等价代码行=[(重新设计%+重新编码%+重新测试%)/3]×已有代码行

例如:有 10 000 行代码,假定 30%需要重新设计,50%需要重新编码,70%需要重新测

试,那么其等价的代码行可以计算为:

$$[(30\%+50\%+70\%)/3]\times 10\,000=5000\text{ 等价代码行}$$

即,重用这 10 000 代码相当于编写 5000 代码行的工作量。

(3) 根据工作量估算

由工程或设计部门确定每项具体工作种类所需完成的数量(例如程序代码行等),乘以单位生产率(例如每千行代码用多少小时等)后,就可用来估算活动所需时间。

活动估算是进度计划的关键,在估算时,要注意以下四个问题。

(1) 避免无准备的估算,不要随口说出一个估算。

(2) 留出估算的时间,并做好计划,估算本身也是一个项目。

(3) 估算时要开发人员参与估算,估算时要注意群体讨论。

(4) 条件允许,最好采用使用几种不同的估算技术,并比较结果。

在活动历时估算完成后,就可进行整个项目的工期估算。常用的项目工期估算方法主要有关键路径法和计划评审技术。

4. 项目网络图

活动排序和活动工期估计结束后,就可以通过项目网络图来表示。项目网络图是项目活动之间的逻辑关系或排序的图形显示。根据绘图符号的不同,网络图分为箭线图与前导图。

(1) 箭线图

箭线图(Arrow Diagramming Method,ADM),又称双代号网络图,是指组成网络图的各项工作用箭线表示,节点表示工作的开始或结束。通常,把工作的名称写在箭线上,工作的持续时间(小时、天、周等)写在箭线下,箭尾表示工作的开始,箭头表示工作的结束。如图 3.6 就是根据表 3.2 所对应的箭线网络图。

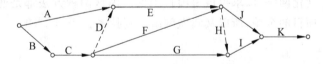

图 3.6 某项目的箭线图表示

表 3.2 某系统集成项目的活动表

序号	作业代号	活动内容	先行活动	所需天数
1	A	需求分析	—	6
2	B	可行性研究	—	3
3	C	立项审批	B	2
4	E	系统初步设计	A、C	2
5	F	系统详细设计	C	1
6	G	设计阶段评价	C	2
7	I	软硬件采购过程	E、F、G	3
8	J	基础工程设计施工	E、F	2
9	K	硬件安装调试	I、J	10

箭线图的绘制需要注意:按照已定的逻辑关系绘制;严禁出现循环回路;箭线应该保持自左向右的方向;严禁出现双箭头和无箭头的连线;严禁出现没有箭尾和没有箭头节点

的箭线；严禁在箭线上引入或引出箭线；尽量避免箭线交叉；只有一个起点节点和终点节点。

在复杂的网络图中，为避免多个起点或终点引起的混淆，可以用虚活动来解决，如图3.6所示，活动D和H就是虚活动，活动D仅表示活动C是活动E的先前活动，活动H仅表示活动E和F是活动I的先前活动。虚活动不需要消耗资源。

（2）前导图

前导图法（Precedence Diagramming Method，PDM），也称单代号网络图法，是指组成网络图的各项工作由节点表示，用箭线表示各项工作的相互制约关系，如图3.7所示。前导网络图（PDM）与箭线网络图的绘制规则基本相同。但PDM法有很多优点，也更为常用。首先，大多数项目管理软件使用PDM；其次，PDM法避免了使用虚活动；第三，PDM法可以反映任务之间的各种依赖关系，而箭线图法采用的只是完成-开始的依赖关系。

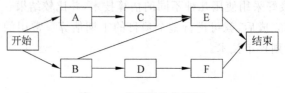

图3.7 某项目的前导图

3.3.2 网络计划技术

网络计划技术包括关键路径法和计划评审技术。这两种计划方法是分别独立发展起来的，但其基本原理是一致的，即用网络图来表达项目中各项活动的进度和它们之间的相互关系，并在此基础上进行网络分析，计算网络中各项时间参数，确定关键活动与关键路线，利用时差不断地调整与优化网络，以求得最短项目工期。因这两种方法都是通过网络图和相应的计算来反映整个项目的全貌，所以又叫做网络计划技术。

1. 关键路径法

关键路径法（Critical Path Method，CPM）最早出现于20世纪50年代。对于一个项目而言，只有项目网络图中最长的或耗时最多的活动路径完成之后，项目才能结束，这条最长的活动路线就叫关键路径，组成关键路径的活动称为关键活动。关键路径上所有活动的持续时间决定了项目的工期。

关键路径法的主要计算步骤如下。

① 分别用正推法和逆推法计算出各个活动的最早开始时间（Earliest Start Time，ES），最晚开始时间（Latest Start Time，LS），最早完工时间（Earliest Finish Time，EF）和最晚完工时间（Latest Finish Time，LF），并计算出各个活动的总时差（Total Float Time，TF）；具体计算步骤如下。

通过正推法，可以从第一活动最早开始时间（ES）开始，从前至后，利用下面公式逐步得到各活动的ES和EF：

对同一活动：$EF = ES + OD$ 其中，OD为当前活动历时；

对前后活动：后续活动的 $ES = \max\{$其所有先前活动的$EF\}$

通过逆推法,可以从最后一个活动最晚结束时间(LF)开始,从后至前,利用下面公式逐步得到各活动的 LF 和 LS:

对同一活动：LS = LF − OD 其中,OD 为当前活动历时;
对前后活动：先前活动的 LF = min{其所有后续活动的 LS}

在得到项目 ES、EF、LS、LF 后,就按下面公式计算各活动的总时差 TF:

$$TF = LF - EF = LS - ES$$

② 找出所有总时差最小的活动所组成的路线,即为关键路径,关键路径上的活动为关键活动。

③ 对各关键路径上活动的工期进行求和,即可得到项目工期。

关键路径可以用于项目网络优化。

整个计算方法如图 3.8 所示。

通过正推法和逆推法可得到每个活动的 ES、LS、EF 和 LF,并通过计算可知活动 A、C、E、G 四个活动的总时差为零,则这 4 个活动为关键活动,它们组成的路径为关键路径。

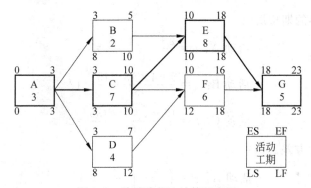

图 3.8 关键路径法计算示意图

2. 计划评审技术

计划评审技术(Program Evaluation and Review Technique,PERT),根据其音译又叫波特图,它是安排项目进度的一种方法,在安排和表示进度的形式方面与关键路径法有相似之处,但基础资料收集的难度及处理这些资料的复杂程度要比关键路径法复杂许多。所以,计划评审技术多用于一些难于控制、缺乏经验、不确定性因素多而复杂的项目中。计划评审技术的思路是,对每项活动都采用三个时间估计值,使用贝塔分布进行分析。PERT 方法的最大优点是可以对项目在某时间内完工的概率进行估算。比如,某项目在一个月内完工的概率为 95%,而在 25 天内完工的概率为 80%,这样的估算结果对项目进度控制是非常有帮助的。

为了计算整个项目的期望完工工期,首先要计算每个活动的期望工期和方差。每个活动期望工期、方差和标准差的计算公式如下:

$$期望值\ T = (P + 4M + O)/6$$
$$方差 = [(P - O)/6]^2$$
$$标准差\ \sigma = (P - O)/6$$

其中 P、M、O 分别为每个活动的三种工期估计:

① P：每个活动的悲观时间(Pessimistic time)

② O：每个活动的乐观时间（Optimistic time）
③ M：每个活动的最可能时间（Most Likely time）

利用PERT进行项目期望工期计算的步骤如下：

① 计算每个活动的期望工期。
② 计算每个活动的方差。
③ 计算项目的期望工期，它是关键路径上每项活动期望工期的和。
④ 计算项目的方差，它是关键路径上每项活动方差的和。
⑤ 计算项目标准差 σ，即项目工期总方差的平方根。
⑥ 根据项目的平均历时和项目标准差，计算项目在不同时间内完工的概率。

如假定某项目的关键路径如图3.9所示，每项活动的三种工期估算如图3.9所示。

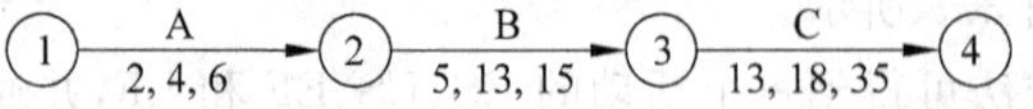

①——A(2,4,6)——②——B(5,13,15)——③——C(13,18,35)——④

图3.9 某项目关键路径的网络图

① 计算各活动的期望历时。

$$活动 A：t_e=\frac{2+4\times 4+6}{6}=4$$

$$活动 B：t_e=\frac{5+4\times 13+15}{6}=12$$

$$活动 C：t_e=\frac{13+4\times 18+35}{6}=20$$

② 计算各活动方差。

$$活动 A：\sigma^2=\left(\frac{6-2}{6}\right)^2=0.444$$

$$活动 B：\sigma^2=\left(\frac{15-5}{6}\right)^2=2.778$$

$$活动 C：\sigma^2=\left(\frac{35-13}{6}\right)^2=13.444$$

③ 计算项目总的期望工期，它是关键路径上每项活动期望工期的和：$4+12+20=36$。
④ 计算项目总的方差，它是关键路径每项活动方差之和：总方差 $=0.444+2.778+13.444=16.666$。
⑤ 该项目的标准差为 $\sqrt{16.666}=4.08$。
⑥ 根据项目的总的期望工期（均值）和项目标准差，就可以计算项目在不同时间内完工的概率。在均值 $\pm\sigma$ 范围内（本项目即在31.92天与40.08天之间）包含了发生概率的68%；在均值 $\pm 2\sigma$ 范围内（本项目即在27.84天和44.16天之间）包含了总面积的95%；在均值 $\pm 3\sigma$ 范围内（本项目即在23.76天与48.24天之间）包含了总面积的99%，如图3.10所示。

那么，这个项目在40.08天之前完成的概率是多大呢？如图3.10所示，这个项目在40.08天之前完成的概率相当于对图中的正态分布曲线从负无穷到40.08天进行积分，也就是说完工概率等于40.08那个点画出垂直直线左方曲线下所覆盖的面积。31.92天与40.08天之间属于均值 $\pm\sigma$ 范围内，包含了发生概率的68%，由于正态分布曲线是对称分布的，那么36天与40.08天之间的概率应该是68%的一半，即34%；而负无穷到36天的概率为50%。那么,在40.08天之前的完工概率应该是这两部分之和,即34%加上50%,为84%。也就是说,这个项目在40.08天之前完成的概率是84%。

类似地,可以很容易分别算出在均值左右两侧±σ、±2σ、±3σ这六个特征点之间、之前或之后的完工概率。当然,如果要知道随便一个时间之前的完工概率,那么可以查正态分布表,求到其完工概率。

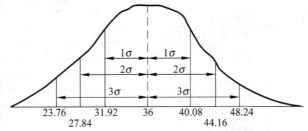

图3.10 某项目完工工期的正态分布曲线图

3. 甘特图

在了解了各项活动之间关系,得到网络图之后,就可制订项目的进度计划。制订进度计划的最终目标是建立一个现实的项目进度计划,为监控项目的时间进展情况提供一个基础。甘特图是显示项目进度计划的常用工具。

甘特图(Gantt Chart),也叫横道图或条形图,是在20世纪初由亨利·甘特开发的,是一种能有效显示行动时间规划的方法,主要用于项目计划和项目进度安排,如图3.13所示。它基本上是一种线条图,横轴表示时间,纵轴表示要安排的活动,线条表示在整个期间上计划的和实际的活动开始和完成情况。甘特图可以直观地表明任务计划在什么时候进行,也可以标注出实际进展与计划要求的对比。甘特图的优点是简单、明了、直观,能较清楚地反映工作任务的开始和结束时间。甘特图可用于WBS的任何层次,其时间单位可以从年到月甚至到日。

3.3.3 案例:学院网站建设项目的网络图和甘特图

网络图和甘特图直观、明了,易于编制,是制订项目进度计划的常用工具。前述学院网站项目的网络图和甘特图均由微软公司的Project 2013版软件绘制。

1. 项目网络图

根据项目团队之前制订的工作分解结构(WBS),按照系统的生命期将本项目划分为六个活动,分别是:项目规划、需求分析、网站设计、网站开发、网站测试和验收总结。对这六个活动进一步分解得到如下29个小活动。项目经理带领团队成员集体讨论出各小活动之间顺序关系,在紧前活动栏注明序号,估算结果如表3.3所示。

表3.3中并没有包含WBS树型图中的项目管理活动。项目管理主要包括模板的确定、计划确定、项目监控、文档管理四个方面的内容,其中模板的确定和计划的确定是在需求分析之前完成的工作,项目监控和文档管理是贯穿于项目始终的。因此在需求分析前增加了模板确定和计划确定两项活动,归纳为项目规划活动,而在每项大活动完成时都有文档的

撰写一项活动，通过对文档的评审来实现文档管理。项目监控在表中虽然没有体现出来，但实际履行计划时是在每个小活动中都要进行的。表3.3中工期的估计是根据此项活动的工作量、工作的难易程度以及此工作安排的人数决定的。

表 3.3 学院网站建设项目逻辑关系及工期估计表

活动		小 活 动	紧前活动	工期估计（工作日）
项目规划		1. 模板确定		1
		2. 撰写项目计划报告	1	2
需求分析		3. 需求调研	2	2
		4. 需求分析	3	4
		5. 需求确认	4	2
		6. 撰写需求分析说明书	5	1
网站设计		7. 系统分析	6	3
		8. 模块设计	7	7
		9. 数据库设计	7	5
		10. 美工设计	7	3
		11. 撰写详细设计说明书	8,9,10	1
网站开发	硬件采购	12. 硬软件规划与采购	11	1
	环境配置	13. 环境配置	12	1
	交流子系统开发	14. 代码设计	13	14
		15. 单元测试	14	3
		16. 撰写实现与测试报告	15	1
	教学子系统开发	17. 代码设计	13	7
		18. 单元测试	17	3
		19. 撰写实现与测试报告	18	1
	认证子系统开发	20. 代码设计	13	9
		21. 单元测试	20	3
		22. 撰写实现与测试报告	21	1
网站测试		23. 集成测试	16,19,22	4
		24. 系统测试	23	4
		25. 撰写系统测试报告	24	1
验收总结		26. 撰写用户手册	25	1
		27. 人员培训	25	1
		28. 产品转移	25	1
		29. 经验总结	26,27,28	1

在确定项目的各活动及活动之间的逻辑关系后，便可用网络图将它们之间的关系呈现出来，做好项目的进度计划。

按项目开始时间为2013年10月1日，采用顺推法计算出每项小活动的最早开始时间和最早结束时间；再按用户给定时间期限2013年12月20日，采用逆推法计算出每项小活动的最迟开始时间和最迟结束时间。根据这四个时间计算出每个小活动的机动时间（即总时差），机动时间最小的小活动所在路径构成了整个项目的关键路径（图3.8中用深色方框表示），关键路径上的工期之和决定了项目的总工期。项目的网络图如图3.11所示。

对以上网络图有几点需要说明：

（1）项目开始时间定为2013年10月1日，因为10月1日～10月7日是假期，将其设定为非工作日，所以项目实际最早开始时间为10月8日，项目结束时间为12月20日。

（2）上述网络图中每个位置信息的含义参见图3.12。

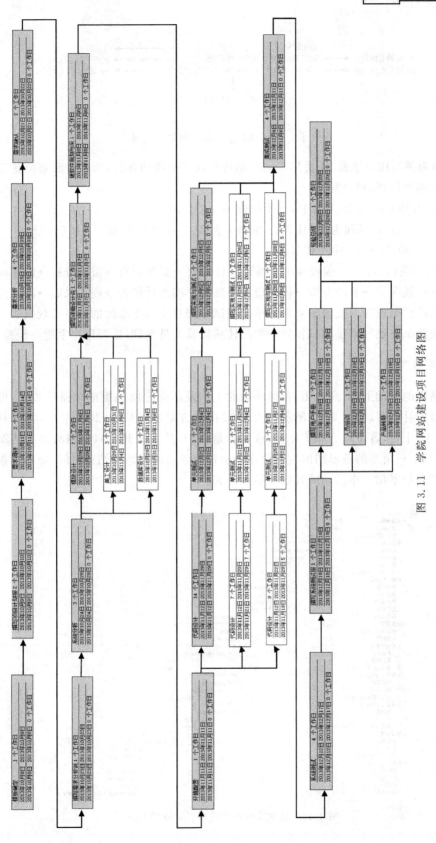

图 3.11 学院网站建设项目网络图

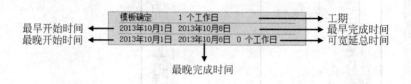

图 3.12 学院网站建设项目网络图图例

(3) 因为撰写用户手册、人员培训和产品转移这三个活动并行,所以关键路径有三条。根据上述网络图,可以知道:

① 项目开始时间为 10 月 1 日,结束时间为 12 月 20 日。

② 项目实际开始时间为 10 月 8 日,完成时间为 12 月 20 日,用时 54 工作日。

③ 项目机动时间为 0 个工作日。

④ 项目的关键路径为:模板确定→撰写项目计划→需求调研→需求分析→需求确认→撰写需求分析说明书→系统分析→模块设计→撰写详细设计报告→硬件采购→环境配置→交流子系统的代码设计→交流子系统的单元测试→撰写交流子系统的项目实现报告→集成测试→系统测试→撰写系统测试报告→产品转移以及人员培训、编写用户手册→经验总结。

2. 项目甘特图

在网络图的基础上,对照日历、考虑活动的工期及活动之间的提前和滞后关系,可以绘制出该项目的甘特图,如图 3.13 所示。图 3.13 的上方给出了日历(2013 年 10 月 1 日开始该项目,由于"十一"黄金周为非工作日,故实际是从 10 月 8 日开始),左侧给出了活动和小活动名称,带下三角形的条形图的左右两端表示每个活动的开始和结束时间,矩形的条形图的左右两端表示了每个小活动的开始和结束时间。

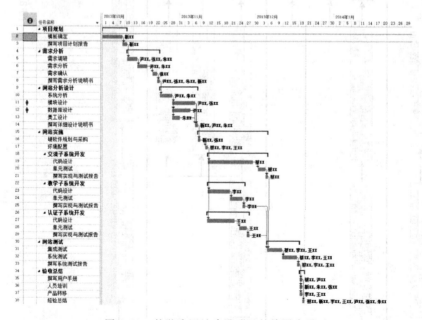

图 3.13 某学院网站建设项目甘特图表示

3.4 信息系统项目的成本计划

信息系统项目成本计划是实施项目成本管理和控制的主要依据。本节在简要介绍信息系统项目成本构成的基础上，介绍了信息系统项目成本估算、信息系统项目的报价和预算的一般方法，最后介绍了某学院网站项目的成本计划案例。

3.4.1 信息系统项目成本的估算

项目需要在一定的成本约束下完成。信息系统项目的成本主要是指信息系统建设阶段的成本，主要指分析、设计和实施三阶段的成本，具体来讲包括软件的分析/设计费用（含系统调研、需求分析、系统分析、系统设计）、实施费用（含编程/测试、硬件购买与安装、系统软件购置、数据收集、人员培训）及系统切换等方面的费用。

从财务的角度看，信息系统项目的成本包括人工费、培训费、软件购置费、硬件购置费、管理费等。此外，根据成本是否直接可见，分为有形成本和无形成本；根据与项目的关系分为直接成本和间接成本；根据成本来源分为设备成本、人力成本和管理成本等。

项目成本估算的方法包括自下而上法、专家判断法、类比估计法和资源均衡法等。

(1) 自下而上法

它是编制项目成本计划最基本、最可信的一个办法。项目组根据项目工作分解结构图所列出的项目全部工作任务一览表，确定出每项任务所需的各种资源，再将其汇总，编制出项目资源计划表。

(2) 专家判断法

专家判断法通常是由相关领域的专家根据以往类似项目的经验和对本项目的判断，进行合理预测，制订项目资源计划的办法。专家在仔细阅读项目的有关资料和对项目的计划和目标进行深入的调查和研究后，通过座谈会、讨论会等形式，汇总各位专家的意见，制订出项目资源计划方案。

(3) 类比估计法

这种方法是指项目组参考以往类似项目的历史统计数据资料，计算和确定项目资源需求计划。它要求以往项目不但同本项目有足够的可比性，还要求历史资料足够详细，有很强的可操作性。通常来讲这种方法比较适合于那些创新性不强、大众化的项目。

(4) 资源均衡法

资源均衡法是一种辅助的资源编制计划方法，它是在运用其他方法编制出资源计划后，对资源计划进行优化，平衡各种资源在项目各个时期投入的一种常用方法。通过这种方法，确定出项目所需各种资源的具体投入时间，并尽可能均衡使用各种资源来满足项目要求的完工进度。该方法的具体操作相对繁琐，需要对非关键工序的总时差或自由时差进行多次分配，选择其中最优的方案，通常要借助项目管理软件来完成。

编制的项目成本计划将对项目所需各种资源的需求情况和使用计划进行详细描述，项目资源的需求安排应该分解到具体的工作中。

需要说明的是，项目成本计划的编制是一个不断修改、不断调整的过程。在项目的初始阶段,由于积累的经验不足以及在项目实施过程中所固有的种种不确定性,对资源的需求只能是一个定性的和粗略的估计。很难将项目所需要的各种资源,准确的分配到各项活动中去。随着项目的进展,项目对资源的需求也逐渐明朗,这时要根据实际情况,不断修改和调整项目的资源计划。因此,项目成本计划过程是渐近明细的,贯穿于项目的整个生命期。

3.4.2 信息系统项目成本的预算与报价

1. 成本预算

在项目合同签订之前,一般项目组要对项目成本进行合理估算,在合同签订之后,项目组要基于项目总经费情况制订可执行的项目预算方案。

项目预算是用于执行的项目成本计划,它应该是合理、可行的,并且基于项目合同经费和工作章程的。项目成本预算的主要目标是制订一个成本基准计划,以衡量项目绩效。一般来讲,它是一个基于时间维度的项目成本计划,从中可以清晰地反映在各时间段的人力资源、合同分配的资金和管理储备金的分配情况。

项目的成本预算一般要经过以下几个步骤。

(1) 项目总成本分摊到项目工作分解结构的各个工作包中,为每一个工作包建立总预算成本。

(2) 将每个工作包分配得到的预算再二次分配到工作包所包含的各项具体的项目活动上。

(3) 确定各项成本预算支出的时间计划以及每一时间点对应的累计预算成本(截止到该时间点的每期预算成本额的加总),制订出项目的成本预算计划。

编制项目成本预算时要考虑项目的成本估算、项目合同金额和预期利润率。经过项目成本预算,除可以得到项目各项工作或活动的成本预算,还可以得到一个基于时间的成本基准计划,作为度量和监控项目实施过程中费用支出的主要依据。如图3.14所示,可以通过比较在某一预测点的实际支出成本和计划支出成本,来得知目前成本的控制情况。

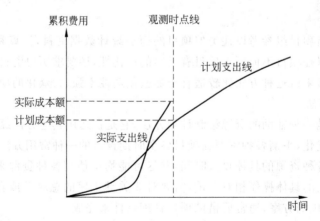

图3.14 某项目成本费用曲线图

2. 项目成本的报价

项目报价是一个经营决策过程,它是项目组在对项目成本进行估算后,拟在项目合同签订后向客户收取的各项收入总和,项目报价中不仅包括着项目成本,还包括项目组应获取的利润。信息系统项目报价策略主要有基于项目成本估算的报价和基于竞争的报价两种方法。

(1) 基于项目成本估算的报价

该方法是基于项目成本估算的结果得到的,具体来说,就是根据对各工作包成本估算松紧的基础上,再考虑自己的利润收益,做出的项目总报价。

(2) 基于竞争的报价

该方法是在保证能获得该项目的条件下,做出一个比竞争对手更加具有竞争力的报价。在这个情况下,有可能利润较大,也可能利润为零甚至为负利润。如果是负利润,那么获得信息系统项目一般都是为了承建方企业的某种战略利益,比如进入一个新地区或新市场等。

3.4.3 信息系统项目人力资源的规划与平衡

信息系统项目人力资源规划的目标是为保证项目按既定的计划提供人力保障,并使项目团队结构合理,工作既有效果,也有效率。

资源负荷显示了在特定时段现有进度计划所需的个体资源的数量。资源直方图常被用来表示资源负荷,同时也可用来识别资源超负荷的情况。如果在特定的时间内分配给某工作的资源超过了项目的可用资源,这就叫做资源超负荷。

资源超负荷本身就是一种资源冲突的现象,为了消除超负荷,项目经理可以修改进度计划,尽量使资源得到充分的利用或者充分利用项目活动的浮动时间,这种方法就叫做资源平衡。它是一种通过延迟项目任务来解决资源冲突问题的方法,是一种网络分析方法,它将以资源管理因素为主进行项目进度决策。

在项目实施的各个阶段,比较稳定的资源需求一般能够带来比较低的资源成本。因而,项目所需的各种资源在项目实施各个阶段的投入应该力求稳定,这样有利于提高项目资金的使用效率,同时也便于对项目进行管理。

资源平衡要注意几个基本原则:一是不可储备资源优先使用;二是稀缺的资源优先用在关键路径上;三是将非关键路径上活动所需资源释放给关键路径。

资源平衡有几个优点:首先,如果资源的使用情况一般比较稳定,那么他们需要的管理就较少;其次,资源平衡时项目经理使用零库存策略来获得供应商或其他昂贵的资源;再次,资源平衡可以减少财务部门与项目人员方面的一些问题;最后,资源平衡还可以提高项目团队的整体士气,因为人们重视工作稳定些。

下面通过一个简单的例子来看如何进行资源平衡。图3.15中网络图表示活动A、B、C可以同时开始,活动A需要2天、2个员工才能完成;活动B需要5天、4个员工才能够完成;活动C需要3天、2个员工才能完成。如果这三个活动同时开始,并且满足他们的员工需求,那么,最长的路径是活动B,那么整个项目的周期也就是总工期是5天。按照资源直方图显示,前两天需要的员工数为8个,而第三天是6个人,最后两天为4人,按照项目的最高需求人数则项目需要的员工数为 8 个人。

根据关键路径法可以得出,关键路径为活动 B,活动 A 的浮动时间为 3 天,而活动 B 的浮动时间为 2 天。用资源平衡的办法,重新安排活动顺序,把活动 C 延迟两天的话这样项目的进度还是 5 天,但是项目的人力资源要求从 8 个人减少到了 6 个人,如图 3.16 所示。可以看到,简单的一个调整,就为项目团队节省了 2 个人,节省了 25%的人工成本,可见资源平衡的效果是很明显的。在这个例子中,项目中的每一人都充分利用,当资源平衡时,资源的利用就达到了最佳状态。

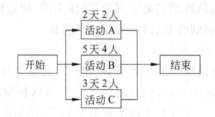

图 3.15　某项目网络图

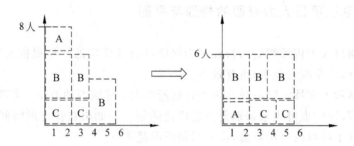

图 3.16　某项目人力资源平衡示意图

3.4.4　案例:学院网站建设项目的成本计划

学院网站建设项目的成本包括项目进行全过程所耗费的各种费用总和。本节利用前面的工作分解结构(WBS)制订出项目分摊估计表来有效地进行项目的成本计划。合同规定项目总成本(包括软件开发成本、硬件成本和开发中的其他成本)是 25 000 元人民币。

根据项目团队之前制订的工作分解结构(WBS),按照系统的生命期将本项目划分为六个活动,分别是:项目规划、需求分析、网站设计、网站开发、网站测试和验收总结。对这六个活动进一步分解得到如下 29 个小活动。项目经理带领团队成员集体讨论出各小活动的成本,估算结果如表 3.4 所示。小活动的成本主要由劳动力成本(工资)和软硬件成本构成。其中工资根据工期、人数和日工资确定,软硬件成本根据该项小活动的需要数量确定,这样这个小活动的成本就确定下来。这样按照自下而上的方法,首先估算出每项小活动的预算,由此得出大活动的预算,进而得出整个项目的预算。

经过预算,学院网站项目总成本为 20 200 元,加上项目监控费用约 1050 元,项目预算总金额为 21 250 元。项目原预算 25 000 元,基本上达到了 15%的利润率。

表 3.4　学院网站建设项目分摊估计表

活动	小活动	预算分摊/元	预算累计/元
项目规划	1. 模板确定	200	200
	2. 撰写项目计划报告	800	1000
需求分析	3. 需求调研	500	1500
	4. 需求分析	700	2200
	5. 需求确认	500	2700
	6. 撰写需求分析说明书	100	2800
网站设计	7. 系统分析	600	3400
	8. 模块设计	1500	4900
	9. 数据库设计	1200	6100
	10. 美工设计	400	6500
	11. 撰写详细设计说明书	200	6700
网站开发 — 硬件采购	12. 硬软件规划与采购	2500	9200
网站开发 — 环境配置	13. 环境配置	400	9600
网站开发 — 交流子系统开发	14. 代码设计	2800	12 400
	15. 单元测试	600	13 000
	16. 撰写实现与测试报告	100	13 100
网站开发 — 教学子系统开发	17. 代码设计	1100	14 200
	18. 单元测试	500	14 700
	19. 撰写实现与测试报告	100	14 800
网站开发 — 认证子系统开发	20. 代码设计	1500	16 300
	21. 单元测试	500	16 800
	22. 撰写实现与测试报告	100	16 900
网站测试	23. 集成测试	1000	17 900
	24. 系统测试	1000	18 900
	25. 撰写系统测试报告	100	19 000
验收总结	26. 撰写用户手册	400	19 400
	27. 人员培训	400	19 800
	28. 产品转移	100	19 900
	29. 经验总结	300	20 200

思考题

1. 什么是项目总体计划？项目总体计划与各领域计划之间的关系如何？
2. 项目计划有哪些作用？有人认为计划不如变化快，做了计划也是没有用，还有人认为计划比较浪费时间，对此你是怎么看的？应该如何做计划？
3. 工作分解结构表示方法有哪些？有哪些创建方法？WBS 对项目管理有哪些意义？
4. 如何制订出一个项目进度计划，它包含哪些步骤？
5. 简述关键路径法的主要计算步骤。
6. 计划评审技术的主要优点是什么？它和关键路径法有什么区别？
7. 项目网络图和甘特图有什么区别，各有什么作用？
8. 信息系统项目成本估算方法有哪些？各适应什么项目？
9. 信息系统项目的报价方法有哪几种？
10. 项目资源平衡要注意哪些问题？资源平衡有哪些优点？

第4章 信息系统项目的执行与监控

项目的执行和监控是使项目计划得以顺利实施的保证，是项目成功与否的关键环节。为保证项目执行和监控顺利进行，需要有一套正确的项目管理方法论作为指导，使得成功项目的执行和监控经验可以复制，项目管理经验得以积累和传播。项目管理信息系统为项目的执行和监控提供了辅助工具，使项目管理变得更为简单和可操作。

在本章先讲述了项目管理方法论，以及如何进行方法论的裁剪和集成；为更好实施方法论，需要相应的工具，所以在4.2节介绍了项目管理信息系统的一般结构与功能，包括如何进行项目文档管理；4.3节主要阐述了如何对项目范围进行控制，信息系统项目的范围变更管理是信息系统项目监控的主要对象；4.4节重点介绍两种进度与成本控制方法，即挣值（Earned Value）分析法和时间-成本平衡法。

4.1 项目管理方法论

项目管理方法论是有关项目管理方法的各种理论知识的总和，具体包括项目管理模板、项目管理表格、项目管理制度、项目管理流程、项目管理工具等。在实际项目管理中，还需要根据项目实际情况对项目管理方法论进行裁剪与集成。

4.1.1 项目管理方法论的重要性

效率和效果是管理学的两个基本命题。效果就是做正确的事情（即 Do right things），对于项目管理来讲，就是在合同签订前要选对项目，在合同签订后项目实施中不偏离客户的需求。选择项目时要考虑哪些项目能做？哪些不能做？哪些具有投资的价值？哪些有比较好的投入产出的回报，且符合企业战略规划？在项目实施时，要注意不偏离项目的目标和客户的需求。效率就是要正确地做事情（即 Do things right），对于项目管理来说就要求企业要有一套项目实施的方法论，好的方法论能够保证有一个好的投入产出比。在进行项目管理时，要强调"不但要抓到老鼠，而且要用正确的方法抓到老鼠"。

"工欲善其事，必先利其器"，强调做任何的事情，要有一个好的方法，并且这些好的方法是可以复制的。在 IBM 公司，管理的 30% 是个人的原因，70% 是制度的作用，这就表明 IBM 的成功不仅仅是取决于某个人，而主要是制度的作用。一旦有了好的制度，任何项目只要按制度执行，成功就有保障，而且项目管理的成功经验就可以复制。项目管理方法论就是使成功的项目管理经验能够在另一项目中复制，尽可能使项目管理变得规范化，项目实施的过程是可以复制的，项目实施的结果是可以预见的，从而提高项目的成功率。

有效地使用项目管理方法论可以使企业有一套完整的管理规范指导项目管理日常工作，尽可能减少人为因素的干扰，提高项目管理水平。

4.1.2 项目管理方法论的内容

项目管理方法论是关于项目管理方法的理论,是有关项目管理方法的各种理论知识的总和,具体包括项目管理模板、项目管理表格、项目管理制度、项目管理流程以及项目管理工具,是对项目进行管理的一系列方法体系的简称。

1. 项目管理模板

项目管理模板是通过一种直观的方式,展示活动的工作流程或其所包含的内容。有了模板,项目管理就变得可操作,对其流程理解也更为容易。

图 4.1 是一个项目可行性分析模板。有了该模板,项目组就可以清晰地知道一个项目的可行性分析包括哪些方面,提高可行性分析的全面性和准确性。

```
1. 引言
   1.1 编写目的
   1.2 背景
   1.3 定义
   1.4 参考资料
2. 可行性研究的前提
   2.1 要求
   2.2 目标
   2.3 条件、假定和限制
   2.4 进行可行性研究的方法
   2.5 评价尺度
3. 对现有系统的分析
   3.1 处理流程和数据流程
   3.2 工作负荷
   3.3 费用开支
   3.4 人员
4. 所建议的系统
   4.1 对所建议系统的说明
   4.2 处理流程和数据流程
   4.3 改进之处
   4.4 影响
   4.5 技术条件方面的可能性
5. 可选择的其他系统方案
6. 投资及效益分析
7. 社会因素方面的可能性
8. 结论
```

图 4.1 项目可行性分析模板

一般来说,项目管理模板有以下几方面的作用。

(1) 冲突的可视化

不同的项目成员对如何做一件具体的事情可能有不同的理解。比如软件开发有一种方法叫做迭代法，或者叫做螺旋模型；还有一种方法是结构化方法或者说瀑布模型。这两种方法是完全不一样的，前者是先调研需求后做设计，做出系统原型以后再挖掘需求，不断地挖掘需求、不断地做设计，循环往复直至用户满意的过程；但后者是需求不做完就不做设计，一个阶段结束后才能进入下一个阶段。如果项目成员一开始不去讨论采用的生命期模板，马上就开始做工作，那么，团队中会出现有人采用螺旋模型做事情，有人采用瀑布模型做事情，结果做了一段时间以后他们一定会有冲突；如果事先将团队成员找到一起讨论怎么开展工作，确定了工作模板，就可将冲突可视化、书面化，并且将工作过程中的冲突提前化，从而更好地避免工作中的冲突和返工。

（2）知识的沉淀和转移

通过项目管理模板，可以把一个项目的成功经验转移到另一个项目中，项目管理知识就能得到沉淀和转移。可能第一次做模板很辛苦，但是有了模板在以后的项目中就可以参考采用，项目管理的工作效率就会显著提高。

（3）便于项目干系人沟通

由于模板把管理过程以一种直观的方式形式化了，这样便于与项目干系人相互理解和沟通，同时也可以很好地和客户沟通，和项目新成员沟通，实现项目的可视化。

常用的项目管理模板有项目章程的模板、项目生命期的模板、项目干系人分析的模板、项目WBS图的模板、项目网络图的模板、项目甘特图的模板、项目风险识别和应对表的模板、项目团队知识地图的模板、项目成员职责分配矩阵模板、各种项目规范的模板，以及项目绩效考评的模板等。

2．项目管理表格

要对项目进行监控和管理，离不开对项目执行信息的收集与处理。对于项目管理来讲，就需要设计一系列的表格收集信息和发布信息。通过项目管理表格，项目经理可以很快地知道哪个工作包做得好，哪个工作包做得不好，可以有效地监控项目的进度和成本。但是，好的表格是从哪里来的呢？是谁设计的呢？好的表格一定是来源于我们的工作的实践、来源于一线，这样的表格才能真正提高项目管理的工作效率，并且容易为项目成员所接受。

3．项目管理制度

制度非常重要，否则项目管理工具就成为摆设。比如有的企业明确在项目管理制度上规定，做进度计划要用Project软件来进行进度管理，要用WBS来分解项目，要用前导图（PDM图）来画网络图，要用甘特图来制订计划，计划出来后要让客户来审查和确认，将这些规范都明确在制度中，才能从制度上保证项目管理的成功。

有些项目经理学了很多的经验和技巧，但在单位中推行不起来，很重要的原因就是单位没有一套行之有效的制度。要建立项目管理制度，一定要得到企业领导层的认可，也就是说，要让企业领导层认识建立项目管理制度的意义，才能真正推行项目管理制度。另外，有了项目管理制度，还必须严格执行，才能真正发挥制度的作用。

常用的项目管理制度包括项目范围管理制度、项目进度管理制度、项目成本管理制度、项目质量管理制度、项目人力资源管理制度、项目沟通管理制度、项目风险管理制度、项目采购（或外包）管理制度、项目中止制度等。

4. 项目管理流程

在制订好项目管理制度后，接下来就需要按一定项目管理的流程进行实施。制度一方面表现在文字上，同时还需要将它流程化，能够变成一套流程，让项目成员一目了然地看清楚项目是如何一步步推进的。比如，有的企业在实施 ERP 系统的时候，将实施流程分为启动、培训、定义、数据准备、切换和运行维护等六个阶段，每个阶段又可以进行细化。从大的方面来讲，项目管理生命周期就是提供了一种粗粒度的流程，在项目管理实践中，需要在此流程的基础上，对项目管理的各个活动和环节都进行流程化、步骤化，使项目管理工作从"黑箱"变为"白箱"，增加项目的可控性。

5. 项目管理工具

先进的项目管理理念和方法需要项目管理工具作为支撑。项目管理的工具有多种，如表 4.1 所示，既包括各种项目管理信息系统，也包括项目管理过程中所使用的技术工具，如挣值（Earned Value）分析法、网络图、甘特图、控制图、因果图、帕累托图等。

表 4.1　重要领域的项目管理工具与技术

知识领域	工具与技术
质量管理	石川图，帕累托图，六西格玛，质量控制图，质量审计，成熟度模型，统计方法，过程分析
人力资源管理	激励技术，共鸣式聆听，团队契约，职责分配矩阵，资源直方图，资源平衡，团队建设训练
沟通管理	沟通管理计划，冲突管理，沟通介质选择，沟通基础架构，状态报告，虚拟沟通，模板，项目 Web 站点
风险管理	风险管理计划，风险/影响矩阵，风险分级，蒙特卡罗模拟，风险跟踪，风险审计，定量风险分析，风险应对策略
采购管理	自制或购进分析，合同，建议书或报价邀请函，供方选择，谈判，电子采购

4.1.3　项目管理方法论的裁剪与集成

1. 方法论的裁剪

项目管理既是一门科学，也是一门艺术。科学的项目管理需要项目管理表格、流程、制度等一套规范的项目管理方法；艺术的项目管理是需要按照项目管理理论的要求，根据企业或项目规模、类型的实际情况量身定制，这就是方法论的裁剪。

比如一个单位制订了一套重型的方法论，有 100 余张项目管理的表格，40 多个项目管理的流程，对于大型项目是适用的；但是在中型规模的项目中不一定都要，比如可以从中抽取 50 张表格和 20 个流程组成中型方法论；对于小型项目可能只需要 10 张表格和 5 个流程组成轻型方法论。所以项目管理办公室的成员或项目经理需要有对方法论进行裁剪的能力，只有这样，才能避免不同项目使用一套同样的方法论，才能减少中小项目的成员认为公司里表格或流程太多了、太烦了的抱怨。

2. 方法论的集成

在对方法论进行一定的裁剪之后,接下来就要把各种项目管理表格和方法进行集成,使之成为一套相互联系、结构完整的整体,这就是方法论的集成。

在通用的方法论基础上进行裁剪和集成后,企业就可得到中型和轻型的方法论,去对应不同类型的项目。对于一个小项目,可能需要几个主要的项目管理表格就可以了,但是对于大型的项目需要重型的方法论。比如有一个系统集成企业规定,合同金额大于等于1000万的项目采用重型方法论、合同金额大于等于200万小于1000万的项目采用中型方法论;合同金额小于200万的项目采用轻型方法论。

4.1.4 相关管理标准与项目管理方法论的关系

目前有许多与项目管理有关的认证标准,著名的有 ISO9000、CMM、6σ 等,详细介绍请参考第6章相关内容。它们与项目管理方法论既相关,但又有区别。实际上,这些认证体系对项目管理方法也有借鉴作用。

项目管理方法与 ISO9000、CMM、6σ 都着眼于项目的质量问题,从这方面说它们是相互联系、相互补充的,都吸收了现代质量管理理论,都以"过程思维"为指导。但是,CMM 是一个只应用于软件过程的特殊的质量管理活动,并对软件开发过程水平等级给出了严格的评判标准。但项目管理是一般的理论与方法体系,涉及项目进度、成本、质量等各方面,强调对项目的整体管理。ISO9000 和 6σ 面向的是企业的经营管理,而项目管理所面向的是一个项目或一组项目,它们的对象有所不同。

在从事项目管理的实践过程中,要注意吸收 ISO9000、CMM、6σ 的管理精华,不断充实其内容。并且最好能够将它们融会贯通,做到一套公司的项目管理方法论,既符合规范的项目管理和六西格玛管理的思想,也能通过 ISO9000 或 CMM 相应等级的认证。

4.2 项目文档管理与项目管理信息系统

建设信息系统的各种项目文档是项目成员进行沟通的主要工具。项目管理信息系统是信息系统项目执行和监控的重要工具,为日常的项目文档管理、进度管理、成本管理、沟通管理提供了平台与保障。本节中首先介绍了项目文档管理的编制和管理方法,然后分析了项目管理信息系统的结构和功能。最后介绍了某学院网站项目文档管理的方法。

4.2.1 信息系统项目的文档管理

项目文档管理,是指在一个系统(软件)项目开发进程中将提交的文档进行收集管理的过程。

1. 信息系统文档的作用

信息系统文档是描述信息系统整个发展与演变过程及各个状态的文字资料。信息系统实际上由系统实体及与此对应的文档两大部分组成。如果没有系统文档,信息系统的开发、运行与维护会处于一种混沌状态,会严重影响系统的质量,甚至导致系统开发或运行的失败。因此,可以说系统文档是信息系统的生命线。具体来讲,信息系统文档对信息系统项目的成功具有以下作用。

(1) 系统文档是项目管理者了解开发进度、存在的问题和预期目标的管理依据。系统开发人员和项目管理人员通过系统开发文档,如工作任务分解图、网络图、甘特图等,还有系统开发月报,以及系统开发总结报告等,可以了解项目进度情况,并及时反馈信息,可以较好地避免不必要的误会。

(2) 系统文档管理是不同开发小组任务之间联系的重要凭证。大多数软件开发项目会被划分成若干个任务,并由不同的组去完成。不同阶段的开发通过文档,可以保证工作顺利交接,还能降低因为人员流动带来的风险。完整的文档可以保证项目开发的质量。

(3) 系统文档为相关干系人员提供参考。用户可以通过系统开发人员撰写的文档运行系统。系统文档将为系统维护人员提供维护支持。特别是系统设计说明书和系统开发总结报告等文档,即使系统维护人员不是原来的开发人员,也可以在这些文档基础上进行系统的维护与升级。

(4) 系统文档作为重要的历史档案将成为新项目的开发资源。

系统文档对信息系统项目管理的作用既可以从项目管理的流程来理解,同时对不同项目干系人也具有不同的作用。

2. 信息系统项目文档类型

信息系统文档有多种分类方法:

(1) 根据产生的频率分为一次性文档和非一次性文档。一次性文档如系统分析说明书、系统设计说明书等;非一次性文档如开发过程中用户提交的需求变更申请书。非一次性文档还可以分为频率固定文档和频率不固定文档。一次性文档和频率固定文档一般要求有较固定的格式和内容,相对要求更为规范,格式更为统一。

(2) 根据系统生命周期的阶段不同,可以分为系统规划文档,如系统可行性研究报告、项目开发计划等;系统分析阶段文档,如系统分析说明书等;系统设计阶段文档,如系统设计说明书等;系统实现阶段文档,如程序设计报告等;系统运行与维护文档,如用户手册等。

(3) 根据文档不同的服务目的,可将信息系统文档分为开发文档、产品文档和管理文档。开发文档是描述系统开发过程,主要是为开发人员服务的,包括项目计划、业务需求说明书、数据需求说明书、模块说明、应用开发文档、系统测试文档、详细设计文档、系统测试文档、用户手册、上线文档、培训资料、系统运行维护等,它们是系统开发过程中包含的所有阶段之间的通信工具。产品文档是描述最后产品信息的,主要服务于用户,它规定关于系统的使用、维护、升级、转换和传输的信息。产品文档主要包括用户手册、操作手册、运行日志和月报,维护修改建议书等,可以为用户培训提供参考信息,同时可以促进系统的市场流通或提高用户的可接受性。管理文档是对项目进行管理的文档,如开发过程的每个阶段的进度和进度变更的记录、软件变更情况的记录等,如项目报告、变更申请书、会议纪要、项目管理模板等。

不同文档所要回答的问题一般包括六个方面，如表 4.2 所示。

表 4.2　不同信息系统文档主要回答问题

文档所提问题	什么	何处	何时	谁	如何	为何
可行性研究报告	✓					✓
项目开发计划	✓		✓	✓		
系统需求说明书	✓	✓				
概要设计说明书					✓	
详细设计说明书					✓	
系统测试计划			✓		✓	
用户手册					✓	
操作手册					✓	
测试分析报告	✓					
开发进度月报	✓		✓			
项目开发总结						
系统维护建议	✓					✓

3. 信息系统文档的编制与管理

为使信息系统的文档真正能起到沟通作用，提高信息系统开发效率，就必须要求文档的编制保证一定的质量。质量差的文档不仅使读者难以理解，而且也会增加信息系统开发成本。造成信息系统文档质量不高的原因主要有：思想认识上不够重视；写作不够规范，随意性大；缺乏文档编写经验；对文档编写工作安排不当；缺乏评价文档质量的标准等。

为了得到高质量的文档，应该注意以下几方面的问题。

（1）明确项目管理者的职责

项目管理人员对文档管理的好坏有直接的影响，项目管理者首先要认识到文档管理的重要性，管理者应为编写文档的人员提供指导和实际鼓励，并使各种资源有效地用于文档开发。同时应明确文档管理的主要职责，包括建立编制、登记、出版文档的各种策略；把文档管理作为整个开发工作的一个组成部分；建立确定文档质量、测试质量和评审质量的各种方法的规程；为文档的各个方面确定和准备各种标准和指南等。

（2）制订文档编制标准和指南

制订文档编制标准和指南是实现有效文档管理的保证。这些标准和指南决定如何实现文档任务，将提供一些准则以评价机构内所产生的软件文档的完整性、可用性和适合性。尽可能地采用现行的国家和国际标准，若现行的标准不适用，机构应制订自己的标准。

（3）确定文档的质量等级

为有效管理文档，管理者还必须确定文档的质量要求以及如何达到和保证质量要求，要对该产品的每个文档的格式及详细程度做出明确的规定。每个文档的质量必须在文档计划期间就有明确的规定。比如文档的质量可以按文档的形式可划分为四级。

① 最低限度文档（1级文档）。1级文档适合开发工作量低于一个人一个月的工作。

② 内部文档（2级文档）。2级文档可用于在精心研究后被认为似乎没有与其他用户共享资源的专用工作。

③ 工作文档（3级文档）。3级文档适合于由同一单位内若干人联合从事的工作。

④ 正式文档（4级文档）。4级文档适合于那些要正式提供给项目干系人如客户的工作。

(4) 及时制订文档编制计划

文档计划可以是整个项目计划的一部分或是一个独立的文档。应该编写文档计划并把它分发给全体项目成员，作为文档工作责任的备忘录。对于小的、非正式的项目，文档计划可能只有一页纸；对于较大的项目，文档计划可能是一个综合性的正式文档，这样的文档计划应遵循各项严格的标准及正规的评审和批准过程。

编制文档计划的工作应及早开始，如同任何别的计划一样，文档计划指出未来的各项活动，当需要修改时必须加以修改。

4.2.2 项目管理信息系统的功能与结构

1. 项目管理信息系统的功能

项目管理信息系统（Project Management Information System，PMIS）是基于计算机或互联网的项目管理信息系统，主要用于项目的目标控制。一般项目管理信息系统具备的主要功能包括以下六个。

(1) 文档管理

能够实现项目管理文档的编制与共享，方便项目组成员浏览文档，并且项目管理信息系统在维护文档的一致性和文档的版权控制方面也应该提供支持。

(2) 进度与成本管理

用户对每项任务排定起始日期、预计工期、明确各任务的先后顺序以及可使用的资源。项目管理信息系统可以根据任务信息和资源信息排定项目的日程，并随任务和资源的修改而调整日程。

输入任务、工期，并把资源的使用成本、人员工资等一次性分配到各任务包，即可得到该项目的完整成本预算。在项目实施过程中，可随时对单个资源或整个项目的实际成本及预算成本进行分析、比较。

(3) 质量与风险管理

利用项目管理信息系统可以收集项目的质量信息，对项目的质量进行监测和分析，并提出相应的质量控制措施建议。

利用项目管理信息系统还可以进行风险识别、分析和应对，对于项目的多个风险，还可以进行风险的排序和分级，确定相应的负责人和建议的应对措施。

(4) 项目的跟踪和考核

大多数项目管理信息系统都可以跟踪多种活动，如任务的完成情况、费用、消耗的资源、工作分配等。通常的做法是用户定义一个基准计划，在实际执行过程中，根据当前资源的使用状况或工程的完成情况，自动产生多种报表和图表，如"资源使用状况"表、"任务分配状况"表、进度图表等。

另外，项目管理信息系统可以采集项目成员的工作绩效信息，对照分配的工作任务进行考核,给出相应的奖惩建议。

(5) 报表生成

与人工相比,项目管理信息系统的一个突出功能是能在许多数据资料的基础上,快速、简便地生成多种报表和图表,如甘特图、网络图、资源图表、资源日历等。

(6) 多项目管理

有些项目很大而且很复杂,将其作为一个大文件进行浏览和操作可能难度较大。而将其分解成子项目后,可以分别查看每个子项目,更便于管理。另外,有可能项目经理或成员同时参加多个项目的工作,需要在多个项目中分配工作时间。通常,项目管理信息系统将不同的项目存放在不同的文件中,这些文件相互连接。也可以用一个大文件存储多个项目,便于组织、查看和使用相关数据。

除上述主要功能,有的项目管理信息系统还具有专门的合同管理、采购管理等功能。

2. 项目管理信息系统的结构

任何项目管理信息系统(PMIS)都是由许多子系统或模块组成,但具体模块可能根据不同行业或领域而不同。一般来说,一个项目管理信息系统应该包含以下子系统:项目结构化和编码子系统(主要用于范围管理)、进度管理子系统、成本管理子系统、质量管理子系统、文档管理子系统、变更管理子系统、风险管理子系统、成员考核子系统、数据分析和报告子系统等。有的项目管理信息系统还可能包含合同管理子系统、采购管理子系统等。

所有这些子系统都有机地联系在一起,每个子系统产生的数据和信息被其他子系统所使用,或使用其他子系统产生的数据和信息,这些子系统结合在一起就成为一个完整的项目管理信息系统,如图 4.2 所示。

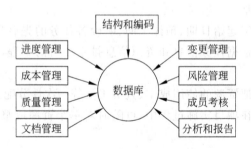

图 4.2　项目管理信息系统结构图

4.2.3　案例:学院网站建设项目的文档管理

文档在信息系统建设人员、管理人员、维护人员以及用户之间起到多种桥梁作用,学院网站建设项目的文档管理主要从以下几方面进行。

1. 设有专职文档管理负责人

网站建设项目小组设一位文档保管人员,负责集中保管本项目已有文档的两套主文本。两套文本内容完全一致,其中的一套可按一定手续,办理借阅。

2. 强调文档说明和修改记录

每个文档要填写文档说明信息,文档更新时填写版本修改记录,文档扉页模板如表 4.3 和表 4.4 所示。

表 4.3 文档说明信息表

文档名称:			
负责人:		文档版本编号:	
密级:		文档版本日期:	
起草人:		起草日期:	
复审人:		复审日期:	

表 4.4 文档版本修改记录表

版本编号	版本日期	修改者	说明

3. 文档统一格式定义

项目内部所有文档采用统一的页面设置、封面格式、页眉页尾格式、目录格式和正文格式。

4. 文档内容规范

项目内文档内容规范主要参考国家标准《计算机软件产品开发文件编制指南》,这些文档主要是:可行性研究报告、项目开发计划、网站需求说明书、概要设计说明书、详细设计说明书、数据库设计说明书、测试计划、测试分析报告、用户手册、项目开发总结报告。

这里对其中一些做简要说明。

(1) 可行性研究报告

说明学院网站建设项目的实现在技术上、经济上和社会因素上的可行性,评述为了合理地达到开发目标可供选择的各种可能实施的方案,说明并论证所选定实施方案的理由。

(2) 项目开发计划

为项目实施方案制订出具体计划,应该包括各部分工作的负责人员、开发的进度、开发经费的预算、所需的硬件及软件资源等。项目开发计划应提供给管理者,并作为开发阶段评审的参考。

(3) 网站需求说明书

对所建设网站的功能、性能、用户界面及运行环境等做出详细的说明。它是用户与开发人员双方对网站需求取得共同理解基础上达成的协议,也是实施开发工作的基础。

(4) 概要设计说明书

该说明书是概要设计阶段的工作成果,它应说明功能分配、模块划分、程序的总体结构、输入输出以及接口设计、运行设计、数据结构设计和出错处理设计等,为详细设计奠定基础。

(5)详细设计说明书

着重描述每一模块是怎样实现的,包括实现算法、逻辑流程等。

(6)用户手册

本手册详细描述学院网站的功能、性能和用户界面,使用户了解如何使用该软件。

5. 文档存储结构

由于本项目规模较小,因此不采用专门的文档管理软件或项目管理信息系统。但为了使各种文档便于存放与查找,应采用很好的文件夹结构以有效存储文档。文件夹结构如图4.3所示。

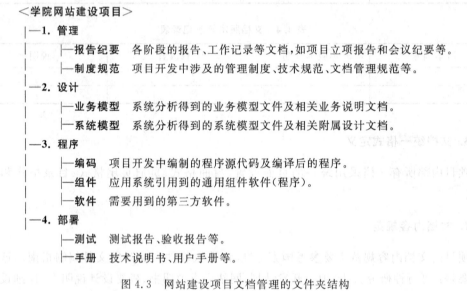

图4.3 网站建设项目文档管理的文件夹结构

4.3 信息系统项目的范围变更控制

项目范围变更指的是项目最终产品或最终服务范围的增加、修改或删减。在信息系统项目执行过程中,范围变更经常发生在信息系统项目中,如果管理不当,可能导致项目无限期拖延。项目范围变更控制是指为使项目向着有利于项目目标实现的方向发展而变动和调整某些方面因素而引起项目范围发生变化的过程。项目范围变更是不可避免的,通常对发生的变更,需要识别是否在既定的项目范围之内。如果是在项目范围之内,那么就需要评估变更所造成的影响,以及如何应对的措施,受影响的各方都应该清楚明了自己所受的影响;如果变更是在项目范围之外,那么就需要商务人员与用户方进行谈判,看是否增加费用,还是放弃变更。因此,项目范围变更及控制不是孤立的。

本节首先分析信息系统项目范围变更的原因,然后介绍范围变更控制的主要方法,最后介绍某学院网站项目范围变更的管理。

4.3.1　信息系统项目范围变更的原因

在实际信息系统开发中,客户经常提出各种新的需求,有的甚至在项目快接近验收时还在不断提出新的需要,项目范围经常变更,最终可能导致项目无限期拖延,这种现象在大型信息系统建设中尤为常见。造成信息系统项目范围变更的原因主要有以下几个方面。

(1) 项目外部环境发生变化,例如:应用需求随着市场的变化而变化。

(2) 项目需求的调研不周密详细,有一定的错误或遗漏,例如在设计语音数据处理系统时没有考虑到计算机网络的承载流量的问题。

(3) 国际上出现了或是设计人员提出了新技术、新手段或方案。在项目实施过程中,常常会出现制订范围管理计划时尚未出现的,可以大幅度降低成本的新技术。

(4) 信息系统的用户单位本身发生变化。比如由于项目的使用单位同其他单位合并或出现其他情况,项目的范围发生了变化。

(5) 客户对项目、项目产品或服务的要求发生了变化。

范围变更对信息系统项目的成败有重要影响,造成变更的原因是多方面的。如果管理得好,范围变更可能意味着出现了新的利润机会;但如果管理得不好,可能导致项目的失败。所以,范围变更并不可怕,可怕的是缺乏有效的范围变更管理。范围变更管理最重要的是建立行之有效的变更控制手段。

4.3.2　信息系统范围变更控制的方法

为更好地执行范围变更控制,建立有效的变更控制系统是变更控制的基础和关键。变更控制系统要求每一次变更都必须遵循同样的程序,即相同的文字报告、相同的管理方法、相同的授权过程。具体应该包括变更的制度、变更的流程、变更的表格、变更的会议等。对于大型项目和重要的项目,还应成立变更控制委员会(Change Control Board,CCB),作为变更控制的最高决策和管理机构,负责变更控制的一切事务。根据变更控制系统的原理,具体有以下工具和方法。

1. 范围变更控制的依据

通常来讲,范围变更控制的主要依据包括项目合同文件、进度报告和变更令。

(1) 项目合同文件

项目合同,特别是信息系统项目技术规范和图纸等对项目范围作了详细的说明。其中,技术规范(Specifications)规定了乙方在履行合同义务期间必须遵守的国家和行业标准、工作范围以及项目业主的其他技术要求,特别是对需要完成的合同工作做出了详细的文字描述。而设计图纸则以工程语言描述了需要完成的项目工作,简单而直观。

(2) 进度报告

进度报告反映了当前项目范围执行状态的信息。例如,项目的哪些中间成果已经完成,哪些还未完成。进度报告还可以对可能在未来引起不利影响的潜在问题向项目组织发出警示信息。

(3) 变更令

形成正式变更令的第一步是提出变更请求,变更请求可能以多种形式发生——口头或书面的,直接或间接的,以及合法的命令或用户的自主决定。变更令可能要求扩大或缩小项目的工作范围。

2. 范围变更控制的步骤

范围变更是对已批准的工作分解结构所规定的项目范围进行修正。范围变更控制的步骤任务主要有以下四个方面。

(1) 收集项目完成的实际范围,并以此判断范围变化是否已经发生。
(2) 对造成范围变化的原因进行分析。
(3) 针对范围变更的原因,提出可能的采取纠正措施,并给予执行。
(4) 评估所采取纠正措施的效果,如果所采取的纠正措施仍无法获得满意的范围调整,则重复以上步骤。

范围变更控制必须与其他控制过程,如时间控制、成本控制、质量控制等结合起来。

3. 防范范围变更控制

为防范变更控制的发生,要尽可能做好以下几方面工作。

(1) 建立有效的范围变更流程

一般来讲,范围变更的流程应该包括变更的提出、变更的分析、变更的确认和审批、变更的实施,以及变更效果评价等环节。

(2) 重视需求分析工作

在项目初期,项目经理首先需要考察客户做这个项目有什么用处,就是"为什么",这样才能真正从客户的角度来考虑系统的需求;接下来需要总结出整个项目是"做什么",并能概括出各个子任务,让开发人员对项目内容的大方向有很好的把握。此外,需求分析报告应以客户认为易于翻阅和理解的方式进行编写,同时也要有助于开发人员开发出真正需要的系统;项目组成员最好就需求分析报告给客户详细的讲述,并达成共识,良好有效的沟通在这里很重要;另外,需求确认之后,最好让客户方管理层书面签字,作为终止需求分析过程的标志,但是绝不是作为拒绝范围变更的手段。

(3) 尽可能地明确项目的范围

合同中的项目范围应该还只是粗线条的约定,必须进行细化和深入。范围说明书应该包括项目论证、产品简介、主要可交付物、验收标准等。在进行详细需求调研的基础上,提出工作分解结构(WBS)和需求分析报告。在项目的合同或范围说明书中,不但要明确做什么,还要明确不做什么。如果那些开始明确不做的内容,后来客户提出来要做,那就是一个明显的变更,非常容易辨认和确认。

(4) 重视绩效度量和分析

绩效度量技术有助于评估任何范围变更的大小,判断是什么原因造成了范围的偏离,以及决定是否应对偏离采取纠正措施等,都是范围变更控制的重要组成部分。

(5) 编制更新的计划

项目很少会按计划原封不动地实施。预期的范围变更可能会要求对工作分解结构进行修改,或者分析其他替代方案。这时就要求在原来的基准计划基础上,进行修改和完善,得到一个更新后的计划。

4.3.3 案例:学院网站建设项目的范围变更管理

在学院网站建设项目实施过程中,为了控制外部环境变化、项目需求调研不全面、新技术出现等引起的用户需求变化,项目组通过运用正式的范围变更申请表,使提出需求变更的申请者认真考虑相应的变更对各子系统的影响,从而减少未经过深思熟虑的变更申请,规范范围变更的管理。表 4.5 是本项目的范围变更申请表的格式。

表 4.5 学院网站建设项目范围变更申请表

申请日期		变更内容的关键词	
申请人		归属子系统	
变更内容			
变更理由			
对其他子系统的影响及所需资源			
申请人评估	用户方负责人评估		开发方负责人评估
是否变更	用户方负责人批复意见		开发方负责人批复意见
如果变更,那么			
编号	优先级	执行人	结束时间
开发方负责人: 签发日期:		用户方负责人: 签发日期:	

用户方在提出变更申请时必须认真填写上述的项目范围变更申请表,开发方基于此表进行实际调研并与用户方达成共识后方可确认变更,对项目范围进行修改,然后重新编制新的计划。

4.4 信息系统项目的进度与成本控制

信息系统项目的进度和成本是项目管理执行过程中要重点监控管理的两个主要知识领域,其执行结果直接影响到项目的成功与失败。本节首先阐述了信息系统项目进度和成本控制的一般方法,然后详细介绍了挣值分析和时间-成本平衡法,最后介绍某学院网站项目进度和成本控制的具体做法。

4.4.1 信息系统项目进度、成本控制的一般方法

1. 项目进度控制方法

在实际项目开发过程中,总会由于各种原因出现进度失控,所以,对进度进行有效控制

是项目管理不可避免的工作。项目进度控制是依据项目进度计划对项目的实际进展情况进行控制，使项目能够按时完成。有效项目进度控制的关键是监控项目的实际进度，及时、定期地将它与计划进度进行比较，并立即采取必要的纠正措施。

进度控制的内容包括以下几点。

（1）检查并掌握项目实际进度信息

对反映实际进度的各种数据进行记载并作为检查和调整项目计划的依据，积累资料，总结分析，不断提高计划编制和进度控制的水平。

（2）做好项目计划执行中的检查与分析

通过检查，分析计划提前或拖后的主要原因。项目计划的定期检查是监督计划执行的最有效的方法。

（3）及时实施调整或采取补救措施

调整的目的是根据实际进度情况，对项目计划作必要的修正，使之符合变化的实际情况，以保证项目目标的顺利实现。由于初期编制项目计划时可能考虑不周，或因其他原因需要增加某些工作时就需要重新调整项目计划中的网络逻辑，计算调整后的各时间参数、关键路径和工期。

项目负责人按照预定的每个阶段点（根据项目的实际情况可以是每周、每旬、每双周、每月、每双月、每季等）定期在与项目成员和其他相关人员充分沟通后，向相关管理人员和管理部门提交一份书面的项目进展报告，在项目进展的全过程中，将计划进度与实际进度进行比较，及时发现偏离，及时采取措施纠正或者预防。

当项目的实际进度滞后于计划进度时，主要有以下两种方法来缩短工期。

（1）赶工法

通过投入更多的资源或指派经验更丰富的人去完成，以加速活动进程。加速项目进度的重点应放在有负时差的路径上的活动，时差负值越大的路径其考察的优先级越高。在分析有负时差的活动路径时，应把精力主要放在近期内的活动和工期估计较长的活动上，因为越早采取纠正措施就越有效，而工期越长的活动减少其活动时间的可能性越大，效果也越明显。但该方法可能导致项目成本的增加，应该进行成本与进度平衡。

（2）快速跟进法

该方法是通过优化项目管理流程，试图把原先串行的活动改成并行以缩短或减少关键路径活动。该方法可能会引起一定的资源冲突。

对进度的控制，还应当重点关注项目进展报告和执行状况报告，它们反映了项目当前在进度、费用、质量等方面的执行情况和实施情况，是进行进度控制的重要依据。

2. 项目成本控制方法

项目成本控制是指项目组织为保证在变化的条件下实现其预算价值，按照事先拟定的计划和标准，通过采用各种方法，对项目实施过程中发生的各种实际成本与计划成本进行对比、检查、监督、引导和纠正，尽量使项目的实际成本控制在计划和预算范围内的管理过程。成本控制的主要依据有项目各项工作包或活动的成本预算、成本基准计划、成本绩效报告、变更申请和项目成本管理计划等。

项目成本控制包括监督成本绩效，找出与计划的偏差，并弄清原因；确保所有恰当的变更都准确地记载于成本基准之中；阻止不正确、不恰当或未经批准的变更纳入成本基准中；将经核准的变更通知干系人；采取措施将预期成本限制在可接受的范围之内。成本控制需要查找正、负偏差的原因。若对成本偏差采取不恰当的应对措施，就可能造成质量或进度问题，或在项目的今后阶段产生无法接受的巨大风险。

常用的项目成本控制的工具和方法如下。

(1) 成本变更控制系统

这是一种项目成本控制的程序性方法，主要通过建立项目成本变更控制体系，对项目成本进行控制。该系统主要包括三个部分：即成本变更申请、核准成本变更申请和变更项目成本预算。提出成本变更申请的人可以是项目业主/客户、项目成员、项目经理等项目的一切干系人。所提出的项目成本变更申请呈交到项目经理或项目其他成本管理人员，然后这些成本管理者根据严格的项目成本变更控制流程，对这些变更申请进行一系列的评估，以确定该项变更所导致的成本代价和时间代价，再将变更申请的分析结果报告给项目业主/客户，由他们最终判断是否接受这些代价，核准变更申请。变更申请被批准后，需要对相关工作的成本预算进行调整，同时对成本基准计划进行相应的修改。要注意成本变更控制系统应该与其他变更控制系统（如质量变更或进度变更控制系统）相协调，成本变更的结果应该与其他变更结果相协调，要追求在质量不降低的情况下合理地调整成本预算。

(2) 绩效测量和分析

在费用控制过程中，要把精力主要放在那些费用超支的工作包上，而且费用超支越多的工作越要优先考虑，以加强对成本的控制或提高工作效率。在采取措施时应将成本压缩或控制的重点放在那些马上就要开展的工作包或具有较大估计费用的活动上。因为越晚采取行动造成的损失就可能越大，纠正的可能性也就越小；而费用估算越大的活动，减少其成本的机会也就越多。当然，费用节约的工作包也要适当地关注，要考虑到底是工作效率高、方法得当导致费用节约了呢，还是由于质量降低了导致费用节约了？如果是前者，应该将好的做法作为经验或最佳实践在项目团队中推广，如果是后者，则要想办法予以纠正。

具体而言，降低项目费用的方法有很多种，如改用满足要求但成本较低的资源，提高项目团队的水平以促使他们更加有效地工作，或者在客户的许可下，减少工作包和特定活动的作业范围和要求。

另外，即使费用差异为正值，也不可掉以轻心，而要想办法控制项目费用，让其保持下去，因为一旦费用绩效出现了问题，再要使它回到正轨上来往往是很不容易的。常用的绩效测量技术有挣值分析、盈亏平衡分析、敏感性分析等。

由于项目的不确定性，一般而言，项目都不可能精确地按照预定计划进行，一旦项目费用发生较大变化，就有可能需要修改原来的费用预算，更新原来的成本基准计划。

在进行以上的进度和成本控制中，项目管理软件、电子表格等这些工具常能较好地对项目的计划值和实际值进行跟踪和比较，并能预测完工时间和完工总成本。项目团队应该积极采用项目管理软件对进度和成本进行分析和控制。

4.4.2 挣值分析与时间-成本平衡法

挣值分析与时间-成本平衡法是项目进度和成本管理控制中最为常用的两种方法。

1. 挣值分析

挣值(Earned Value)分析又称偏差分析,是一种综合了范围、时间、成本和项目绩效测量来分析目标实施与目标期望之间差异的方法。该方法通过计划完成的预算、实际完成工作的价值、实际的成本三者的比较,可以确定成本、进度是否按计划执行,已成为项目管理和控制中的主流方法。它所涉及的每项工作的三个基本参数如下。

(1) 计划完成工作量的预算价值(Planned Value,PV):即预算量,在某个时间点上,累计计划完成工作量获得批准的成本预算。

(2) 已完成工作量的实际成本(Actual Cost,AC):即实际成本量,在某个时间点上,累计实际完成工作量所花费的实际成本。

(3) 已完成工作量的预算价值(Earned Value,EV):即挣值,是在某个时间点上,实际完成工作量的实际收益值。某个工作包的挣值等于分配给该工作包的总预算乘以在该时间点工作包的完工百分比得到。例如:某个工作包分配的总预算值为10万元,在9月1日,该工作包完成了一半,那么完工百分比为50%,挣值为10万元乘以50%,为5万元。要注意的是,挣值不是利润的概念,它是通过完成工作的预算来反映进度。

基于上述三个指标,就可以计算成本偏差和工期偏差,以此来作为反映项目工作绩效好坏的尺度,如图4.4所示。

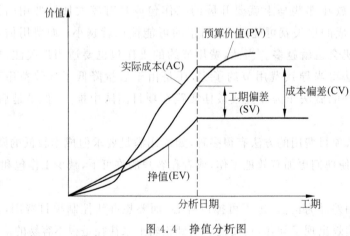

图4.4 挣值分析图

(1) 成本偏差

成本偏差(Cost Variance,CV)也就是挣值与实际成本两者之差,即
$$CV = EV - AC$$
当CV为负数,表明项目成本处于超支状态,当CV为正数,表明项目成本节约了。

(2) 工期偏差

工期偏差(Schedule Variance,SV)是用挣值减去项目的预算成本,即

$$SV = EV - PV$$

当 SV 为负数,表明项目实施落后于计划进度状态,当 SV 为正数,表明项目进度提前了。

此外,CV 和 SV 这两个值,可以转化为效率指示器,反映任何工作包的成本与进度计划绩效。

(1) 成本绩效指数(Cost Performance Index,CPI)

$$CPI = EV/AC$$

当 CPI 大于 1,表明项目成本节约了;当 CPI 小于 1,表明项目成本超支了。

(2) 进度绩效指数(Schedule Performance Index,SPI)

$$SPI = EV/PV$$

当 SPI 大于 1,表明项目进度提前了;当 SPI 小于 1,表明项目进度落后了。

有了这两个指标,就可以进行多项目或多个工作包的比较,因为一般来讲,CPI 和 SPI 高的项目或工作包比低的执行得好。

CPI 还被广泛用于预测完工时的项目总成本。在任意一个时点上,得到该时点的 CPI 后,都可以根据该时点得到的累计 PV、AC、EV 预测完工总成本。注意,以下提到的 PV、AC、EV 这三个量都是指在某个特定时点上的累计 PV、AC、EV。在实际工作中,可能有如下三种状态,相应地也有如下三种完工总成本的预测方式。

(1) 如果项目未完工部分将按照目前的效率去预测完工成本,则完成全部工作所需的完工总成本(Estimate At Completion,EAC)的计算公式如下:

$$EAC = 总预算/CPI$$

或者

$$EAC = AC + (总预算 - EV)/CPI$$

(2) 如果项目未完工部分将按计划规定的效率进行预算,则

$$EAC = AC + (总预算 - EV)$$

(3) 如果发现上述两种效率都不对,需要重估所有剩余工作量的成本做出预测。假设重估剩余工作量还需成本为 a,那么:

$$EAC = AC + a$$

有了完工总成本,则可以容易知道完工尚需成本(Estimate To Completion,ETC):

$$ETC = EAC - AC$$

下面通过一个例子来进一步介绍挣值分析的原理。

假设某项目的成本总预算是 13 万元,要求 10 周内完成。该项目包括 3 个工作包,成本预算分别是:工作包 1 是 2 万元;工作包 2 是 10 万元;工作包 3 是 1 万元,如图 4.5 所示。

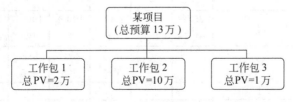

图 4.5 某项目的成本预算分摊结构

(1) 建立成本基准计划(即确定计划值 PV)

成本基准计划是一种按时间分段的预算。按时段把分摊的预算累加起来,即可求得成本的基准计划。在本例中,工作包 1 的任务发生在第 1、2 周,工作包 2 的任务发生在第 3~9 周,工作包 3 的任务发生在第 10 周。首先要讨论并确定各工作包在任务发生时间段的预算,然后计算出每周的成本预算合计和截止到某周前的累计预算(PV)值,见表 4.6。

表 4.6　某项目成本基准计划

工作量	分摊 PV	周									
		1	2	3	4	5	6	7	8	9	10
工作包 1	2	1	1								
工作包 2	10			1	1	2	2	2	1	1	
工作包 3	1										1
每周小计	13	1	1	1	1	2	2	2	1	1	1
从开始累计 PV		1	2	3	4	6	8	10	11	12	13

(2) 记录和计算实际成本

在每周结束前记录每个工作包发生的实际成本,再计算这一周发生的实际成本的合计值,进而计算出截止到本周前发生的实际成本 AC,见表 4.7。

表 4.7　某项目前 8 周实际发生的成本情况

工作量	周							
	1	2	3	4	5	6	7	8
工作包 1	0.5	1	0.5					
工作包 2			1	1.5	2	1.5	2	1.5
工作包 3								
每周小计	0.5	1	1.5	1.5	2	1.5	2	1.5
从开始累计 AC	0.5	1.5	3	4.5	6.5	8	10	11.5

(3) 记录和计算挣值

在每一周结束前先估算出各工作包工作量完成的百分比,再把这些百分数乘以对应工作包分摊的预算后转换成货币值。把这些货币值相加即可得出截止到这一周结束前的项目累计挣值,见表 4.8。

表 4.8　某项目前 8 周的挣值情况

工作量	分摊预算	周							
		1	2	3	4	5	6	7	8
工作包 1	2	35% 0.7	85% 1.7	100% 2	100% 2	100% 2	100% 2	100% 2	100% 2
工作包 2	10			5% 0.5	25% 2.5	45% 4.5	55% 5.5	75% 7.5	85% 8.5
工作包 3	1								
从开始累计 EV		0.7	1.7	2.5	4.5	6.5	7.5	9.5	10.5

(4) 绩效分析

在项目执行前制订了成本基准计划(PV),执行过程中记录和计算了实际成本(AC)和挣值(EV)。在每个绩效报告期到达时刻,就可进行绩效分析了。本案例中,以第8周为例来做绩效分析,如图4.6所示。

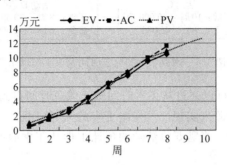

图4.6 某项目挣值分析结果

根据公式算得第8周结束时刻的成本、进度偏差为:

CV = EV − AC = 10.5 − 11.5 = −1(万元)(CV＜0,成本超支了10 000元)

SV = EV − PV = 10.5 − 11 = −0.5(万元)(SV＜0,进度落后了5000元的工作量)

转换为成本、进度绩效指数如下:

CPI = EV/AC = 10.5/11.5 = 0.913

SPI = EV/PV = 10.5/11 = 0.955

CPI为0.913,意味着投入1元钱的实际成本,只有9角1分的回报或产出。如果按目前的工作方法和效率进行下去,则可算得全部项目工作完工将需要的总成本是:

EAC＝总预算/CPI＝13/0.913＝14.23（万元）

如果按计划的工作方法和效率进行下去,则可算得全部项目工作完工将需要的总成本是:

EAC＝AC＋(总预算－EV)＝11.5＋(13－10.5)＝14（万元）

需要说明的是,尽管挣值分析方法是一种科学的项目进度和成本控制方法,但其使用具有一定的挑战,主要困难在于挣值的计算。挣值计算的难点又主要在于当前已完成工作量的测度。

2. 时间-成本平衡法

时间-成本平衡法又叫赶工,就是一种用最低的相关成本的增加来缩短项目工期的方法。该方法基于以下假设。

(1) 每项活动有两组工期和成本估计:正常的和应急的

正常时间是指在正常条件下完成某项活动需要的估计时间;正常成本是指在正常时间内完成某项活动的预计成本。应急时间是指按质量完成某项活动的最短估计时间;应急成本是指在应急时间内完成某项活动的预计成本。

如图4.7中,四个活动均有一组正常时间和正常成本估计;一组应急时间和应急成本估计。比如活动A的正常估计时间为7周,正常预计成本为50 000元;应急时间是5周,在此期间内完成活动的应急成本为62 000元。

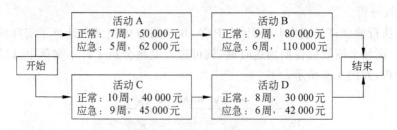

图 4.7 附有正常和应急时间及成本的网络图

(2) 一项活动的工期可以通过从正常时间减至应急时间得到有效的缩减

这要靠投入更多的资源来实现——指派更多的人、使用更多的设备等。成本的增加是与加快活动进程相联系的。当需要将活动的预计工期从正常时间缩短至应急时间时,必须有足够的资源作保证。

(3) 应急时间是确保活动按质量完成的时间下限

无论对一项活动投入多少额外的资源,也不可能在比应急时间短的时间内完成这项活动,否则,就不再是时间与成本的平衡,而是时间与质量的平衡。例如,在确保质量的前提下,无论投入多少资源,无论花费多少成本,也不能在少于 5 周的时间内完成活动 A。

(4) 在活动的正常点和应急点之间,时间和成本的关系是线性的

为了将活动的工期从正常时间缩短至应急时间,每项活动都有自己的单位时间加急成本。缩短工期的单位时间加急成本可用如下公式计算:

$$单位时间加急成本 = \frac{应急成本 - 正常成本}{正常时间 - 应急时间}$$

例如,在图 4.7 中,将活动 A 的工期从正常时间缩短至应急时间,在缩短的这段时间内每周的成本为:

$$活动 A 每周加急成本 = \frac{62\,000 - 50\,000}{7 - 5} = 6000(元/周)$$

图 4.7 所示的网络图从开始到完成有两条路径:路径 A—B 和路径 C—D。如果仅考虑正常工期估计,路径 A—B 需要 16 周完成,而路径 C—D 需要 18 周完成。因此,根据以上这些时间估计可知,该项目的最早结束时间为 18 周——由 C 和 D 构成的关键路径的时间长度。根据正常时间内完成活动的成本可计算出正常情况下项目总成本为:

$$50\,000 + 80\,000 + 40\,000 + 30\,000 = 200\,000(元)$$

时间-成本平衡法的目标是通过压缩那些使总成本增加最少的活动的工期,来确定项目最短完成时间。为了实现这个目标,应压缩关键路径上那些有最低单位时间加急成本的活动。

在图 4.7 中,根据正常时间和成本估计,首先确定项目的最早结束时间为 18 周(由关键路径 C—D 决定),项目的总成本是 200 000 元,每项活动的每周加急成本可根据上述计算公式分别得到:

活动 A:6000 元/周　　活动 B:10 000 元/周

活动 C:5000 元/周　　活动 D:6000 元/周

为了将项目的工期从 18 周减至 17 周,首先必须找出关键路径 C—D,然后,才能确定关键路径上哪项活动能以最低的每周加急成本被加速。加速活动 C 的进程每周需要 5000

元,加速活动 D 的进程每周需要 6000 元。如果将活动 C 缩短 1 周,项目总工期可从 18 周缩短至 17 周,但项目总成本增加了 5000 元(C 的每周加急成本),达 205 000 元。

为了再缩短一个时间段,从 17 周缩短至 16 周,必须再次找出关键路径,两路径的工期分别是 A—B 为 16 周、C—D 为 17 周,因此关键路径仍是 C—D,它必须再次被减少。观察一下关键路径 C—D,意识到尽管活动 C 比活动 D 每周加急成本低,却不能再加速活动 C 的进程了,因为当将项目的工期从 18 周减至 17 周时,活动 C 已达到它的应急时间——9 周了。因此,仅有的选择是加速活动 D 的进程,使其工期减少 1 周,从 8 周减至 7 周。这就将关键路径 C—D 的工期减至 16 周了,但总项目成本却增加了 6000 元,从 205 000 元增至 211 000 元。

若需要再次将项目工期缩短 1 周,从 16 周降至 15 周。观察两条路径,会发现它们现在有相同的工期——16 周。因此,现在有两条关键路径。为了将项目总工期从 16 周减至 15 周,必须将每个路径都加速 1 周。观察路径 C—D,意识到只有活动 D 仍有剩余时间可以被压缩,它还可以再压缩 1 周,从 7 周降至 6 周,同时增加 6000 元成本。为了使路径 A—B 加速 1 周,可以压缩活动 A 或活动 B。加速活动 A 每周增加 6000 元,而活动 B 的每周加急成本为 10 000 元。因此,为了将项目总工期从 16 周缩短至 15 周,需将活动 D 和活动 A 各压缩 1 周。这使项目成本增加了 12 000 元,从 211 000 元增至 223 000 元。

若再次尽力将项目总工期缩短 1 周,从 15 周降至 14 周,又一次有两条相同的关键路径。因此,必须将两条路径同时加速 1 周。然而,观察路径 C—D,发现两项活动均已达到它们的应急时间——分别为 9 周和 6 周,不能再进一步加速这两个活动的进程了。

加速路径 A—B 的进程因此会毫无意义,因为这只能增加项目的总成本,却不能缩短项目的总工期。缩短项目总工期的能力由于路径 C—D 的工期不能再进一步缩短而受到限制。

显然,缩短全部活动的工期通常是不必要的,甚至是没有好处的。这是因为关键路径的工期决定着项目的总工期。换句话说,加速非关键路径上活动的进展不会缩短项目的完成时间,却会增加项目的总成本。上述推演过程参见表 4.9。

表 4.9 时间-成本平衡法的举例

加速前后的项目工期/周	加速前的关键路径	被加速的活动	增加的成本/元	加速后的总成本/元	备注
18	C—D			200 000	正常估计
18 →17	C—D	C	5000	205 000	C 已到应急时间
17 →16	C—D	D	6000	211 000	
16 →15	A—B,C—D	A,D	12 000	223 000	D 已到应急时间
15 →15	A—B,C—D	A,B	36 000	259 000	加速 A,B,只能增加总成本,不能再缩减工期

表 4.9 表明项目总工期减少 1 周,项目总成本将增加 5000 元;项目工期减少 2 周,项目总成本将增加 11 000 元;项目工期减少 3 周,项目总成本将增加 23 000 元。很显然,总成本增加的速度远远大于工期的缩短速度。

如果四项活动均达到应急时间,项目总成本将达到 259 000 元,而项目的完成时间仍不会少于 15 周。用时间-成本平衡法,可以通过压缩关键路径上有最低单位时间加急成本的活动,用增加 23 000 元的加急成本将项目的工期从 18 周降至 15 周。由于项目总工期不会少于 15 周,压缩全部活动至应急时间将会浪费 36 000 元。

上述推演给我们如下启示:不是所有的进度都可以压缩的,达到了应急时间的活动就不能再压缩了;只有压缩关键路径上的任务,才能缩短项目的工期;关键路径可能有多条,次关键路径随着时间的推移可能成为关键路径;对一个项目而言,压缩工期与费用的关系不是线性增长的;对于信息系统项目的管理,需要类似网络图这样的工具作为支持,否则,拍脑袋决策压缩哪个活动可能是不正确的。

4.4.3 案例:学院网站建设项目的进度和成本控制

项目组采用挣值分析的方法进行进度和成本控制。挣值分析是一种综合了范围、进度、成本和项目绩效测量的方法,它对计划完成的工作、实际挣得的收益、实际花费的成本进行了比较,以确定成本与进度完成量是否按计划进行。

项目进展到 11 月 20 日,项目组决定对前期工作进行阶段性回顾和汇报。通过使用规范的挣值分析方法来精确地衡量项目的收益、成本、进度,详细说明该学院网站建设项目的进展状态情况。

本项目的挣值分析包括以下步骤。

(1) 计划完成的工作:将计划进度、成本、范围三要素整合到一个表中。

(2) 实际进展的情况:采集到目前为止实际挣得的收益、实际花费的成本的数据。

(3) 计划与实际的对比:分为实际进度和计划的对比、实际支出和预算的对比,拟定状态报告。

(4) 项目状态报告:归纳前阶段进展,分析可能出现这种情况的原因,提出建议方案。

1. 计划完成的工作

根据表 3.4 学院网站建设项目分摊估计表和图 3.12 该学院网站建设项目甘特图,将项目每周各工作包预算的分摊填入表 4.10 中,作为计划完成工作的参照系。项目活动的每周分摊预算的算法如下。

表 4.10 某学院网站项目每周分摊预算累计表   单位:元

	周													分活动小计
	1	2	3	4	5	6	7	8	9	10	11	12	13	
项目规划	0	200	800											1000
需求分析			675	1025	100									1800
网站设计					1190	2310	400							3900
网站实施							3400	2500	2750	1250	300			10 200
网站测试											750	1250	100	2100
验收总结													1200	1200
每周预算小计	0	200	1475	1025	1290	2310	3800	2500	2750	1250	1050	1250	1300	20 200
预算累计	0	200	1675	2700	3990	6300	10 100	12 600	15 350	16 600	17 650	18 900	20 200	/

(1) 各活动的分摊预算为组成该活动的各小活动每周分摊预算的加总。

(2) 小活动每周分摊预算由(该活动的预算分摊÷工期估计×该活动在本周花费时间)得到。

(3) 其中,该小活动的工期估计和预算分摊分别参见表 3.3 和表 3.4,该活动在本周花费时间参见图 3.12。

2. 实际进展情况

项目目前进行到 11 月 20 日(即第 10 周),将前 10 周的每周实际成本、挣值量的累计分别填入表 4.11 每周实际成本累计表、表 4.14 每周累计挣值量表,作为实际进展情况的反映。具体步骤如下。

首先,将前 10 周的实际成本累计信息填入表 4.11。

表 4.11 某学院网站项目每周实际成本累计表   单位:元

	周													分活动小计
	1	2	3	4	5	6	7	8	9	10	11	12	13	
项目规划		150	1000											1150
需求分析				600	1200	100								1900
网站设计						1300	2000	400						3700
网站实施								4000	2800	2500	1100			10 400
网站测试														0
验收总结														0
每周实际小计	0	150	1600	1200	1400	2000	4400	2800	2500	1100				17 150
累计成本	0	150	1750	2950	4350	6350	10 750	13 550	16 050	17 150				

然后,将每个活动在每周的完成情况用百分比表示,填入表 4.13 中,完工百分比的算法如下。

(1) 计算原则:

① 50/50 规则:比较中庸的一种完工百分比估计方法,避免对进度的主观估算。工作包已完成得 1 分,进行中得 0.5 分,未完成得 0 分。

② 80/20 规则:比较激进的一种完工百分比估计方法。工作包已完成得 1 分,进行中得 0.8 分,未完成得 0 分。

③ 0/100 规则:比较保守的一种完工百分比估计方法,一般用于短工期工作。工作包已完成得 1 分,进行中和未完成都只得 0 分。

(2) 计算方法:

① 将项目分成 $A_1 \cdots A_n$,分解的时候尽量注意这 n 个工作包的工作量大小差不多,可以互相比较。如表 4.12 所示评定每个工作包的工作状态:未开始、进行中、已完成。根据上述计算原则给每个工作包打分,所有工作包分值累加得 $c,c/n\%$ 即为完工百分比。

② 若各工作包不是工作量差不多大的等效单元,还可以通过功能点计算为各工作包加权后计算。

表 4.12 完工百分比的计算实例

工作包	未开始	进行中	已完成	50/50	80/20	0/100
A₁			√	1	1	1
A₂		√		0.5	0.8	0
A₃		√		0.5	0.8	0
A₄	√			0	0	0
A₅	√			0	0	0
等价完成合计				2	2.6	1
完工百分比估计				40%	52%	20%

表 4.13 某学院网站项目完工百分比表　　　　单位：%

	周													分活动小计
	1	2	3	4	5	6	7	8	9	10	11	12	13	
项目规划	30	100	100	100	100	100	100	100	100					100
需求分析			30	90	100	100	100	100	100	100				100
网站设计					35	90	100	100	100	100				100
网站实施							15	50	80	100				100
网站测试														0
验收总结														0

③ 将每个活动在每周的累计挣值按照(分摊预算×完工百分比)的算法,填入表 4.14 中。

表 4.14 某学院网站项目每周累计挣值表　　　　单位：元

	周													分活动小计
	1	2	3	4	5	6	7	8	9	10	11	12	13	
项目规划		300	1000	1000	1000	1000	1000	1000	1000	1000				1000
需求分析				540	1620	1800	1800	1800	1800	1800				1800
网站设计						1365	3510	3900	3900	3900	3900			3900
网站实施							1530	5100	8160	10 200				10 200
网站测试														0
验收总结														0
累计挣值量	0	300	1540	2620	4165	6310	8230	11 800	14 860	16 900				

3. 计划与实际的对比

为了便于理解预算、实际成本、挣值三个累计量之间的关系,将表 4.10 每周分摊预算累计表、表 4.11 每周实际成本累计表、表 4.14 每周累计挣值表的内容综合填入表 4.15 进度分析表中,用三个指标标出,通过图 4.8 状态分析图展示出三条曲线来。为了便于报告,还可以计算每周两个差异分析变量和两个绩效指数变量。

两个差异分析变量指成本差(CV)、进度差(SV),算法如下:
(1) 成本差(CV)=挣值量累计(EV)−实际成本累计(AC)
(2) 进度差(SV)=挣值量累计(EV)−分摊预算累计(PV)

两个绩效指数变量指项目资金效率(CPI)、进度效率(SPI),算法如下:
(1) CPI=EV÷AC

(2) SPI＝EV÷PV

表 4.15　某学院网站项目进度分析表　　　　　　　单位：元

计算量 \ 周	1	2	3	4	5	6	7	8	9	10	11	12	13
分摊预算累计（PV）	0	200	1675	2700	3990	6300	10 100	12 600	15 350	16 600	17 650	18 900	20 200
实际成本累计（AC）	0	150	1750	2950	4350	6350	10 750	13 550	16 050	17 150			
挣值量累计（EV）	0	300	1540	2620	4165	6310	8230	11 800	14 860	16 900			
进度差（SV）	0	100	－135	－80	175	10	－1870	－800	－490	300			
成本差（CV）	0	150	－210	－330	－185	－40	－2520	－1750	－1190	－250			
资金效率（CPI）		200%	88%	89%	96%	99%	77%	87%	93%	99%			
进度效率（SPI）		150%	92%	97%	104%	100%	81%	94%	97%	102%			

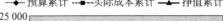

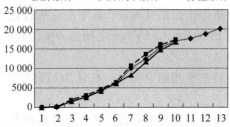

图 4.8　某学院网站项目状态分析图

4. 项目状态报告

（1）报告方法

汇报报告期内成本、挣值、预算对比分析的结果，需要回答以下问题。

① 项目进度比日程安排是滞后了还是提前了？在哪个环节偏离了计划？是由于什么原因造成的？将通过什么措施弥补过来？

② 报告期内的开支是超支了还是节省了？在哪个环节偏离了计划？是由于什么原因造成的？将通过什么措施弥补过来？

（2）总体判断

到第 10 周时：进度提前，成本高于预算。具体数值为：

SV＝300 元　CV＝－250 元　SPI＝102%　CPI＝99%

（3）挣值和计划的对比

项目比日程安排提前完成了 300 元的工作量。

纵观前 10 周进展，在第 3、4、7、8、9 周时出现了落后于进度安排。其中 3、7 周分别是需求分析、网站实施的启动周，由于要与前一阶段工作进行衔接，项目组成员刚刚接手项目时的效率较低而影响了进度；在项目组成员进一步熟悉的过程中，效率得到不断提高，从而项目进度得以回升。

需要采取的措施：接下来的工作中，需要注意项目阶段之间的衔接工作，让后一阶段的项目组员及早熟悉前阶段工作成果。

（4）成本和挣值的对比

截至本报告期，累计实际开支为 17 150 元，超支 250 元。

纵观前 10 周进展，在第 3 周以后，总成本一直处于超支的状态，只在第 5、6 周进行网站设计时，请教相关人员指导后，大大降低了工作周期，因此降低了超支的程度，而后，随着网站开发的大笔花费，赤字重新出现，而且呈现出先大后小的趋势，这是由于随后工作抓得比较紧的缘故。

需要采取的措施：超支处于可接受的范围内，无需采取特别的措施，但在接下来的工作中，需要均衡工作效率。而为了进一步节省成本，可继续用好外界免费资源。

思考题

1. 简述项目管理方法论的主要内容。你认为项目管理方法论还应该包括哪些内容？
2. 结合自己的体会谈谈为什么要对项目管理方法论进行裁剪与集成，如何实施？
3. 你认为项目管理与 ISO9000、CMM、6σ 之间是一个怎样的关系？企业应该如何对待这些标准和体系？
4. 项目管理信息系统的主要功能有哪些？你认为项目管理信息系统与项目管理软件有什么区别？
5. 信息系统项目文档在项目管理中有何作用？为什么经常出现重代码轻文档的现象？
6. 为什么信息系统项目经常出现范围变更？项目组如何控制和应对这些变更？
7. 企业应该如何控制项目进度？
8. 目前信息系统建设项目出现成本超支的原因主要有哪些？项目组应该如何控制成本？
9. 简述挣值分析的基本内容和方法。
10. 如何进行时间-成本平衡？请说明其主要思想。

第 5 章 信息系统项目的人力资源与沟通

人力资源管理,是项目管理的重要组成部分,对比其他类型项目信息系统项目受人力资源影响很大,这带来了人力资源管理与沟通的特殊性,本章将在介绍人力资源相关理论的基础上,结合信息系统项目人力资源的特点,分析项目团队与企业组织结构,介绍成员成长规划;在分析知识地图建设与职责分配矩阵的基础上,介绍项目知识管理;同时还将介绍信息系统项目人员考核,以及干系人管理和沟通管理。

5.1 信息系统项目人力资源与组织结构

在本节中,首先介绍几个经典的激励理论,然后在分析信息系统项目人力资源特点的基础上,介绍几种主要的项目团队与企业组织结构类型。

5.1.1 项目团队的激励理论

在信息系统项目中,如何在了解人们心理因素和管理方法的基础上,进行人员的管理,激励人们更好的工作,是很重要的问题。关于激励的理论有很多,包括内容型、行为改造型、过程型、委托代理人激励理论等。由于篇幅有限,以下仅介绍三种具有代表性的理论。

1. 马斯洛的需求层次理论

亚伯拉军·马斯洛(Abraham H. Maslow,1908—1970),美国社会心理学家,在 20 世纪 50 年代提出了著名的需求层次理论(Hierarchy of Needs)。该理论将人们的需求分为五个层次,其核心思想可以总结为两个方面:第一,当低层次的需求基本得到满足以后,对它的激励作用就会降低,高层次的需要会取代它成为推动行为的主要原因;第二,低层次的需求未能满足之前,高层次需求不能对人起到相应的激励作用。具体内容如下:

(1)生理需求

人们满足生存需要的要求,包括对食物、水、空气和住房等需求,只有这些需求满足,人类才可能生存。管理人员应该明白,如果员工还在为生理需求而忙碌时,他们所真正关心的问题就与他们所做的工作无关,员工这时主要是为报酬工作。因此此时激励手段主要包括增加工资,提高福利待遇等。

(2)安全需求

人们要求保障自身生命安全及自由、摆脱失业和丧失财产威胁等方面的需要。如果对于员工来说安全需求最重要,管理人员在管理中有效的激励手段应该为健全规章制度、职业医疗保障、并保护员工不致失业等。同时在处理问题时就不应标新立异,避免变动及冒险。

(3) 社会需求

人们对于朋友同事间的友情、属于某一个群体、成员间相互照顾的归属需要。当人们满足了生理及安全需求之后，社会需求就会突出。此时工作被人们视为寻找和建立温馨和谐人际关系的机会，管理者应该在工作中提供社交往来机会，鼓励群体活动，并且遵从集体行为规范。

(4) 尊重需求

人们希望自己有稳定的社会地位，个人的能力和成就得到社会承认的需求。包括人在不同境遇下面对困难的自信和自尊，更包括由于别人肯定他们的才能而得到的成就、名声、地位和晋升机会。对于处于尊重需求层次的员工，管理人员应给予更多的肯定和荣誉以实现激励。

(5) 自我实现需求

人们实现个人理想、抱负，尽量发挥自己的才能，实现具有挑战性目标的需求，这是最高层次的需求。如果员工的需求处于自我实现的层次，那么管理人员需要让员工做称职的工作，这样才会使他们感到最大的快乐。

对于信息系统项目中的人员管理而言，要根据成员所属的需求层次，采用对应的激励手段，才能取得良好效果。

2. X 理论和 Y 理论

X 理论和 Y 理论(Theory X and Theory Y)是 20 世纪 60 年代由美国心理学家麦克格瑞格(McGregor)提出的，属于管理学中关于人们工作原动力的理论。理论包含关于人性两种截然不同的观点，X 理论认为人们有消极的工作原动力，而 Y 理论则认为人们有积极的工作原动力。

X 理论的假设：

(1) 人生来厌恶劳动、逃避工作。

(2) 人生来都以自我为中心，不顾组织目标的要求。

(3) 大部分人不负责任，缺乏进取心，情愿他人指挥，容易接受煽动，举动盲从。

(4) 没有抱负，干工作都是为了满足基本的生理需要和安全需要。如果基于以上假设，持 X 理论的管理者会趋向于设定严格的规章制度，靠严厉的监督和惩罚以减低员工对工作的消极性。

Y 理论的假设：

(1) 大部分人并不抗拒工作，人们在工作上体力和脑力的投入是很自然的事。

(2) 人们具有自我调节和自我监督的能力，即使没有外界的压力和处罚的威胁，他们也会为了达成本身已承诺的目标，朝向组织的目标而努力。

(3) 人们希望得到认同感，会自觉遵守规定。

(4) 在适当的条件下，人们不仅愿意承担责任，并会争取更大的责任。

(5) 在大多数情况下，许多人具有相当高的创新能力去解决问题，人们的才智并没有充分发挥。

基于以上假设，持 Y 理论的管理者会趋向于对员工授予更大的权力，让员工有更大的发挥机会，以激发员工对工作的积极性。

理论界中普遍推崇的是 Y 理论,认为管理者应该赋予员工更有挑战性和创造性的工作,然而并没有实际证据证明某一种假设就一定更为有效。现实生活中,确实也有采用 X 理论而卓有成效的管理者案例。因此,在实际的信息系统项目人员管理中,应该针对项目的实际情况和员工的状态来决定采用哪一种理论的假设进行管理。

3. 期望理论

以上两个理论是针对于"需要"的研究,回答了以什么为基础或根据什么才能激发调动起员工工作积极性的问题,而由弗鲁姆(V. H. Vroom)在 20 世纪 60 年代所提出的期望理论(Expectancy Theory)则强调:通过满足人们的需求实现组织目标需要一个过程,需要通过制订一定的目标影响人们的需要,从而激发人的行动。

该理论认为,组织设定的目标对人的激励程度受两个因素的影响。

(1) 目标效价。即人们认为目标的实现能产生多大的价值。如果产生的价值越大,人们的积极性也就越高。

(2) 期望。即人们对目标实现可能性的估计。人们对于可能性较大的目标通常会尽力实现,而如果人们认为某个目标几乎没有可能实现,是不会产生激励效果的。

进而期望理论认为,目标的激励作用是目标效价与期望的乘积,是两者共同作用的结果。如果一个目标的实现能够产生很大的价值,但是实现的可能性很低,就不能促进人们产生积极性。同样,即便一个目标很容易实现,但是实现之后不会产生很好的价值,也不会激励人们努力实现。以期望理论为指导进行员工激励,就需要使员工明确,他们的需求是与组织的目标密切联系的,而只要努力工作就能够实现自己的需求。

5.1.2 项目成员的数量、质量和结构

信息系统项目中的人力资源的特点,可以从人力资源的数量、质量、结构三方面进行分析。显而易见,数量是指团队所包含成员的数量;成员的学历、知识储备、专业职称、技能等影响项目实施结果的素质,可以归结为人员的质量;最后,不同质量的人员在整个团队中分别所占的数量比例,就是人员结构。

关于人力资源的数量、质量、结构对于信息系统项目进展的影响,下面通过一个假想的、有趣的例子来说明。假设有两个信息系统项目团队,一个团队全部由技能非常全面、专业的,可被称之为天才的成员组成,而另一个团队里混杂了天才、技术能力不是很高的通才和善于从事辅助性工作的庸才。作为项目经理,你会选择哪一个呢?全部由天才组成的团队就是优秀项目团队吗?影响人力资源的信息系统项目特征有哪些?应该如何科学的确定信息系统项目的团队数量、质量、结构呢?

团队人员数量受以下因素影响:信息系统建设的任务、所规划的项目计划、工作包对应于人员的划分、其他资源的分配等。一般而言,随着项目进展所处阶段的不同,团队人员的数量并不是固定不变的。例如在项目前期和收尾阶段,人员的数量显然要低于系统实施和测试阶段。如何在制订系统建设计划和确定资源配置时,科学规划每个阶段人员的数量结构,建立各阶段人员之间的知识技术衔接,是确定人员数量的关键。

现实项目进展中,由于计划决策缺陷,经常出现人手不够,任务不能如期完成的情况,这

时许多管理者就会临时扩大团队数量,或让成员加班工作。实际上,盲目地向进度落后的项目(特别是软件开发项目)中增加人手,可能会使进度更加落后。因为项目新成员的增加未必会带来效率的提高,反而要花费相当的时间对其进行技术培训,还要进行必要的知识共享,让他们了解项目目前的进展状况,学习过去所有相关的资料,同时更要建立新进人员与现有人员的沟通渠道。不管是业务知识,还是文化,新成员和原有成员之间必然存在沟通的障碍。尤其对于信息系统项目,新成员必须遵从一定的规则,甚至统一的代码编写习惯,才能保证系统的开发质量。另外,让团队成员加班的策略,也不宜经常使用。在信息系统项目中,系统开发人员是项目质量的决定性核心资源,如果他们不得不高负荷运转,那么不论是身体还是精神都会产生极大的疲惫感,会带来开发效率和质量的大幅下降,同时加班也会带来项目成本的大量增加。

团队中成员的质量与结构往往是密不可分的,不同质量的人员构成了团队的人力资源结构,共同作用决定了整个团队人力资源的质量。如同本节开始时提到的两个项目团队的例子,一个团队中全部都是专业素养等质量都很高的天才级成员,这样会使得项目经理在进行人力资源分配时面临困境,因为团队中很多事务性或者技术含量较低的工作,天才人员没有积极性去做或者要支付很高的成本,尽管是天才所组成的团队,由于结构不合理,项目质量并不高。另一个团队中有适当比例的天才、通才和庸才,那么项目经理在进行人员配置时,天才可以负责项目中诸如系统总体框架设计、项目规划、核心模块开发等需要全面技能的专业工作,通才则可以按照既定的项目计划和技术方法,从事简单重复的模块分析开发工作,而庸才负责文件管理等事务性的服务工作,保障项目顺利进行。由此可见,团队的高质量并不一定需要团队中每个成员的高质量,而是指团队中人员数量、质量和结构对应于项目任务的合理搭配。需要说明的是,文中提到的天才、通才和庸才的事例不一定恰当,说法也欠礼貌,主要是为了强调人力资源结构的重要性。

例如,在一个信息系统项目中,由项目经理和系统架构师共同进行项目的规划设计、确定系统的框架;对各种开发方法有着一定经验的主程序员则负责开发中的人员与任务配置管理,对不同人员负责的各个模块进行编译、整合、检查记录缺陷(Bug)等工作;副手则进行具体的系统设计开发工作。这种团队结构使团队成员共同以高效率高质量完成信息系统项目。

5.1.3 信息系统项目与企业的组织结构

在项目管理过程中,分析项目组织结构是人力资源管理的必要条件,因为不同组织结构背景下,人员管理的目标、原则、侧重点是不同的。一般而言,项目与企业的关系可以表现为职能型、项目型、矩阵型三种组织结构。

1. 职能型组织

组织完全按照职能分工来划分部门,例如,对于一个信息系统开发公司,有软件、硬件、网络、客服等部门。当需要组建一个信息系统项目时,成员来自于各个职能部门,分别由所属的职能部门领导人管理。如图5.1所示,项目团队的三个成员的直属领导分别为软件、硬件、网络部门经理,于是项目的管理和协调,就依靠各个职能部门的经理层来完成。

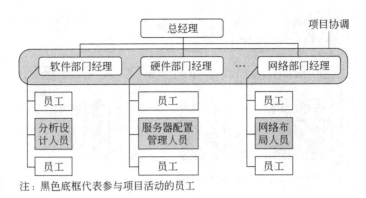

图 5.1 职能型组织示意图

这样的组织模式主要优点包括：

(1) 人员使用具备较高灵活性，如果员工发生离职、休假、升迁等意外情况，处于项目协调层的部门经理，可以从部门中选择其他恰当人员顶替；

(2) 每个员工可以在所属部门中获得知识和技能的更新、分享，也可以在项目进行过程中获得本部门其他成员的技术支持；

(3) 项目成员事业的稳定性和连续性较高，不必担心项目结束、项目组解散之后自身的下一步发展去向。

当然，职能型组织也存在一定的不足，例如：

(1) 没有明确的项目经理，不能保证项目的全面控制管理；

(2) 项目成员的工作仍局限于所属的部门和专业，缺乏从项目整体的角度审视自身作用的能力；

(3) 每个项目成员都有本部门的工作，客户的要求有时得不到重视。

2. 项目型组织

项目型组织中，各成员按照从事的项目组成不同的团队，并由指定的项目经理来协调和管理项目的运作，如 A 项目、B 项目等。如图 5.2 所示，一个信息系统建设项目团队由负责不同工作的工程师组成。这种组织模式的优点在于：

(1) 由项目经理负责所有项目相关人员、资源的协调管理，最大程度提高项目的运作效率；

(2) 易于从项目角度对成员进行激励，团队精神和意识得到充分发挥；

(3) 对比职能型组织，客户的要求得到快速的反馈，客户的利益更容易得到保障；

(4) 从项目角度审视，组织结构清晰简单，宜于评估管理。

项目型组织也存在一些缺点，包括：

(1) 不同项目中同类职能人员、同种资源设备因为属于不同部门，彼此之间的交流、共享及技术积累比较难开展；

(2) 专业性人员的利用效率比较低，不适用于人才匮乏的小型企业。例如，某个公司可能只拥有几个网络服务技术人员，但在许多项目中都存在网络规划问题，并且不同项目需要网络人员的时间是不同的，在项目型组织中，则每个项目都要配备专属的网络技术人员，造成了人员的浪费；

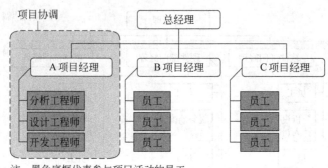

图 5.2 项目型组织示意图

(3) 项目成员之间因为所负责的任务不同,可能会经常忙闲不均,不利于整体激励;
(4) 项目结束后,项目组织解散,成员缺乏事业发展的稳定性和安全性。

3. 矩阵型组织

矩阵型组织是综合了职能型和项目型特点的一种模式,成员属于某个职能部门,同时也属于某个项目组,于是人员需要向职能经理汇报,也需要向项目经理汇报,项目的人员管理由项目经理和职能经理的协调完成,如图 5.3 所示。项目成员仍然隶属于各个职能部门,但是在职能部门之外,有专业化的项目经理组织。这些项目经理来管理和协调各个项目的运作。

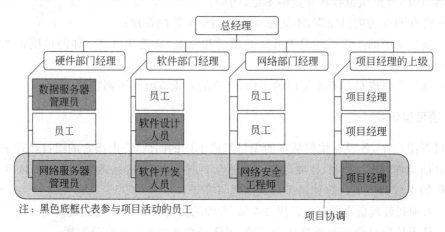

图 5.3 矩阵型组织示意图

矩阵型组织由于是前两种组织模式的结合,在一定程度上兼有了两者的优点,包括:
(1) 项目经理和职能部门经理可以发挥各自优势,项目经理的工作重心在于从项目的角度管理控制进度、组织调配资源、保障客户在内的各方利益,而职能部门经理则可以从专业的角度对成员进行技能培训、最佳实践积累、知识共享、员工替代调配;
(2) 包括人员在内的各种资源利用率达到最高,即很少存在资源浪费、人员冗余的情况;
(3) 成员具有较高的事业稳定性和安全感。

然而矩阵型组织也存在一些缺陷,比如:
(1) 项目组成员具有两个甚至两个以上的领导,造成责任不清,以及成员偷懒的情况。

每一个领导都不能对成员的行为做出完全的监督管理,尤其出现工作失误时,会带来推诿责任的情况,同时,如果两个领导沟通不畅,成员有机会以另一位领导有重要任务为由,拒绝上级安排的工作;

(2)针对多个项目间需要共享的稀缺资源,由于缺乏有权威的领导指派协调,容易引起项目组间的争斗,不利于企业的整体利益。

以上分别讨论了三种常见的组织结构的组成和各自具备的特点,在实际应用中,它们也有各自适用的环境条件。对于大多数项目成员来自同一个部门的情况,职能型组织更容易协调,比如某个大型系统的测试项目,则可以由测试部门作为项目管理的组织主体;对于技术比较成熟的项目,风险较小,并且可充分利用已有的经验、知识、最佳实践,也适合职能型组织架构。

相反,对于属于技术开拓前沿性的项目,风险较大,需要风险和控制管理,没有经验借鉴,为了应对可能出现的各种状况,需要各方面人员协调,项目型组织更加适用;某些项目对进度、成本、资源、质量等指标有严格要求,即对项目管理提出很高要求,也适合项目型组织发挥其优势。

最后,矩阵型组织的优势得以发挥,必须要解决人员多重管理的问题,因此适合于管理规范、分工明确的公司。

总而言之,没有哪一种组织模式是固定最好的,企业需要根据自身人员的数量、质量、结构特点,以及项目的技术、资源、进度等因素需求,选择某个具体项目所采用的组织模式。

5.1.4 案例:学院网站建设团队的组织结构

学院网站建设团队成员是从学生中抽取出来,专门组建的一个团队,采用项目型组织结构,主要角色划分为:项目经理、文档管理员、调研分析员、系统分析员、模块设计员、程序员、美工设计员、测试工程师、硬件工程师、数据库管理员和客户联络人员。下面给出各角色的具体职责,如表 5.1 所示。

表 5.1 学院网站建设团队的角色职责列表

角 色	职 责
项目经理	项目总体设计,制订和监控开发进度,制订相应的开发规范,负责各个环节的评审工作,协调各个成员(小组)之间开发
文档管理员	管理开发及项目监控过程中的相关文档,保持所有文档的同步与一致
调研分析员	实际调研,提供详细的策划方案和需求分析
系统分析员	根据需求分析报告进行总体分析,得出网站的概念模型
模块设计员	根据系统分析结果对网站做模块划分及相关接口定义
程序员	编写功能模块的实现代码并进行单元测试
美工设计员	根据策划和需求,设计网站的界面和标识(Logo)等
测试工程师	测试程序及网站功能
硬件工程师	硬件的选择、购买及配置
数据库管理员	详细设计网站后台数据库,维护开发过程中数据库的安全性和一致性
客户联络人员	与客户联系、协助其他人员与客户的交流

这些角色人员,在项目经理的领导下,组成了一个项目小组,为项目型组织结构,如图 5.4 所示。

图 5.4　学院网站建设团队的组织结构

若因项目范围变更、进度拖延等需要增加人员,则经过小组讨论通过后可以适当申请增加 1~2 人。为了更好地推进该项目,需要加强对成员进行新技术及开发技能的培训。培训内容包括以下三点。

(1) 每周例会中小组成员集体交流开发中的问题和心得。
(2) 组织小组中有经验或熟悉新技术的成员定期做报告,分享知识。
(3) 定期邀请老师或有经验的技术人员做指导,为大家传授项目经验。

以上内容要求项目小组全体成员积极参与,不断进步。

5.2　信息系统项目团队的管理

本节首先介绍项目组成员的职业规划和发展阶段,然后介绍两种人力资源管理常见工具:知识地图与职责分配矩阵,最后对个人时间管理进行介绍。

5.2.1　信息系统项目成员的职业生涯规划

职业生涯规划是指个人依据自身情况、所具备的有利条件和制约因素,确立职业方向与目标,以及相应的职业发展道路,辅以教育和发展计划,简言之,是为实现一定的职业生涯目标而确定的行动方案。在信息系统项目中,成员的职业生涯规划会依据个人不同的技能知识、职业背景、性格、价值观、行为方式、所处职业生涯阶段、社会关系、个人能力等而有所不同。总体而言,成员的职业生涯规划,可以从以下几个方面分析。

1. 信息系统项目成员的角色

信息系统项目中的成员一般担任如下的角色。
(1) 能够宏观规划信息系统整体架构的 IT 规划专家,通常是首席信息官(Chief Information Officer,CIO)和首席技术官(Chief Technology Officer,CTO)。
(2) 具备项目开发经验和团队管理经验的项目管理人员。
(3) 精通信息系统开发的某个领域环节知识,比如需求分析和系统设计的分析专家。
(4) 熟练掌握一种技术,如网络技术或某种软件开发工具等的技术人员。

2. 信息系统项目成员典型的职业生涯阶段

信息系统项目成员有的偏好技术,有的偏好管理,可能会有不同的发展路径。但不管哪种路径,都需要从基层做起,需要从基础工作做起。一般来讲,信息系统项目成员有如下典型的职业生涯阶段。

第一阶段:项目成员刚进入信息系统建设领域,此时基本处于积累储备的阶段。从技术层面看,这个阶段奠定了以后的知识能力基础。而从项目管理角度看,此阶段成员在参与项目中学习、理解信息系统的设计思路和相关的理论知识,逐步形成自己的系统建设思维方式,接触进度、资源管理等项目管理相关知识。

第二阶段:技术上逐渐成熟,成为优秀的开发人员以后,开始从外界、整体的角度审视信息系统开发,包括深入了解软件工程和系统工程思想,主要表现是能够具备较高的用户需求分析能力,能够熟练掌握IT行业规范,编写需求分析报告、系统设计报告等系统开发文档。这个阶段开始建立项目建设最佳实践,因为是多个人分工合作建设系统,需要注重资源分配和协调沟通,此时不只考虑自身承担的模块的任务,还需学习与其他人员合作协调的能力。另外,还要深入掌握先进的设计思想。

第三阶段:在积累技术经验和项目管理经验的基础上,逐步发展为售前工程师,可以为用户量身定做一整套系统的架构和实现技术方案,编写系统可行性分析报告。在这个阶段,成员不但要考虑技术问题,同时要考虑用户的组织结构、日常工作、行业背景、财务投资等非技术类的问题,成员的知识能力也需更加全面,能够估计应对各种意外和风险。

第四阶段:项目经理或技术专家。通过前三个阶段的积累具备了技术、方案和用户协调的能力,此阶段中有的成员通过理论和实践的学习,掌握人力资源、项目管理,特别是信息系统项目管理方面的知识,成长为项目经理,进而发展为部门经理,走上了真正的职业经理之路。有的成员对技术有特别的偏好,有很好的创新能力和问题解决能力,则成长为技术专家。

3. 其他客观条件

项目经理应该帮助项目成员制订自己的职业生涯规划。当然,职业生涯规划确定后,在具体的实施中,还会受到项目规模、项目业务范畴、上下级、同事等很多其他客观条件的影响。比如,做小项目与做大项目会碰到许多完全不一样的问题,小项目可能会有比较多的技术问题,大项目除了技术问题外,还存在许多的管理和沟通问题,很多时候还要牵涉到权利和利益的分配。

5.2.2 项目团队的知识地图与职责分配矩阵

信息系统项目实施过程中,借鉴和学习已有的知识经验是非常必要的。这些知识经验既包括技术方面的积累,例如,以往系统的需求调研报告、规划分析报告、各种开发文档、通用功能代码、数据存储方案、客户服务常见问题等;也包括项目管理方面的积累,例如,获得之前相似规模、相同难度系统建设的进度规划、资源分配、成本控制等各种经验。显然,知识管理对于信息系统项目具有重要作用。其中知识地图和由此建立的职责分配矩阵是目前项目团队进行人力资源管理的重要工具,以下将进行具体介绍。

1. 项目团队的知识地图

知识地图(Knowledge Map,KM)是描述企业所拥有知识资产的指南,刻画了不同类别的各项知识在企业中所在位置或来源。一般而言,项目团队的知识地图中并不描述知识的具体内容,主要包含了项目成员、知识类别、流程之间的关系,其功能在于当需要某项专业知识时,协助使用者快速而正确地找到所欲寻找知识的拥有者。

如表5.2所示,信息系统项目中一个典型的知识地图结构由项目知识点和项目成员两个坐标刻画,常见的知识点包括:需求分析、系统设计、代码编写、测试调试、硬件配置、网络规划、数据管理、实施规划、运行维护等。项目成员与项目知识点的联系,地图中从能力和兴趣两个方面进行描述。

表5.2 某信息系统项目团队知识地图示例

活动 人员	系统分析		系统设计		代码编写	
	能力	兴趣	能力	兴趣	能力	兴趣
Ann	100	100	80	70	70	90
Ben	80	90	90	100	100	100
Carlos	70	80	80	90	80	90

根据项目成员对不同知识点的掌握程度,对成员的能力进行评价打分,然而成员在某一方面知识丰富、能力优异,并不意味着一定是完成相关任务的最佳人选。比如,多年从事某种功能测试的资深人员,积累了充分的经验能力,但由于感觉工作重复枯燥,缺乏挑战,而丧失了对工作的兴趣甚至责任心,选择这样的人员,反而会导致工作的失败。因此,项目地图中引用兴趣作为能力的补充,评价人员与知识点的联系。尤其在人力资源有限的情况下,当仅从能力角度无法选择出相应的成员时,便挑选虽然能力值不是最高,但兴趣值较高的人员,并在实际项目中逐渐培养和积累此类人员的能力,借助人员对相应知识的极大兴趣,保障项目顺利进行。

关于知识地图,在应用中有一些需要注意的地方,具体如下:

(1)利用专家对专业领域知识的熟悉和部门领导对成员的了解,对成员在相应知识点的能力和兴趣打分,为了避免其中可能的主观性、矛盾性,应尽力保障数据获得的真实性,并采用科学的技术方法对打分结果进行处理。

(2)知识地图不是固定不变的,需要经常维护与更新,才能保证地图反映的是企业目前真实的知识状况,从而发挥知识地图的最大效益。比如,某位高级工程师离职后,公司很可能会失去某项技术的深层知识,或是当员工接受了某个课程的培训后,公司可能会在某个知识点上增加人员储备,甚至新增加了知识点,同时,不同时期的知识地图,可以反映企业知识资产与知识需求的变化。

(3)不同类型的知识地图,适用在不同的工作性质上。比如,管理者因为需要开发某个网站组建项目团队,如果企业建立了由知识概念分类为刻画维度的知识地图,则可以用来协助管理者获得在网站浏览、搜寻检索、主题学习、分类编目等方面较为擅长的人员;另一方面,如果企业建立了主要描述流程的知识地图,则管理者可以在开发过程中获得各环节最佳实践、常见问题的判断与解决等方面的知识支持。

2. 项目团队的职责分配矩阵

通过知识地图,企业可以根据所面临的项目任务,动态确定组织中符合所需知识条件的人员。在此基础上,必须明确所确定的人员在项目中的职责,否则容易造成某项工作没人负责或者可能有人没有工作的情况,最终影响项目目标的实现。为了保证项目中各项工作顺利进行,就必须将工作与人力资源的关系明确,每项工作分配到具体的个人(或小组),并指定负责人,同时如果是多人协作完成,还要明确不同的个人在这项工作中的职责。在项目管理中,这部分内容最常使用的方法为职责分配矩阵(Responsibility Assignment Matrix,RAM)。

职责分配矩阵以活动和人员为两个坐标,反映了与每个人员相关的所有活动,以及与每个活动相关的所有人员。根据知识地图中不同人员所具备的知识和彼此之间的关系,将人员对于活动的影响分别用负责(Responsible)、有责(Accountable)、咨询(Consult)和通知(Inform)表示,如表5.3所描述。正如表5.2的知识地图显示,Ben在系统设计方面的技术能力和兴趣是表现较为出众的成员,因此可以作为系统设计活动的负责人。

表 5.3 一个信息系统项目的职责分配矩阵

活动＼人员	Ann	Ben	Carlos	Dina	Ed
系统分析	R	I	I	I	I
系统设计	I	R	A	C	C
代码编写	I	I	A	R	C	C
系统测试	A	I	I	R	I

关于职责分配矩阵,有以下几点需要补充说明。

(1) 大型项目中,存在不同层次的职责分配矩阵。高层次的职责分配矩阵往往与工作分解结构(WBS)相关,界定哪个个人或小组负责哪一部分工作;低层次的职责分配矩阵描述某个具体活动小组内部每个人员的角色、职责和授权水平。

(2) 除了职责分配,分配矩阵还可以借助文字描述更多相关信息。例如,需要详细界定的职责,可以通过岗位说明书这样的工具来描述各岗位的职责、授权、能力和资格等方面的信息,而不仅仅用表5.3中的字母来标示。

(3) 关于成员职责分配,还有另一种如表5.4所示的矩阵,矩阵中每项活动除了有负责人R标示之外,还有标示为R1的活动参与者,将那些具备一定技术能力和发展潜力的成员,定义为项目第二负责人。

表 5.4 信息系统项目另一种职责分配矩阵

活动＼人员	Ann	Ben	Carlos
系统定义	R1	R	
系统设计		R1	R

第二负责人的存在,为项目管理带来了如下好处:第一,提高了项目的稳定性,作为相应工作包主要负责人的成员离职或休假时,第二负责人可以自然接替,不会出现不了解项目状况而阻碍项目进展的情况;第二,为成员职业生涯发展创造良好条件,R1的存在一定程度上对主要负责人造成了竞争压力,同时也为主要负责人的升职扫除后顾之忧,如果某项工作只能由一个人承担,虽然这个人可以逐渐成为专家技师,但也说明这个人不可取代,不能升职到其他岗位。

5.2.3 项目成员的个人时间管理

时间管理是项目管理的一个主要内容,将项目任务细分,确定每个任务所需要完成的时间和项目的里程碑,是项目进度规划的重要结果。然而,项目按期按质完成,还需要项目成员对个人时间的科学管理,只有每个人规划好自己的时间,提高单位时间工作效率,才有可能使得项目团队的工作任务按时完成。关于个人时间管理,因为每个人的具体情况不同,没有确定成型的理论方法,以下介绍一些常见的经验。

(1) 做好时间计划

每周结束,对比本周计划与实际完成的任务,分析完成情况和未完成原因,同时根据目前负责参与的项目计划,列出在下一周必须完成的任务目标;每天工作结束时,应在总结当天工作的基础上,列出第二天要做的主要事情,并排出优先级。

(2) 充分考虑事件的重要程度

在罗列任务时,人们通常会把时间紧急的事件放在需要完成列表的最前面,但那些虽然时间要求不是最高,但重要性很高的任务,却常常被人忽略。进行个人时间管理时,要注意从时间和重要性两个维度审视任务。

(3) 工作时间注意防止外界干扰

影响工作效率的主要原因是来自外界的电话、邮件、临时会议、谈话等各种干扰,处理这些状况,需要耗费很多时间,影响了既定计划的实施。因此需要从以下几个方面控制干扰:

① 尽可能集中时间处理邮件和电话。每天安排固定的时间处理邮件和常规电话,并将此时间在工作范围内公开,以获得相关人员的配合;

② 团队统一面对面沟通的时间。沟通是项目顺利进行的重要保障,有些沟通是必须靠成员间的讨论和会议才能达成的,整个项目团队统一沟通的时间,每个人可以在这个时间充分参与讨论,并且不会出现因为彼此时间不能协调一致而带来工作的失误或更多时间的浪费;

③ 学会说"不"。如同前面所分析,职责分配矩阵中明确了每个成员在项目中的责任和义务,对于不在自己工作范围内的任务,如果会贻误自身工作的完成,应该委婉地拒绝。

(4) 细分不同时间阶段的价值

每个人最佳工作效率时间是不同的,个人时间管理是应充分考虑到这一点。将工作时间细化,工作效率不同的时间对应复杂重要性不同的任务,从而尽可能地将工作有序化。另外,要对等待时间、交通工具上的零散时间进行规划,积少成多,会带来工作效率提高。

(5) 考虑个人兴趣

通常个人兴趣会影响工作效率,对于喜欢做的事情,人们可以花更少的时间完成并达到更好的效果。基于此,在考虑工作安排时,可以在零碎时间或者是低效率时间阶段安排自己较感兴趣的工作内容。

(6) 轮换工作内容

研究表明,如果每隔一段时间就变换不同的工作内容,就会产生新的兴奋点,而原来的兴奋点则得到抑制,这样人的脑力和体力就可以得到有效的调剂和放松。由此,人们可以在一段时间内安排多个不需要连续作业的工作任务,分阶段轮换,有利于保持较高的工作效率。

(7) 考察工作效率,进行奖罚

对某个阶段自身工作时间效率进行自我评价,并与前期或同事对比后,进行自我奖罚,以求得心理暗示,从而养成良好的工作习惯。

5.2.4 案例:学院网站建设团队知识地图与职责分配矩阵

学院网站项目组以 WBS 图中没有下一层的任务模块为基准,根据工作的类似性确认岗位,以能力分和兴趣分评价团队成员。能力打分根据员工的技能对本职位的胜任程度,从以下几方面评价:

(1) 由项目经理对该员工在各个岗位的能力打分。(权重为 3)
(2) 本人对自己各个岗位的擅长程度进行打分。(权重为 2)
(3) 由同事对员工在各个岗位的能力打分。(权重为 1)

最后的加权平均和为得分。特别说明的是项目经理的能力分由(2)和(3)折合相应比例计算得到。兴趣分打分由项目组成员自己完成。下面分别给出了能力分和兴趣分的打分标准。

(1) 能力分打分标准:

5 分:熟悉使用此方面的知识,有丰富的实践经验,能够领导其他成员完成相应工作。
4 分:熟悉此类知识,但经验不够丰富。
3 分:对此类知识有一定了解,需要进一步学习。
2 分:对此类知识有过少量接触,不过缺乏深入了解。
1 分:对此类知识完全没有了解。

(2) 兴趣分打分标准:

5 分:此类工作完全符合本人的兴趣,对该工作抱有极大的热忱。
4 分:对该工作比较有兴趣,能够比较愉快地完成工作。
3 分:能够以平常心态完成该项工作,谈不上有兴趣。
2 分:能够勉强接受该工作,尽量完成任务。
1 分:不愿意接受此类工作。

表 5.5 为本项目组的知识地图得分表。

表 5.5 学院网站建设项目组成员知识地图得分表

活动 \ 人员		靳××	王××	张××	蔡××	李××	朱××	尹××
文档管理	能力分	3.75	4.6	4.2	3.9	3	4.3	4
	兴趣分	2	4	3	3	5	5	4
调研分析	能力分	4.5	4.2	3.5	3.5	3.8	4.6	4.4
	兴趣分	4	4	4	1	5	5	5
系统分析	能力分	4.25	4.1	3.7	3.6	4.0	3.5	3.4
	兴趣分	5	5	4	3	4	3	2
模块设计	能力分	2.875	4.1	4.4	4.5	3.2	3.1	3.1
	兴趣分	3	4	5	4	2	2	3
代码编写	能力分	3.75	3.8	3.9	4.7	3.75	3	2.8
	兴趣分	2	3	4	4	4	1	2
美工设计	能力分	2.5	4.3	3.5	3.6	3.5	4.4	4.7
	兴趣分	1	5	4	3	4	5	5
测试工程	能力分	3.625	3.9	3.9	3.6	4	4	3.9
	兴趣分	1	4	3	3	4	4	4
硬件工程	能力分	4.375	3.1	2.8	3.5	3.8	2.6	2.9
	兴趣分	4	2	2	3	4	1	2
数据库管理	能力分	3.875	3.8	4.1	3.9	3.3	3	3.125
	兴趣分	4	5	4	4	3	2	1
客户联络	能力分	3.5	4.2	3.2	3.3	5	4.4	4.6
	兴趣分	1	3	3	1	5	4	3

根据知识地图得分表,制订本项目小组职责分配矩阵,如表 5.6 所示,所遵从的规则如下。

R(活动负责人)和 S(活动参与者)的选择:(能力分×90%+兴趣分×10%)最大者为 R;在剩余人中第一名或者是前两名,且得分大于等于 4 者,作为 S。

R1(活动第二负责人)的选择:(能力分×70%+兴趣分×30%)得到的结果,排除已经是 R 的人员,然后从大到小排序,在剩下的人员中选择最大的作为 R1。

需要说明的是,如果出现多人分值相同时,按照活动的工时安排随机选取适宜人选;如果活动参与者与第二负责人重复,优先安排活动第二负责人,顺延选择活动参与人。本项目中没有咨询和通知职责的分配。

表 5.6 学院网站建设项目成员职责分配矩阵表

活动 \ 人员	靳××	王××	张××	蔡××	李××	朱××	尹××
文档管理		R	S			R1	
调研分析	S					R	R1
系统分析	R	R1			S		
模块设计			R	R1			
代码编写			R1	R			
美工设计		S				R1	R
测试					R	R1	
硬件	R				R1		
数据库管理		R1	R				
客户联络		S			R	R1	S

5.3 信息系统项目团队建设与考核

本节将在介绍团队内部组织结构的基础上，重点介绍团队知识管理相关内容，包括知识的沉淀、转移，以及新型网络环境带来的影响，最后将介绍团队考核及重要工具：平衡计分卡。

5.3.1 项目团队内部的组织结构

在5.1.3节中，信息系统项目组织结构指的是在一个企业中，项目与企业的关系是什么，也提到了职能型、项目型和矩阵型三种组织结构。现在已经具备了项目团队的知识地图与职责分配矩阵，那么，一个信息系统项目团队的内部依据何种原则、如何组织团队呢？一般而言，根据项目和人员的特点，有垂直、水平以及混合等几种不同的组织方式。以下分别介绍各种方式的特点，及所适用的应用环境。

1. 垂直式团队

垂直方式按模块组织团队，信息系统功能分为若干模块，每个个人或小组负责某个模块，自始至终完成模块所需的分析、设计和开发等所有工作。垂直模式的主要优点为：模块的开发过程中不会出现因为不同小组负责而带来的工作交接、协调障碍等问题；同时，由于全权负责整个开发过程，团队成员可以接触锻炼更全面的技能。另一方面，垂直团队不利于专家型成员的培养，通常不具备快速解决具体问题所需的特定技术专长；不同小组的技术水平毕竟参差不齐，会带来系统不同模块的开发效果的差异，影响了系统的整体一致。

使用垂直模式组织团队时，标准的作用非常重要。成员必须遵从共同的标准、体系与准则工作，避免不同模块在分析、设计、开发等方面的差异；人员之间需要进行良好的沟通，避免公共功能由不同的组来实现，比如出现同样的查询功能在不同模块差别较大的情况。

2. 水平式团队

与垂直方式不同，水平团队一般同时处理多个信息系统的建设任务，每个成员或小组负责系统开发中某一方面的工作。例如，只负责数据设计、系统分析、测试等。水平组织模式的最大优势在于，成员固定完成某种特定任务，能积累技术知识经验，培养解决问题的能力，可以保证工作高质量地完成；同时只有负责需求分析或市场等部分小组成员与项目组外部人员沟通，效率较高。但是水平团队同样存在一些缺点，包括：成员不熟悉其他同事小组的工作内容和工作的重要性，带来同一个信息系统项目的各方面（比如分析与开发，由两个小组负责）之间缺乏有效沟通和协调；外部人员的重要关键信息如用户需求，只能由部分小组获取掌握，而作为系统开发小组现有的技术水平可能不能满足此需求，但在需求分析时并不能反映到用户；此外不同成员的任务不同，带来了不同的特点和优先权，项目管理更为困难。

由此可以看出，水平团队组织的关键是，成员需要学习了解其他成员的工作，并建立一致的所有成员必须遵循的工作流程和质量标准，从而提高将工作移交给其他成员的效率。

3. 混合式团队

当把垂直和水平模式结合到一起,用于团队的组织,就构成了混合模式。在此模式中,部分成员负责一个系统模块的整个开发过程,部分成员支持并处理多个模块中的特定部分,如测试等。这种模式可以获得前两种方案的优点,比如有专业技术的支持,又可以保证系统开发的前后协调一致。但两个不同职能的成员之间的协调和安排,为项目管理带来了更多的困难。

5.3.2　团队知识的沉淀与转移

知识管理(Knowledge Management)是组织为了提高生存能力和竞争优势,对于存在于组织内外部的个人、群组或团体内有价值的知识(如经验总结等),进行系统的定义、获取、存储、分享、转移、利用和评估的活动。为了确保项目进展的效率,对团队知识的沉淀与转移,已逐渐成为信息系统项目团队建设的重要内容。

1. 团队的知识及其管理

对于信息系统项目而言,可用于分享和重用的知识主要包括:需求调研中得到的用户(包括潜在的用户)对系统的意见和建议;信息系统分析、设计、开发、测试、实施等过程产生的文档;在开发过程中的经验、常遇到的问题、解决方法、常用设计方案;项目管理沟通会议及报告总结、工作成果;被隐藏的知识和信息(比如决策流程、项目背景)等。

知识的沉淀与转移需要确保在项目进展过程中,各种知识经过不同途径尽可能地完整收集、安全保存,另外对已有的知识能够去除冗余、矛盾,进行不断更新,以便项目新进人员可以方便快速的学习使用知识。还可以采用知识地图等工具将存储在不同地方的知识,进行有效管理,使人们可以快速搜索出有效的信息。

2. 团队知识的沉淀

团队知识的获取和沉淀,离不开成员个人知识的提炼与沉淀。在项目某项工作完成后,进行简单总结获得相应的文档,并将文档进行存档,以方便其他项目或成员的借阅,这仅是知识沉淀的小部分,要达到真正意义上的知识沉淀,要经过以下的关键步骤。

(1) 成员个人经验、教训、知识的提炼

某个阶段任务结束后,成员对自己的工作进行总结,按照一定的标准对工作进行系统、客观地评价,对参与完成的文档、经验进行深入分析,对原有的知识进行完善,对新增知识(包括新环境、新条件下的相应变化、新问题和新的解决方法)进行提炼,并上升为一般性的理论和规律,在团队内公开,将指导今后工作的经验升华为知识。在这个过程中,需要注意的是,由于要向其他人公开,成员在总结知识时通常不愿意提及失败,而比较喜欢强调成功的经验;另一方面,对失败的反思还可能会涉及团队中其他人承担责任的问题,使得对失败的总结成为引起团队内纷争的源泉。因此在进行此类知识沉淀时,需要调整组织中对失败的评价机制,比如对失败予以一定程度的宽容,对失败后主动反思和总结的行为给予肯定等。

(2) 团队知识的积累沉淀

借助互联网平台和其他办公软件、工具，依靠不同级别项目会议、讨论等相关制度、流程的支持，来自前一个步骤中不同成员经过提炼的个人知识，可以有效地被收集、整理、调整、提炼，形成团队的知识，得以沉淀保存。这些知识在团队内进行传播，通过这些知识的重复利用，共享了最佳实践、经验教训，节省了工作时间，减少了信息交流成本。

3. 团队知识的转移

经过沉淀后的知识，需要经过知识转移，才能够使所有成员共同获得有价值的知识。知识转移，类似于知识共享，广义上都是指给不同的人提供不同的知识，并通过知识的共享及互补等产生出对组织更有价值的集体知识。在狭义上，知识共享比较强调非正式的学习，而知识转移比较强调由组织主导、较正式、有明确目标，以及提供者与接受者有明确的流动方向类型的知识流动。

信息系统项目建设过程中的知识转移依据项目任务背景环境、团队成员组成特点、知识的类型不同，有以下四种转移方式。

(1) 连续性转移

相同的团队执行任务完成后，将所得的经验或教训予以存储和记录，下次执行类似任务时可以运用。

(2) 相似性转移

某一团队将执行任务中所获得的知识进行存储和记录，提供给执行类似任务的另一个团队。

例如，某个团队完成信息系统设计任务之后，将相应方案文档进行存储，如果此类知识供该团队实施另一个系统设计任务时所运用，称为连续性转移，如果给其他团队使用，则为相似性转移。两种不同转移方式，尽管转移同样的知识，但对知识的管理存储提出不同的要求，连续性转移更多要考虑信息系统项目背景的差异，而相似性转移中还要考虑团队成员的知识结构、技术水平等因素。

(3) 差别性转移

某一团队将隐性知识归纳总结，提供给另一个团队，在背景环境不同的条件下使用。比如项目流程管理、特殊客户的沟通技巧等隐性知识，在获取之后，可应用于背景差异较大的项目。

(4) 专家性转移

团队遇到一个超越知识范围的问题，需要组织内部或外部的专家提供相关协助。例如，不同信息系统规划组在设置网络布局方面都需要网络专家的知识支持等。

在采用不同知识转移策略时，由于涉及的人员、背景、项目都不相同，需要注意采用相应的指导原则，才可以保证知识转移的顺利实现。

在信息系统项目中，系统分析、设计、开发、测试等不同任务背景下，不同的团队成员或专家可依据自身特点，选择不同的知识转移策略以及相应的指导方法。除了知识转移的上述基本特征，还需要注意在信息系统项目中共享、更新知识的重要载体——文档（不管是技术文档还是会议记录）。这些文档可以被所有相关成员，而不仅仅是作者利用；另外不要在文档完全完成后才能利用，被利用的不仅仅是结果，也有文档中包含的结构框架等隐性知识;文档可以被经过审核授权之后的其他成员更新,从而扩展文档的使用范围。通过上述方法,可以顺利完成个人知识在团队中有效转移,并不断被其他个人补充和修正,积累沉淀为团队知识。

4. 新型网络技术对团队知识管理的影响

微博、微信等新型社交类网络应用、移动互联网,以及云存储的快速发展,对团队知识的沉淀和转移产生了不可忽略的影响。

(1) 社交网络应用

通过手机客户端的各类社交网络应用,团队成员可以随时随地地获取团队最新进展,并发表自己的意见。依托于微博或微信平台,团队可以灵活地组织不同成员形成虚拟会议室,围绕某些问题及时展开讨论。借助于互联网,来自于不同地点的团队成员的知识可以很方便的转移,而不需要考虑物理空间限制。

(2) 虚拟社区

除了作为知识沉淀和转移的平台,互联网中不断涌现的虚拟专业知识社区(例如维基百科)也成为团队获取知识的重要渠道。在这些知识社区中,项目团队可以获得来自全球相关领域学者和从业者最新的观点看法,了解最新的技术。并且也可以针对自己项目中的具体问题,发起讨论,获得他人的针对性意见。

(3) 云存储

云存储为信息系统项目团队提供了更为安全和便捷的知识存储方式。云存储是在云计算概念上延伸和发展出来的,是指将网络中大量各种不同类型的存储设备通过应用软件集合起来协同工作,共同对外提供数据存储和业务访问功能的一个系统。使用者可以在任何时间、任何地方,透过任何可连网的装置连接到云上方便地存取数据。现在许多互联网公司都可以提供云存储服务,以低成本提供大量的文件存储,并且能够保持每个客户的存储和应用都是独立的、私有的。

将团队知识储存在云端,项目团队能够节约成本,根据需要支付费用,减少不必要的预算;能够异地备份,更加安全;能够异地处理相应的数据,促成用户通过各种终端随时随地工作。数据安全是采用云存储方式进行知识管理比较重要的问题。实际上虽然云存储服务器早已成为黑客攻击的对象,但多数的云存储厂商都预备了比较安全的防护方案,比存储在自己的服务器上更加安全。

5.3.3 项目团队的激励与授权

1. 团队的激励

本章前面部分介绍了有关激励的理论,包括马斯洛激励理论、X 理论、Y 理论等。这些理论从心理学和管理学的角度解释了从哪些角度定义和分析作为员工的需求和动机,并以相应的方式对其激励。而信息系统项目中,由成员组成的团队,应该如何进行激励、增强团队的凝聚力和提高员工的积极性,是本节需要进一步分析的问题。

团队激励中比较常见和有效的方法是设定考核目标,并根据实际效果与目标对比得到的绩效偏差,对成员进行奖励或惩罚,并辅助以恰当的树立典型、建立集体荣誉感等精神激励方法。

(1) 目标设定

根据信息系统项目的背景和团队成员的能力,制订可行(在成员的能力范围内可以达到,也要保证一定的挑战性)、可测(对工作绩效的评价可以用客观准则衡量)、公平(在推行过程中,强调操作过程中公开公平)的目标,并定期检查,把大、中、小和远、中、近的目标相结合,使成员在工作中把自己的行为与这些目标紧紧联系,并朝目标的方向努力。例如,信息系统项目编码小组将成员需要完成的代码数量作为目标;设计小组将成员需要完成的文档、流程图等作为目标。

(2) 奖励与惩罚

目标设定之后,项目经理对于完成目标的人给予奖励。能够起到有效激励作用的奖励制度,需要考虑以下的因素:奖励在受奖者看来应该是有效的。比如,因为成员实现了目标而采用调薪、奖金这样的奖励措施时,数额幅度应该足够大到使其感觉到推动力。另外,奖励要注重衡量体制的公开公平性,在项目开始之初就在团队范围内公布相应的目标和评价准则以及奖励原则。目标实现后,实施奖励时,因为成员会比较在意与其他成员的比较,公开奖励结果,会增加奖励的激励效用。制订奖励办法时,还要将物质和精神奖励相结合。如马斯洛激励理论所分析,当奖金、加薪等物质奖励到一定程度,或员工的需求层次上升的时候,只满足低层需求的物质奖励就会出现边际作用递减的现象,因此需要结合休假、表扬、培训、赋予挑战性工作等精神奖励措施,对员工进行高层的激励。

对于没有完成目标的成员,根据完成目标的实际情况,而采用不同的处理方式,例如,从个别警告,团队批评,到减薪,再到辞退。惩罚还会受到企业文化的影响,应用时要注意有可能打击成员的积极性,应谨慎恰当使用。另外,建立适当的惩罚预警制度,给面临惩罚对象改正错误的机会,还有惩罚激励的频率不能太过频繁。

(3) 其他团队激励措施

将成员个人工作与团队绩效挂钩,强调成员在完成自身任务的同时,还应加强与其他成员的合作以及经验教训共享,这对于信息系统项目尤为重要,因为很少有一个人可以完全独立建设完成的信息系统;项目经理或小组负责人要在完成项目任务中善于发现、挖掘团队的优势,树立项目小组成员集体荣誉感;树立团队中的典型人物和事例,让成员明白团队所提倡的思想和行为,比如借用优秀员工的姓名,为一项长期的奖励计划命名。

2. 团队授权

在信息系统项目团队中,激励需要与责任授权相联系,才保证任务可以有效完成。团队授权就是授予团队或团队中的小组、个人恰当的权限,在一定的人力、资源、时间范围内完成相应的职能、职责和任务,以方便其能够在足够的保障下有效完成所分配任务。

一般而言,信息系统项目团队授权的步骤主要包含以下三个。

(1) 确定团队任务、目标,以及完成任务所需的各种资源,比如系统开发项目确定开发实现时间、系统功能等团队目标,软硬件、数据、网络、人力等资源。

(2) 根据任务计划,确认团队中不同人的决策权限,如对开发项目要素(所需资源、时间进度、质量要求),以及团队会议沟通等日常事务、人员管理、对外联系等方面进行管理的各种权限。

(3) 在团队范围内公开各级成员的职责权限,同时建立考核监督机制,比如在开发团队中公开负责每个模块、功能代码编写的小组或个人,以及相应的任务描述、考核标准等。

团队授权的优势在于:通过授权到团队,直至团队中的成员,可以加快决策速度,没有繁琐的上传下达,可以对具体事情更有效地做出反应,增加决策的灵活性和适应性,更好地利用组织内人力的经验和才能,也可以增加成员的责任感和归属感,成为激励的一种补充方式。

不过,团队授权也会带来一定的风险,主要体现在以下三点。

(1) 进行团队成员授权,成员的管理协调能力和技术经验水平的差异,会带来项目整体风险。例如,如果没有事先统一的培训,开发团队不同模块的负责人因为管理水平的差异,带来整个系统不同模块质量和完成时间的不一致;

(2) 当有成员获得授权时,没有辅助的协调管理,会带来各成员的冲突,降低了团队的绩效;

(3) 有授权,就必须有监督。没有建立监督考核制度,约束负责人,会导致接受开发任务授权的团队或个人滥用权力,消耗团队资源开发谋取私利的系统,带来项目成本的增加,甚至失败。

因此,利用好团队授权,要在成员间培养建立信任,进行合理、公平、有效的授权,并建立监督、考核、奖罚机制对授权进行控制。

5.3.4 项目成员和团队的考核

1. 项目成员的考核

项目中的绩效考核,包括成员个人和项目团队两个层面的考核。个人考核主要从项目成员的能力、行为、绩效三个方面衡量。

(1) 能力包括成员的学历、专业职称、技能证书等各种与项目任务相关的能力证明,表明了个人在技术知识方面具备的素质水平。企业在制订基础薪酬时,能力是主要因素之一。

(2) 行为包括成员在项目进展过程中所表现出的勤奋、合作、奉献等品质,将个人的时间、知识、经验贡献给团队以及其他成员,促成整体任务的完成。行为的考核很难完全用显性的标准衡量,但企业应该注重个人行为的重要性,尤其在信息系统项目中,具体内容将在下面展开。

(3) 绩效即对比目标要求,成员所担负责任、任务的实际完成情况,可以从完成任务的范围、进度、成本、质量等情况和客户满意度等方面衡量。相对其他两个方面,绩效是使用最为普遍的考核内容,与企业的效益联系最为密切,也可以比较客观、公平的测量。

在个人考核中,需要以上三个方面综合考虑,以制度的形式将考核的要素及相应的重要性确定下来,才能得到对成员个人全面的评价。否则,单纯强调一方面可能会给项目的实施带来不利影响。比如,仅强调绩效(虽然这是企业最为看重的考核方面),会过多刺激成员功利心,目光短浅仅考虑个人短期利益,不愿与其他人员合作,而带来团队长期损失。同样,过多强调能力,会使团队内形成追求文凭、论资排辈的氛围,不利于成员发挥积极性完成工作绩效,不能按照项目需要和发展学习更新知识。

在信息系统项目中,成员考核有些需要注意的特点,主要包括以下三点。

(1) 团队的每个成员所承担的工作很难用同一个标准衡量。成员所负责的工作从系统分析设计,到开发测试,性质和内容各有不同。即便承担同一类型的任务,比如系统开发,也会因为所涉及的模块难度和重要性不同,而带来成员工作复杂度的差异。

(2) 强调行为中的沟通,有时甚过个人技术能力和绩效。信息系统项目中,不可能由一个人完成从立项到结尾所有阶段、涉及系统所有模块的相关工作,团队合作非常重要。同时,每项工作的开展,都要依赖前一阶段工作,并影响了下一阶段的工作(如设计要依赖于分析,并且奠定了编码工作的基础)。每个子任务的开展,都需要在总任务的协调下,保证与其他子任务的实时沟通与一致性(如某个系统功能下的各个子模块)。

(3) 强调行为中的经验分享和知识学习。这两种因素通常并没有与员工所完成任务的绩效直接建立联系,因此在考核中时常被忽略。然而实际上,信息系统项目中,团队知识的学习和共享是非常重要的,成员个人所进行的每一项工作,解决的每一个问题,都可以被其他成员所借鉴,当这些经验作为知识得以保留、共享之后,也可以被其他的信息系统项目学习利用,从而带来效率的提高。

以上是关于个人考核的分析,个人考核是需要在团队考核的范畴内进行的。一个好的团队能够使其成员共同为团队的目的、目标努力,从而解决单个人无法完成的任务,这也是团队为何存在的最直接原因和价值。诸如前面提到过的,全部是天才的团队和有合理人才结构的团队对比,后者所完成项目整体质量更高。

2. 项目团队的考核

对于项目中团队绩效的考核,与个人考核不同,强调的是作为整体,团队所承担任务的完成情况,同时也要考虑团队的建设,能否带来团队整体效能高于成员个体单个效能的综合,即能否实现 $1+1>2$ 的效果。以下介绍团队管理中常用的一种方法——平衡计分卡。

平衡计分卡(Balanced Scoreboard),由 Robert Kaplan 与 David Norton 在 1992 年提出,围绕企业的愿景与战略,通过财务(Financial)、客户(Customer)、企业内部业务(Internal Business Processes)、学习与成长(Learning and Growth)四方面指标的衡量,可以综合评价团体的绩效。如图 5.5 所示,财务方面的各项指标反映了团队过去和现在的经营效率,主要考察项目团队的短期绩效;而学习和成长则衡量团队为未来持续变革、发展能力所作的积累,主要从长期考察项目团队的绩效;各项业务指标从团队内部评价团队的业务流程,如项目管理流程或技术方案的执行流程等,主要从内部考察项目团队的绩效;而对客户层面的评价,则反映了外部客户对企业的要求,主要从外部考察项目团队的绩效。换言之,用平衡计分卡考核团队绩效,主要是从短期、长期、内部、外部四个维度进行的。

由此可以看出,平衡计分卡实现了对团队的现在和将来,内部和外部的全面衡量,超越了传统以财务会计量度为主的绩效衡量模式,在考察团队取得的业绩的同时,也强调团队应以顾客需求为导向,提高内部流程的运作效率,同时具备学习与成长能力。

平衡计分卡使用中,上述四方面各自有相应的一系列指标、量度、目标值,描述团队的产出(Outcome),用系统、全面、完整的绩效评核量度,反映关于团队的各个方面的详细信息,并可以预防可能出现的一些方面的短期行为,对于获得的收益或损失能够全面准确的评价。

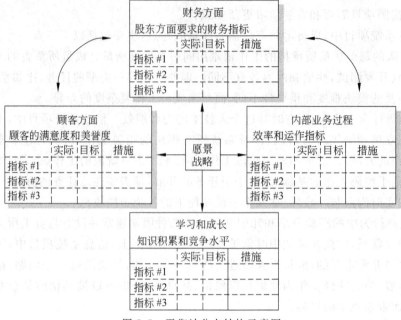

图 5.5 平衡计分卡结构示意图

毕马威公司结合平衡计分卡在企业团队中的实际使用情况,曾经提出过"使用平衡计分卡的十条戒律",其中指出,有效使用平衡计分卡,必须有明确的团队目标,获得包括管理层等相关人员的支持,考虑到不同团队组成人员、承担任务、团队文化等因素量身定做适宜的平衡计分卡,并对所有人员进行入门指导,同时还要全面考虑平衡计分卡带来的额外工作量和成本,以及实施的相应基础(比如信息的及时沟通)等。

5.3.5 案例:学院网站建设团队的考核指标体系

学院网站建设项目也制订了成员考核模板,如表 5.7 所示,对项目组成员进行评价。

表 5.7 学院网站建设项目成员考核表

考核指标		靳××	王××	张××	蔡××	李××	朱××	尹××
项目成员特征	学历							
	工作年限							
	岗位							
项目成员行为	勤奋							
	团队意识							
	遵守纪律							
	忠诚度							
项目成员绩效	CPI							
	SPI							
	工作质量							
	客户满意度							
项目成员总评								

(1) 成员特征。选择项目成员具备的一些有共性的特征作为特征考核指标,比如学历、工龄(工作年限)和岗位等。

(2) 成员行为。通过度量项目成员在参与项目过程中表现出来的一些有共性的行为作为成员的行为考核指标,比如是否勤奋、团队合作意识如何、遵守纪律情况以及对团队的忠诚度如何等。

(3) 成员绩效。选择由于项目成员的努力而使得项目本身产生的一些有代表性的结果信息作为成员的结果考核指标。比如 CPI、SPI、工作质量、客户满意度等。

针对上述指标,用 5 分制对每个成员的各项指标分别打分,并算出其总评分(特征值占项目成员最终绩效的 20%、行为值占 40%、结果值占 40%)。由以下方面对成员打分评价:

(1) 由项目经理对各员工的表现打分。(权重为 3)

(2) 本人对自己的工作表现进行打分。(权重为 2)

(3) 由同事对员工在各个岗位的工作表现进行打分。(权重为 1)

最后的加权平均和为得分,项目经理的得分由(2)和(3)按各占 50% 权重组成。

5.4 信息系统项目的沟通管理

项目沟通管理是指在项目中建立人和信息之间的关键联系,保证信息及时恰当地生成、处理及使用。涉及项目的任何人都应以项目沟通计划的要求发送和接收信息。沟通可以使项目信息为各层的管理人员进行科学、全面决策提供基础。同时,决策制订之后,可以借由沟通管理,通过各种途径将意图传递给下级人员并使下级人员理解和执行。沟通可以使与项目相关的人员及时掌握自己所关注的项目各方面情况,例如,信息系统项目用户可以随时查询项目进展,并通过约定的途径表达自身需求和意见。沟通可以帮助建立和改善团队中人际关系,方便不同地点、不同时间点的独立的成员或小组进行充分有效的意见交流,减少冲突,改善人与人之间的关系,还可以通过沟通渠道获得不同地点技术人员的支持,也可以获得过去宝贵的经验知识。本节将在分析项目涉及人员(即干系人分析)的基础上,对信息系统项目中,项目干系人之间沟通的特点与内容、方式与技巧等进行介绍。

5.4.1 信息系统项目的干系人分析

项目干系人指参与项目或受到项目活动影响的人,也包括可以对项目的目标和结果施加影响的人。项目干系人可能来自于组织内部,也可能来自于组织外部。确认项目的干系人,同时对干系人的需求进行分析,是项目沟通管理的重要内容。

1. 项目干系人的特点与主要类型

项目干系人的识别标准有时很难确定,即分辨哪些人员或组织与项目存在干系以及有多大的影响程度,是比较困难的,例如,在为了新车间而研发的信息系统项目中,未来将被雇佣到新车间使用系统的工人也应该是该项目的干系人,但如何识别出来呢?而未能识别的项目干系人可能会在项目进行中,带来项目额外的风险和成本等问题。

另外,项目干系人在参与项目的过程中,对于项目的影响会发生变化。即同一类项目干系人,在项目的生命期进程中会在项目的不同阶段产生不同的影响,仅仅辨别确定项目干系人,忽略其对项目影响作用的不断变化,可能也会给项目目标的实现带来不确定的因素。例如,信息系统项目的用户在项目开展初期,是项目能否启动的关键干系人,需要引起项目经理的绝对重视,用户的资金注入能保证项目运行,用户的需求沟通是系统分析设计的基础;而在项目的进行过程中,用户需要收到项目经理的定期汇报,以起到监督的作用;系统开发项目结束后,用户的试用体验是系统维护的重要依据。

此外,项目干系人对项目的影响有积极或消极之分。积极的项目干系人往往是那些会从项目成功中获益的利害相关人,显然他们会对项目提供各种可能的支持,也很容易辨析;而消极的项目干系人是指在项目成功中利益受损的利害相关人,会通过各种渠道妨碍项目进行,同时他们对自己的消极意图通常比较隐蔽,很难辨析,因此需要项目管理者的特别关注,以避免项目失败的风险。比如,信息系统项目的用户中,有一部分可以通过系统实施改善劳动条件和强度,提高工作效率和绩效,他们对于该项目是积极干系人;而系统的应用也会分担甚至替代一部分人的工作,导致这部分人的减薪甚至裁员,这部分用户对项目的开展可能会有消极阻碍作用。

项目干系人因为各自利益不同,通常具有不同甚至冲突的目标。例如:用户对一个新的信息系统的要求是低成本、易用好用,系统架构师则强调技术出众,分包商可能对利润的最大化更感兴趣。因此,项目经理必须对项目干系人不同的目标进行管理。

此外,干系人的参与并非越多越好。如同前面所述,干系人对项目的影响是动态的,即会在项目的不同阶段起不同程度的作用。即便是在项目进展过程中的某一个阶段中,过多强调核心干系人对项目的影响也会带来隐患。例如,在项目分析设计阶段,系统架构师作为最重要的干系人,所提出的系统设计方案是项目组决策的重要依据,但如果此时不考虑其他干系人,例如投资人和分包商的意见,就可能会导致由于预算或利润不足,设计方案无法实现。

主要的信息系统项目干系人包括:

(1) 项目经理。负责全面管理项目的人。

(2) 客户或用户。使用系统的组织或个人,顾客会有若干层次,例如,一个信息系统项目,它的顾客包括决定购买行为的决策者、软件系统的操作使用者以及系统维护人员等,有时用户和顾客的范畴不同,顾客是指采购产品的实体,用户是指真正使用项目产品的人。

(3) 执行组织。其雇员会直接参与并为项目工作的组织,比如信息系统分析、设计、开发等职能部门。

(4) 项目组成员。执行项目工作的一组人,如为完成一个信息系统项目而组成的项目组。

(5) 影响者。并不直接采购或使用项目产品,但是因为自身在消费者组织或执行组织中的位置,可以对项目进程施加积极或消极影响的个人或组织。比如,信息系统开发组织的财务部门。

除了以上这些主要的项目干系人,还有许多内部和外部的干系人,比如公司所有人、投资人、债权人、信息系统销售商和分包商、成员家属、政府机构和媒体渠道等。比如,政府的某项税率政策会影响项目成本、家庭关系是否和睦会影响员工工作效率。

2. 项目干系人的管理

对项目干系人进行管理,可以遵循以下三个原则。

(1) 理顺干系人的关系,找出所有干系人,避免遗漏

以主要的活动为依据,考虑各干系人对活动的影响,分析围绕某项活动各干系人之间的沟通频率,区分经常或偶尔沟通关系,以便于对干系人进行不同程度的管理。

(2) 了解干系人的需求并加以利用

例如,对于系统的硬件配置,用户和供应商的侧重点是不同的,项目经理应该利用干系人的需求,推动他们对项目做出贡献。

(3) 预测干系人可能对项目产生的影响并加以应对

在进行干系人管理时,需要预测随着时间的推移,干系人的影响可能会发生什么变化;或者预测当对他们提出一些要求时,他们可能有什么反应。例如,假定要求开放某个数据源的权限,干系人会有什么反应。如果这个反应是积极的,有利于项目整体进展,就加以利用;如果预测反应是消极的,就事先采取相关的沟通措施,降低对项目的影响。

不同干系人对项目的具体影响,可以通过表 5.8 分析总结。干系人可以分为用户方、实施方和第三方三类,信息系统项目中,一般签订合同的双方即为系统用户方和实施方,而诸如分包商、硬件供应商、软件服务商、政府相关部门等即为第三方。在每一类干系人中,有不同的角色,角色对项目系统提出的需求是不同的,反映了干系人的不同利益目的,比如信息系统项目实施方的需求分析小组要求项目可以最大限度满足用户需要,而开发团队要求系统可以使用最便捷、成熟的编程工具。同时,不同角色对项目所担负的责任、权限也不同,对于富有重要管理责任的角色,如项目经理或用户方决策经理,是沟通中的关键干系人。另外,不同角色关注项目的指标不同,有的角色从盈利率衡量项目,有的从时间长短衡量,有的关注资金规模,有的角色看重质量,有的关注客户满意度。作为项目干系人,在从事与项目利益相关的活动时,有可能会对项目的结果产生不可完全预知评估的影响,即存在风险,这也是干系人分析的重要方面。

表 5.8 干系人对项目影响分析表

干系人分类	角色	对项目的要求	应承担的责任	关注的项目指标	可能出现的风险
用户方					
实施方					
其他第三方					

5.4.2 信息系统项目沟通的特点与内容

1. 信息系统项目的沟通特点

信息系统项目的特点决定了沟通管理有如下几个方面的特征:

(1) 信息系统项目中,需求调研是系统开发的根本

用户需求的获得是建立在与客户就所需要的功能、流程、操作等方面进行沟通的基础之

上的,与用户的沟通,是项目中最重要的沟通,直接关系到项目的成败。

(2) 沟通对于集成型的信息系统项目重要性更加不容忽视

如果系统具备集成管理的特点,即涉及不同部门若干人员、小组的协调工作,则需要系统从调研分析、到各功能开发、测试的各阶段各小组进行准确的沟通。有时一个简单参数的修改,如果没有与其他开发人员及时沟通说明,将带来整个系统功能的失效,随之产生更多的成本进行查找修正。

(3) 沟通的难度取决于信息系统项目本身的复杂度和耦合度

在估算信息系统项目沟通的工作量时,要充分考虑开发任务的类别和复杂程度。因为抽象的、接口复杂的系统开发过程中沟通消耗必然大。另外,有深厚行业背景的软件,要考虑开发人员为熟悉行业知识所要付出的沟通消耗。

(4) 团队规模影响着沟通的效率

信息系统项目中,人员与人员之间必须通过沟通来解决各自承担任务之间的接口问题。如果项目有 n 个工作人员,则有 $n×(n-1)/2$ 个相互沟通的路径。一个人单独开发一个软件,人均效率最高,只可惜大部分软件规模和时间要求都不允许一个人单独开发,而团队开发的沟通消耗却呈二次方增长。所以,每个具体执行任务的小组应该尽可能精简,以较少的人在最可能允许的时间内完成任务是相对高效的。

(5) 团队的默契度影响沟通管理的实施效率

一个经过长期磨合、相互信任、形成一套默契的做事方法和风格的团队,可能省掉很多不必要的沟通。相反,初次合作的团队,因为团队成员各自的背景和风格不同、成员间相互信任度不高等原因,要充分考虑沟通消耗。

针对以上的特点,在进行信息系统项目沟通管理时,需要了解信息系统的应用背景、系统开发难度、团队构成等重要信息。

2. 信息系统项目的沟通内容

在信息系统项目管理过程中的每个阶段和环节,都需要进行有效的沟通,典型的沟通内容包括以下五点。

(1) 项目日常进展信息

关于信息系统项目各成员工作任务要求、目前工作进展等信息。包括上属发布的工作指令,即任务要求;执行工作指令的过程中,出现的问题和意外状况,解决方法和经验教训总结,也包括对自己和别人下阶段工作提出的建议。

(2) 项目绩效报告

绩效报告主要是指向项目干系人提供的项目状态报告,包括资源投入使用情况、项目范围、进度计划、成本和质量方面的进展信息,如某项活动的实际完工时间(成本损耗)与预计时间(损耗)的差别等。

(3) 项目管理计划变更

根据当前工作绩效信息,对比项目目标,重新规划计算当前状态下的项目进展情况,包括时间、成本等,对项目管理计划进行调整和变更。

(4) 责任、权利、利益沟通

项目成员要追求自身的利益,为了促使其完成所负责的工作,需要明确成员的责任和权利、利益分配机制,并在相应范围内有效沟通,从而能够对项目进展过程中的成功和失败进行有效控制,调动项目人员的工作积极性。职责分配矩阵的公开是责任和权利沟通的重要内容。

(5) 项目文档

说明项目各阶段成果的信息,包括项目生命期内从项目启动到项目收尾所有阶段的相关报告,例如系统规划书、需求分析书、逻辑设计书等,还包括项目进行过程中总结的问题记录单、经验教训报告等。

5.4.3 信息系统项目沟通的方式与技巧

如前节所述,信息系统项目进展过程中,有许多需要及时准确沟通的内容,这些内容通过不同的方式,在不同的项目干系人之间传递。沟通过程有多种方式分类,如书面与口头、对内(项目内)与对外(对顾客、公众等)、正式(报告、情况介绍会)与非正式(备忘录、即兴谈话)、垂直(不同级之间)与水平(同级之间)等。

1. 信息系统项目的沟通方式

(1) 项目会议

包括面对面会议(这是一种成本较高的沟通形式)、电话、可视电话、网络会议(需要配备相应的软硬件条件)等会议形式,上述形式可以在不同的情况下使用。比如,当需要集合大家意见,讨论项目的某些决策时,如项目考核制度的确定,可召开讨论会议;当需要传达重要信息,统一项目组成员思想或行动时,也需要召开会议,如项目启动、里程碑总结等。

(2) E-mail、传真等书面沟通形式

这种形式是比较经济的沟通方式,沟通的时间一般不长,沟通成本也比较低。这种沟通方式一般不受场地的限制,也不需要同时占用所有人的时间,因此被广泛采用。当然这种方式也有一些弊端,比如需要反复沟通,短时间难有结果,不方便群体讨论决策,一般在解决较简单的问题或发布信息时采用。

(3) 网络发布、共享电子数据库、虚拟办公等基于软件支持平台的沟通形式

这也是比较经济的沟通方式,将项目有关的重要信息数据通过网络或数据库共享,同时,也可以将重要的个人或组织经验知识通过支持平台实现共享、学习,建立知识管理系统。

2. 信息系统项目的沟通技巧

从沟通的角度审视,信息系统项目成功有三个主要因素,分别为:用户的积极参与,明确的需求表达,管理层的大力支持。上述三个要素的实现依赖于良好的沟通技巧。常见的技巧包括以下七个方面。

(1) 沟通要有明确目的

沟通前，项目人员要弄清楚做这个沟通的真正目的是什么？要对方理解什么？只沟通必要的信息，漫无目的的沟通是无效的沟通。

(2) 沟通要善于聆听

沟通不仅仅是说，也包括听。要从听者的角度对信息进行再度加工，吸收听者的反馈，更利于信息的传达。

(3) 要尽早沟通

尽早沟通要求项目经理要定期和项目成员沟通，这样不仅容易发现当前存在的问题，很多潜在问题也能暴露出来。

(4) 注意基础性技巧

比如编写沟通文档时，写作和表达要坚持明确的主旨（即不断强调所传递信息的核心观点），并力求简明扼要，意思明晰。

(5) 提高沟通的艺术性

解读对方的情绪从而了解事实真相、因人而异地采取说服策略、应用对集体有利的方法来解决团队的问题等。

(6) 有效利用多种沟通渠道与方式

要针对所沟通内容和对象的特点和条件，综合使用多种沟通方式。比如使用电子邮件、项目管理软件等现代化工具的确可以提高沟通效率，拉近沟通双方的距离，减少不必要的面谈和会议。

(7) 避免无休止的争论

沟通过程中不可避免地存在争论。无休止的争论丝毫不利于结论的形成，而且是浪费时间的重要原因。终结这种争论的最好办法是项目经理发挥自己的权威性，充分利用自己对项目的决策权，及时做出结论。

3. 新型网络环境下的项目沟通

随着互联网的迅猛发展，特别是各种 Web 2.0 网络应用不断地涌现，在电子商务项目中，社交网络、博客以及微博、微信等基于互联网，以及移动互联网的新型应用系统逐渐成为不可或缺的沟通方式。

对比项目会议、电子邮件、知识管理系统等传统的项目沟通方式，各种迅速发展的新型网络系统，具有以下四个新特点。

(1) 便捷

移动互联网技术的快速进步给用户带来了不同以往的沟通体验。通过微信、微博等各种应用，用户可以在任何时间、任何地点发布咨询信息，并可以得到来自网络中众多用户的关注和回应。同样，尽管不认识发布相关信息的人，用户也可以随时随地在这些应用中获得自己感兴趣的内容。

(2) 成本低

在互联网技术发展的前期，成本在很大程度上成为阻碍用户使用的一个重要因素。然而，随着各种网络硬件以及软件支持费用的显著降低，用户现在已经可以花费很少的成本获得高效的服务,特别是依托于这些新型系统建立项目沟通网络,用户可以很方便地实现即时沟通而不需要额外的费用。

(3) 内容呈现形式灵活

新型的网络系统为用户提供了各种可以选择的内容呈现方式,包括文字、图像、影像、声音、链接等。用户可以根据自己的需要,在一个沟通平台上灵活选择多种呈现形式,而在传统的沟通方式中几乎是不能实现的。

(4) 非正式

在新型系统中,用户的身份不仅仅是项目组成员,所沟通发布的内容也不仅仅是与工作相关,实际上,更多的是反映用户的家庭生活、兴趣爱好等非正式的内容,帮助项目组成员之间建立良好的沟通氛围。

采用新型网络环境下的沟通方式,会对信息系统项目沟通管理产生如下几个方面的影响。

(1) 提高沟通效率

新型网络应用系统作为信息系统项目的沟通平台,为项目组提供了随时随地沟通的可能,适合信息系统项目需要频繁并随时沟通的特点。对比传统方式,这些应用系统不需要占用专门的空间和时间召开会议,也不像电子邮件无法开展多人即时交流。

(2) 降低沟通成本

项目组不需要投入专门的硬件和软件构建沟通平台,移动设备的普及使项目组成员可以很容易地成为这些应用系统的用户,而不需要额外的花费。

(3) 帮助项目组成员建立非正式联系

新型网络应用作为沟通方式,为项目组成员提供了建立非正式联系的可能。在这些网络应用中,成员可以了解其他组员的生活状态和体验爱好,可以建立除了工作关系之外的其他情感联系。这样的联系促进了成员之间的了解,进而促进了项目实现更有效的沟通,特别是涉及利益分配等有阻碍的沟通问题。

(4) 信息泄露等风险

选择新型网络应用作为沟通方式,也有一定的风险。例如,所有的网络应用都是基于公开网络,项目组会面临沟通信息被泄露的风险。再如,工作关系和生活关系在新型网络中是很难割裂的,项目组成员会有无法保护隐私的顾虑。

由此可以发现,新型网络应用系统具有传统沟通方式无法比拟的优势,应成为信息系统项目进行沟通管理的重要方式,但并不是唯一方式。项目组应将其作为现有沟通方式的有益补充。

5.4.4 案例:学院网站建设项目的干系人分析

学院网站项目组的干系人包括甲方(用户方)干系人、乙方(实施方)干系人和监理方(第三方)干系人,如表5.9所示。

表 5.9 学院网站建设项目的干系人分析

干系人		提出的需求	关注指标	应承担的责任	可能的风险
甲方干系人	学院党委	(1) 响应学校加强信息化建设的统一要求； (2) 提升为师生服务的水平； (3) 提高学院内部管理效率，及时张贴时事政策、学院新闻、通知等； (4) 了解师生动态，监控学院舆情； (5) 统一对外宣传口径	(1) 学校网站评比排名提升； (2) 网站个性突出	(1) 项目立项，验收项目成果； (2) 配合调研，确认最终需求； (3) 关键性的决策； (4) 审批经费，提供软硬件支持	(1) 无法进行需求确认，影响进程； (2) 总体控制不当，资源浪费严重； (3) 项目最终通不过验收
甲方干系人	学院教师和学生	(1) 上传下载教学资料及相关文档； (2) 追踪学院各项研究最新动态； (3) 资源共享，交流讨论，互通有无	(1) 网站易用性； (2) 网站缺陷率	(1) 配合调研，明确提出需求； (2) 配合测试，如实填写满意度调查等； (3) 参加培训，实现网站自维护	(1) 数据采集繁复，延误工程进度； (2) 需求多种多样，众口难调
乙方干系人	项目经理	(1) 项目成功； (2) 与学院建立良好合作关系，希望有后续项目	(1) 质量、进度、范围管理； (2) 质量和绩效评估	(1) 制订规划，项目管理； (2) 协调人力，分配资源，控制项目质量和开发进度	(1) 项目规划不当，项目流产或失败； (2) 项目管理失败，无法按期保质完工； (3) 资源控制不当，项目亏损
乙方干系人	项目组成员	积累网站开发和项目管理经验	(1) 工作效率； (2) 工作进度	(1) 完成项目，建设学院网站； (2) 建立开发文档，编写开发报告	(1) 成员积极性不高，影响项目开发； (2) 项目之外事务繁多，无法保证项目必要时间
监理方干系人	相关老师	(1) 项目按计划高质高效完成； (2) 甲乙双方的支持	开发过程中的相关文档	(1) 监管项目组完成工作； (2) 提供必要的指导和帮助； (3) 评价完工质量和绩效	(1) 项目整体把握不当，项目无法按期、保质完成； (2) 没有精力提供指导

思考题

1. 信息系统项目中人力资源应如何配置？按照马斯洛的需求层次理论，如何针对不同质量的人力资源进行激励？

2. 信息系统项目与企业的关系有哪些组织结构？

3. 信息系统项目中,制作知识地图的步骤是什么?
4. 如何利用知识地图制订项目团队的职责分配矩阵?
5. 信息系统项目团队内部垂直、水平以及混合组织方式的特点和应用环境是什么?
6. 信息系统项目中的团队知识一般包括哪些内容?是如何沉淀的?
7. 团队授权的优势和风险分别是什么?
8. 个人考核的要点有哪些?你能找到一个用平衡计分卡进行团队考核的例子吗?
9. 信息系统项目沟通管理的特点是什么?内容包括哪些?
10. 信息系统项目中常见的沟通方式有哪些?应用时有哪些技巧?

第 6 章 信息系统项目的质量与风险

在很多信息系统项目的实际建设过程中,往往只强调系统必须完成的功能、应该遵循的进度计划以及建设这个系统花费的成本,却很少注意在整个生命期中信息系统应该具备的质量标准。这种做法的后果,或者是系统的维护费用非常高,或者是系统的可移植性和兼容性很差。显然,必须重视信息系统项目的质量管理。

信息系统项目的质量与安全、风险都是紧密相关的。信息系统项目如果存在质量问题,就存在着信息系统的运行风险,信息系统的安全也可能存在隐患。为了确保项目成功,我们可以引入监理和审计机制。因此,本章,首先阐述质量管理的思想,讲解信息系统的安全问题,然后介绍监理和审计的含义,最后对信息系统的风险管理进行探讨。

6.1 信息系统项目质量管理

一般项目的质量管理包含三个内容:质量规划、实施质量保证和实施质量控制。对于信息系统项目来讲,因为作为信息系统项目的最终产品之一的软件质量比较难以测量,特别需要对信息系统的建设过程进行管理,所以首先阐述信息系统项目的全面质量管理思想,然后讲解强调软件开发过程管理的软件能力成熟度模型,在此基础上,讲解信息系统项目的质量规划、实施质量保证和实施质量控制。

6.1.1 信息系统项目的全面质量管理

国际标准化组织(ISO)在其《质量管理与质量保障术语》中对于质量的定义是:"质量是反映实体(产品、过程或活动等)满足明确的和隐含的需要的能力特性总和。"那么什么是信息系统项目的质量呢?一般认为,信息系统项目的质量至少应包括两个关联又各有侧重的项目方面,一是管理方面的,即项目管理过程质量,包括系统建设的准备、规划、组织、协调以及运行管理方面所反映的工作质量问题;二是技术方面的,即产品实现过程质量,包括系统生命期各阶段的产品质量。这两个方面的质量问题是相辅相成的,管理方面的质量可以促进技术产品质量的提高,技术产品的质量也可以促进管理质量的提高。

在制造业和服务业中,人们通过全面质量管理(Total Quality Management,TQM)来实现产品的质量。所谓全面质量管理的思想,国际标准化组织认为:"是一个组织以质量为中心,以全员参与为基础,目的在于通过让顾客满意和本组织所有成员及社会受益而达到长期成功的一种质量管理模式"。

从这一定义中可以看出,全面质量管理的指导思想分两个层次:其一是整个组织要以质量为核心,其二是组织的每个员工要积极参与全面质量管理,而全面质量管理的根本目的是使全社会受益和使组织长期成功。确切地说,全面质量管理的核心思想是质量管理的全员性(全员参与质量管理)、全过程性(管理好质量形成的全过程)和全要素性(管理好质量所涉及的各个要素)。

信息系统项目的质量管理不仅仅是项目建设完成后的最终评价,更是在信息系统建设过程中的全面质量管理。也就是说,它不仅包括系统实现时的质量管理,也包括系统分析、系统设计时的质量管理;不仅包括对系统实现时软件的质量管理,而且还包括对文档、系统建设人员和用户培训的质量管理。显然,在信息系统项目质量管理中同样要使用全面质量管理的思想。

之所以对信息系统采取全面质量管理,是因为在信息系统生命期的各个阶段,对上一阶段的理解和本阶段的设计与实现上都存在着这样那样的问题,如图 6.1 所示,在该图中阶段之间的接口至少存在列出来的九个问题,要想每一个问题都能顺利解决并不太容易。并且,根据一些 IT 公司的统计资料,在后期对一个质量缺陷进行处理比在早期对该缺陷进行相应的处理所需付出的代价可能高 2~3 个数量级。因此要从信息系统项目建设的一开始就进行全面质量管理,以便尽量在早期发现错误,及早更正。

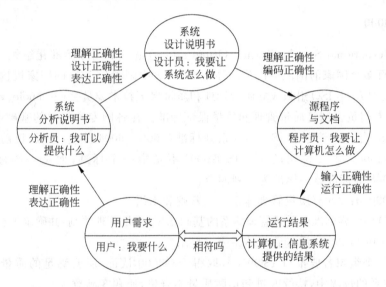

图 6.1 信息系统生命期各阶段之间的关系

为了在信息系统的建设过程中实施全面质量管理,主要采取下述措施。

(1) 实行工程化的开发方法。信息系统特别是复杂信息系统的建设,是一项系统工程,必须建立严格的工程控制方法,要求开发组的每一个人都要遵守工程规范。

(2) 实行阶段性冻结与改动控制。在信息系统建设的每个阶段末要"冻结"已经取得的成果,作为下个阶段开发的基础。冻结之后不是不能修改,而是其修改要经过一定的审批程序,并且涉及到项目计划的调整。

(3) 实行里程碑式审查与版本管理。里程碑式审查就是在信息系统生命期的每个阶段结束之前,都要正式使用验收的标准对该阶段的冻结成果进行严格的技术审查。这样,如果发现问题,可在阶段内部解决。版本管理的含义是通过给文档和程序文件编上版本号,记录每次的修改信息,使项目组的所有成员都了解文档和程序的修改过程。

(4) 实行面向用户参与的原型演化。为了得到用户更清晰的需求,可以利用原型系统与用户交互及时得到反馈信息,验证需求调研的成果并及时纠正需求获取中的错误。

(5) 强化项目管理,引入外部监理与审计。要重视信息系统的项目管理,同时还要重视第三方的监理和审计的引入,通过第三方的审查和监督来确保项目质量。

(6) 尽量采用基于重用的方法进行系统开发。可以考虑面向对象、基于构件和网络服务(Web Services)的方法开发,提高软件的可重用性,将错误和缺陷局部化。

(7) 按照 CMM 持续改善的要求管理软件的开发过程。能力成熟度模型(Capability Maturity Model,CMM)为软件企业的过程能力提供了一个阶梯式的进化框架。信息系统的建设应本着持续改善的原则不断优化软件的开发过程。

(8) 进行全面测试。要采用适当的手段,对开发的信息系统进行全面测试。

6.1.2 质量管理标准

对于一个信息系统项目团队来讲,应该熟悉一些主流的管理标准和体系。

1. ISO9000

ISO(International Standardization Organization)是一个国际标准化组织,其成员由来自世界上一百多个国家的国家标准化团体组成,代表中国参加 ISO 的国家机构是中国国家技术监督局。1979 年 ISO 组织成立质量管理和质量保证技术委员会(Technology Committee,TC)TC176,专门负责制订质量管理和质量保证标准。在各国专家努力的基础上,国际标准化组织在 1987 年正式颁布了 ISO9000 系列标准(9000~9004)的第一版,目前最新的版本为 ISO9000:2008。需要说明的是,"ISO9000"不是指一个标准,而是一族标准的统称。ISO9000:2008 族标准核心标准为下列四个。

(1) ISO9000:2008《质量管理体系——基础和术语》

包括 ISO9000 族标准中质量管理体系的基础知识、质量管理原则,并确定了相关的术语。

(2) ISO9001:2008《质量管理体系——要求》

规定了一个组织若要推行 ISO9000,取得 ISO9000 认证,所要满足的质量管理体系要求,在推行体系的过程中,持续改进和预防质量不合格,使顾客满意。

(3) ISO9004:《质量管理体系——业绩改进指南》

以质量管理原则为基础,帮助组织有效识别能满足客户及其相关方的需求和期望,从而改进组织业绩,协助组织获得成功。

(4) ISO9011:《质量和环境管理体系审核指南》

提供质量和(或)环境审核的基本原则、审核方案的管理、质量和(或)环境管理体系审核的实施、对质量和(或)环境管理体系审核员的资格等要求。

2. ISO14000

为加强组织改善环境绩效的能力,帮助企业承担环境保护这一重要的社会责任,ISO 组织颁布了环境管理体系标准 ISO14000,包括 ISO14001、14004、14010、14011、14012 等五个具体标准和审核准则。这一标准继承了 ISO9000 体系的适用性和灵活性,可适用于任何类型、规模、文化和社会背景下的组织。其中,ISO14001 是这一系列标准的核心,它是系列中其他标准的基础,也是企业环境管理体系建立和审核的依据。

信息系统项目同样也面临环境问题。例如,移动互联网系统项目所需的基站,在建设和运维过程中产生的辐射会对环境和人体造成威胁;再如信息系统项目硬件提供商在电子产品的生产过程中会产生对环境有极大破坏的废料、废液。ISO14000 标准的推广,首先有利于促进企业增强环境意识,减少供应链相关企业的污染;其次帮助企业树立良好社会形象,提高市场竞争力;还能够在项目过程中贯彻节能降耗的标准要求,从而提高效益,降低成本。

3. 六西格玛管理

六西格玛是摩托罗拉公司发明的术语,用来描述在实现质量改进时的目标和过程。西格玛(σ)是希腊字母,指标准偏差。六西格玛指换算为百万分之 3.4 的缺陷率(即 99.999 66% 是无缺陷的)的质量尺度。六西格玛也关注过程,将过程能力用 σ 来度量,σ 越大,过程的波动越小,过程以最低的成本损失、最短的时间周期、满足顾客要求的能力就越强。

为实现六西格玛,要对需要改进的流程进行区分,排定实施改进的优先顺序,否则会分散精力,影响实施效果。具体到某一个业务流程改进,一般遵循五步循环改进法:界定、测量、分析、改进、控制。需要说明的是,这是一个循环的过程,即在实施六西格玛的过程中,不断循环这五个步骤,以实现质量管理的不断提升。

4. ISO9000、ISO14000 与六西格玛管理

作为直接面向质量管理的标准,ISO9000 和六西格玛管理法有许多相似之处,例如:组织的质量管理工作以顾客为关注焦点,采用过程方法,强调组织领导积极参与质量工作的重要性,提倡全员参与等。然而它们更有各自的侧重点:ISO9000 为企业实现质量管理的系统化、文件化、法制化、规范化奠定了基础;六西格玛高度依赖统计数据,重视改善业务流程,为企业进行持续的质量管理提供了一套可操作的工具和方法。

同属于 ISO 组织所提出的标准,ISO9000 和 ISO14000 体系虽然针对的是不同具体问题,但两者本质上都是科学的管理体系,能够促进企业进行细致、有效的管理,全面提升企业的管理水平。同时,在进行质量管理的同时,强调环境问题,推广 ISO14000 体系,可以帮助企业以低能耗实现质量的提高,从而在增加效益的同时降低成本。

6.1.3 软件能力成熟度模型

软件能力成熟度模型(Capability Maturity Model for Software,SW-CMM)是 1986 年由美国卡内基·梅隆大学(Carnegie Mellon University)软件工程研究所(Software Engineering Institute,SEI)提出的。目前,该所研制的能力成熟度模型主要有以下几个。

(1) 软件能力成熟度模型(Capability Maturity Model for Software,SW-CMM)。

(2) 人员能力成熟度模型(People Capability Maturity Model,P-CMM)。

(3) 软件采办能力成熟度模型(Software Acquisition Capability Maturity Model,SA-CMM)。

(4) 系统工程能力成熟度模型(Systems Engineering Capability Maturity Model,SE-CMM)。

(5) 一体化生产研制能力成熟度模型(Integrated Product Development Capability Maturity Model,IPD-CMM)。

（6）软件集成能力成熟度模型(Capability Maturity Model Integration, CMMI)等。

如果不作特别说明的情况下，软件能力成熟度模型 SW-CMM 一般简称为 CMM 模型。它是评估软件能力与成熟度的一套标准，该标准基于众多软件专家的实践经验，主要用于对软件过程改善和软件过程评估，是国际上流行的软件生产过程标准和软件企业成熟度等级认证的标准。

CMM 的核心思想是将软件开发视为一组过程，并根据统计质量管理的理论对软件开发进行过程管理，以使其满足工程化、标准化的要求，使企业能够更好地实现商业目标。它侧重于软件开发的管理及软件工程能力的提高，因此 CMM 可以作为企业软件过程改进的指南，可以帮助软件企业建立严格的、规范的软件开发过程，从而有效地提高软件工程能力。

CMM 模型提供了一个基于过程能力阶梯式进化的框架，阶梯共有五级。这五级由低到高依次为：初始级、可重复级、已定义级、定量管理级和优化级，如图 6.2 所示。

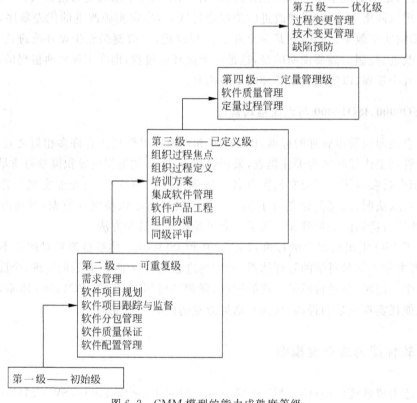

图 6.2 CMM 模型的能力成熟度等级

（1）初始级

初始级的软件过程是未加定义的随意过程，项目的执行是随意甚至是混乱的。它主要指依据个人的经验和行为进行软件开发。

（2）可重复级

第二级的焦点集中在软件管理过程上。一个可管理的过程应该是一个可重复的过程，一个可重复的过程则能逐渐进化和成熟。第二级的管理过程包括了需求管理、项目策划、项目跟踪和监督、子合同管理、质量保证和配置管理等方面。

(3) 已定义级

上述第二级仅定义了管理的基本过程,还没有定义执行的步骤和标准。在第三级则要求制订企业范围的工程化标准,而且无论是管理还是工程开发都需要一套文档化的标准,并将这些标准集成到企业软件开发标准过程中去。所有开发的项目需根据这个标准过程,剪裁出与项目适宜的过程,并执行这些过程。过程的剪裁不是随意的,在使用前需经过企业有关人员的批准。第三级的管理过程主要包括组织过程焦点、组织过程定义、培训大纲、集成软件管理、软件产品工程、组际协调和同行专家评审等方面。

(4) 定量管理级

第四级的管理是定量化的管理。所有过程需建立相应的度量方式,所有工作产品和提交给用户的产品都需要有明确的度量指标。第四级的管理过程主要包括软件质量管理和定量过程管理等方面。

(5) 优化级

第五级的目标是达到一个持续改善的境界。所谓持续改善是指可根据过程执行的反馈信息来改善下一步的执行过程,即优化执行步骤。它主要是指缺陷预防、技术变更管理、过程变更管理。如果一个企业达到了这一级,那么表明该企业能够根据实际的项目性质、技术等因素,不断调整软件生产过程以求达到最佳状态。

CMM 模型每一个成熟度级别是一个定义完备的进化平台,它反映了软件组织管理方面达到的水平。它与软件生存期无关,也与软件开发组织所采用的开发技术无关,并且任何一个级别软件开发组织必然属于这五级中的某一层次。它不主张跨越级别的进化,即认为软件过程的进化是渐进的,因为从第二级起,每一个低的级别均是高的级别实现的基础。软件过程成熟度的评估方法包括两种:软件过程评估和软件能力评价。

软件过程评估用于确定一个组织当前的软件工程过程状态及组织所面临的软件过程的优先改善问题,为组织领导层提供报告以获得组织对软件过程改善的支持。软件过程评估集中关注组织自身的软件过程,在一种合作的、开放的环境中进行。评估的成功取决于管理者和专业人员对组织软件过程改善的支持。软件能力评价则用于识别合格的软件承包商或者监控软件承包商开发软件的过程状态。评价在一种审核的环境中进行,重点在于揭示组织实际执行软件过程的文档化的审核记录。

2002 年,新的软件集成能力成熟度模型(Capability Maturity Model Integration,CMMI)正式发布。CMMI 与 CMM 的不同在于,CMMI 可以解决现有不同能力成熟度模型的重复性、复杂性,并减少由此引起的成本、缩短改进过程,它的涉及面更广,专业领域覆盖软件工程、系统工程、集成产品开发和系统采购等方面。

6.1.4 信息系统项目的质量规划和质量保证

信息系统项目的质量规划就是要将与信息系统有关的质量标准标识出来,并提出如何达到这些质量标准和要求。在信息系统项目质量管理计划的编制过程中,应首先搜集本组织以前的历史数据,统计分析出该组织质量管理工作量占项目总工作量的一般比例,然后根据新项目的大体工作量计算出本项目的质量管理工作量,再根据质量管理工作量情况安排该项目的质量管理任务,其中还要确定该项目的相关质量标准,决定各质量管理任务的频度和相应的各种工作资源,在此基础上制订并评审通过信息系统项目的质量规划。

质量保证是在质量体系中实施的全部有计划的、有系统的活动,提供满足项目相关标准的措施,贯穿整个项目实施的全过程。与关注产品质量检查的质量控制相比,质量保证关注的是质量计划中规定的质量管理过程是否被正确执行,是对过程的质量审计。

因而,为了保证信息系统项目的质量,除了要对信息系统的开发计划、标准、过程、系统需求、系统设计、数据库、手册以及测试信息等进行评审外,还要对系统产品的评审过程、项目的计划和跟踪过程、系统需求分析过程、系统设计过程、系统实现和单元测试过程、集成和系统测试过程、项目交付过程、子承包商的控制过程、配置管理过程等进行评审。

1. 质量规划的依据和成果

在编制信息系统项目质量规划时,主要的依据包括:组织的质量方针、项目的合同文件中对交付产品的要求等。

质量方针是由组织的高层管理者对所有信息系统项目应达到的质量目标和方向制订的一个指导性文件,包括信息系统项目需求调研的方针、系统设计的质量方针、系统实施的质量方针、系统测试的质量方针以及项目完工交付的质量方针等。当然,在项目实施过程中,项目团队可以根据实际情况对质量方针进行适当的修正。

合同文件中说明了用户对信息系统项目的需求以及主要目标,项目团队应采纳客户需求驱动的全面质量管理理论进行质量规划。合同文件中有关产品的描述包含了更多的技术细节和性能标准,是制订质量管理计划必不可少的部分。

另外,项目质量管理计划的制订还必须参考相关领域的各项标准和特殊规定。当项目所属行业领域暂时没有相关的标准、规范以及规定时,项目团队应该组织有关人员根据项目的目的和目标制订该项目的相应标准和规范。

信息系统项目质量规划的成果主要包括质量管理计划、检查表和相应的操作说明等。其中,质量管理计划提供了对整个项目进行质量控制、质量保证及质量改进的基础,主要描述项目质量保证团队应该如何实施项目质量方针。各种检查表是记录项目执行情况和进行分析的工具。质量管理计划的操作说明则包括如何进行项目工作、如何控制、如何度量,以及在何种情况下采取何种质量管理措施和方法等的说明。

以光缆敷设为例,某信息系统集成企业为了确保光缆铺设的质量,给出了下面的操作说明:敷设光缆前,应检查有无断点、压痕等损伤;光缆的弯曲半径不应小于光缆外径的20倍;光缆可用牵引,牵引力应加于加强芯上,牵引力大小不应超过150kg,牵引速度宜10m/min;一次牵引长度不宜超过1km;光缆接头的预留长度不应小于8m;光缆接续后应作保护,并安装好光缆接头护套;地下光缆引上电杆,必须穿入金属管;光缆的接续点和终端应作永久性标志。如果项目团队在施工中违反了以上操作说明,就有可能存在质量风险。

2. PDCA 循环

PDCA 循环的概念最早是由美国质量管理专家戴明提出来的,所以又称"戴明环",PDCA 循环体现了全面质量管理的基本思想,也是全面质量管理的基本工作步骤和程序,是在质量规划中可以采用的一种思路和方法。

PDCA 把质量管理过程具体划分为计划(Plan)、执行(Do)、检查(Check)、处理

(Action)四个阶段和八个工作步骤,强调按此顺序不断循环从而进行所有质量管理活动。PDCA 循环实际上是有效进行任何一项项目工作的合乎逻辑的工作程序。在质量管理中,PDCA 循环得到了广泛的应用,并取得了很好的效果,因此有人称 PDCA 循环是质量管理的基本方法。之所以将其称之为 PDCA 循环,是因为这四个过程不是运行一次就完结,而是要周而复始地进行。一个循环完了,解决了一部分问题,可能还有其他问题尚未解决,或者又出现了新的问题,再进行下一次循环。

PDCA 四个英文字母及其在 PDCA 循环中所代表的含义如下:

(1) P(Plan)——计划,确定项目质量管理方针和目标,确定项目质量计划;

(2) D(Do)——执行,实地去做,实现项目质量计划中的内容;

(3) C(Check)——检查,总结执行项目质量计划的结果,注意效果,找出问题;

(4) A(Action)——处理,对总结检查的结果进行处理,成功的经验加以肯定并适当推广、标准化;失败的教训加以总结以免重现,未解决的问题放到下一个 PDCA 循环。

项目质量提高的过程就是戴明环不断转动的过程。在"戴明环"中,每个大环还可能套着小环,每次转动,都比上一次上一个台阶。作为全面质量管理体系运转的基本方法,PDCA 循环必须经历八个步骤,每个步骤的具体内容和所用的方法如表 6.1 所示。

表 6.1 PDCA 循环的步骤和方法

阶 段	步 骤	主 要 方 法
P	① 分析现状,找出问题	排列图,直方图,控制图
	② 分析各种影响因素或原因	因果图
	③ 找出主要影响因素	排列图,帕累托图
	④ 针对主要原因,制订措施计划	回答"5W1H"的问题: 为什么制订该措施(Why)? 达到什么目标(What)? 在何处执行(Where)? 由谁负责完成(Who)? 什么时间完成(When)? 如何完成(How)?
D	⑤ 执行、实施计划	
C	⑥ 检查计划执行结果	排列图,直方图,控制图
A	⑦ 总结成功经验,制订相应标准	制订或修改工作规程、检查规程及其他有关规章制度
	⑧ 把未解决或新出现问题转入下一个 PDCA 循环	

3. 质量保证工作的依据和内容

实施项目质量保证的依据主要有项目质量管理计划、质量控制的度量结果以及质量工作的操作说明。其中质量控制的度量结果可以用于比较和分析,项目质量工作说明则是对于项目质量管理具体工作的描述,以及对于项目质量保证与控制方法的具体说明。

信息系统项目的质量保证主要包括以下几个方面的工作。

(1) 清晰的质量要求说明

对于信息系统项目来说,质量保证的首要工作是提出该项目的质量要求,既要有清晰的项目最终产出物的质量要求,又要有清楚的项目中间产出物的质量要求。对于项目中间产出物的质量要求越详细越具体,项目的质量保证也就会越周密越可靠。

(2) 科学可行的质量标准

项目质量保证工作还需要依赖科学可行的项目质量标准,即根据以前的经验和各种各样的国家、地区、行业质量标准设计出适合于具体项目质量保证的项目工作和项目产出物的质量标准。

(3) 组织和完善项目质量体系

这是项目质量保证中的组织工作,这一工作的目标是要建立和健全一个项目的质量保证体系的组织机构,并通过这一质量体系去开展项目质量保证的各项活动。

(4) 配备合格和必要的资源

在项目质量保证中需要使用各种各样的资源,包括人力资源、物力资源和财力资源等。因此项目质量保证的另一项工作内容就是要为项目质量保证配备合格和必要的资源。

(5) 持续开展有计划的质量改进活动

项目质量保证的一项核心工作是持续开展一系列有计划的、为确保项目产出物质量而开展的审核、评价和质量改进工作。

(6) 项目变更的全面控制

要实现规定的项目质量,就必须开展对于项目变更的全面控制。这并不是说所有的项目变更都必须避免和消除,因为有些项目变更是为了提高项目质量服务的,是为更好地满足项目业主/客户的需求服务的,这种项目变更对于项目质量管理而言是可取的。

4. 质量保证工作的方法和技术

当进行项目的质量保证时,采用的方法和技术主要是质量审计和质量改进。

质量审计也称为质量审核,是对特定质量管理活动的结构化审查。其目的是确定质量活动及其相关结果是否符合质量计划安排,以及这些计划安排是否有效地贯彻执行,并且是否适合于达到项目目标。质量审计可以包括质量体系审计、项目产品质量审计、过程质量审计、监督审计、内部质量审计、外部质量审计等。质量审计可以是有计划的、也可以是随机的,可以由公司内的稽查员或特定领域的第三方执行。

质量改进是以"增加项目的有效性和效率,提高项目投资人收益"为主要目的而采取的各种行动。项目质量改进的方法包括项目质量改进建议和质量改进行动两个方面。一般的项目质量改进建议至少包括:目前存在的项目质量问题及其后果;发生项目质量问题的原因分析;进行项目质量改进的建议目标;进行项目质量改进的方法和步骤;进行项目质量改进所需的资源;项目质量改进成果的确认方法等。项目质量改进行动的方法多数是根据项目质量改进建议而确定的具体工作方法。

质量保证的成果主要是项目质量的改进。信息系统项目的建设是一种高度依赖于人的任务,因此很容易出现错误。为了客户的利益,质量改进必须影响到信息系统项目的最终产品——信息系统,即团队必须通过有效的合作,最终提供给用户最能满足其价值需求的信息系统产品。因此团队必须从客户的角度关注高价值的系统组件。为了提供有价值的产品给客户,关键在于通过深入了解客户的显性需求和隐性需求,之后将客户需求转换成质量特性,并将有价值的设计融入到系统中,实现质量的顾客驱动。

6.1.5 信息系统项目的质量控制

项目的质量控制主要是监督项目的实施结果以决定它们是否符合相关的质量标准及确定排除不满意结果原因的方法。这项工作的主要内容包括：项目质量实际情况的度量、项目实际质量与项目质量标准的比较、项目质量误差与问题的确认、项目质量问题的原因分析和采取纠偏措施去消除项目质量差距与问题的一系列活动。

项目质量控制和项目质量保证最大的区别在于：项目质量保证是一种从项目质量管理组织、程序、方法和资源等方面为项目质量保驾护航的工作，而项目质量控制是直接对项目质量进行把关的工作。项目质量保证是一种预防性、提高性和保障性的质量管理活动，而项目质量控制是一种纠偏性和把关性的质量管理活动。

1. 质量控制工作的依据和成果

信息系统项目的质量控制是指监督信息系统项目的实施状况，确定信息系统项目的实施质量是否与相关的质量标准相符合，找出存在的偏差，分析产生偏差的原因，并根据质量管理计划提出的内容，寻找避免出现质量问题的方法，找出改进质量、组织验收和进行必要返工的解决方案。简单地说，质量控制就是对项目实施全过程中的产成品进行持续不断地检查、度量、评价和调整的活动。

在实施项目质量控制时，其依据主要有项目的阶段工作成果、项目质量管理计划、操作描述和项目质量控制标准与要求。项目质量控制标准与项目质量目标和项目质量计划指标是不同的，项目质量目标和计划给出的都是项目质量的最终要求，而项目质量控制标准是根据这些最终要求所制订的控制依据和控制参数。通常这些项目质量控制参数要比项目目标和依据更为精确、严格和有操作性，因为如果不能够更为精确与严格就会经常出现项目质量的失控状态，就会经常需要采用项目质量恢复措施，从而形成较高的项目质量成本。

通过项目质量控制之后，所得到的最重要的成果就是项目质量的改进。除质量改进外，质量控制的结果还可能是接受项目成果、返工或对项目管理过程进行调整。

要指出的是，每个具体的项目工作在质量控制过程中都有可能被接受或拒绝，不被接受的工作需要重新进行，也就是返工。一旦做出了接受项目质量的决定，就表示一项目工作或一个项目已经完成并达到了项目质量要求，如果做出不接受的决定就表示项目未达到质量要求，应要求项目返工。当然，返工非常昂贵，所以项目经理必须努力做好质量计划编制和质量保证工作以避免返工。如果返工成为必需时，就要认真地设计返工工作的方案，争取最小的成本代价和最少的返工工作量。返工既是项目质量控制的一个结果，也是项目质量控制的一种工作和方法。

过程调整是指在质量控制度量的基础上纠正或防止进一步出现质量问题而对项目管理过程作的调整。它是指根据项目质量控制的结果和面临的问题，或是根据项目各相关利益者提出的项目质量变更请求，对整个项目的过程或活动所采取的调整、变更和纠偏行动。

2. 质量控制工作的方法和技术

项目质量控制的方法有很多，最常用也是最直接的方法就是检查，包括为确定项目的各种结果是否符合用户需求所采取的诸如测量、检查和测试等活动,既可能检查单个活动的结果,也可能检查项目的最终产品的结果。

数据是质量控制的基础,"一切用数据说话"才能做出科学的判断。用数理统计方法,通过收集、整理质量数据,有助于分析、发现质量问题,以便及时采取对策,预防和纠正质量问题。一般的数理统计方法包括统计分析法、数据分层法、散点图、帕累托图、因果图、直方图和控制图。上述七种工具对质量管理的发展做出了巨大贡献。但是,在不断变化的时代,仅靠这七种工具还不能完全胜任今天的质量管理,需要补充一些新的质量管理的工具。后来,又有学者归纳出了质量管理的新七种工具。这七种新的工具是:关联图法、系统图法、矩阵图法、数据矩阵分析法、网络图法、PDPC(过程决策程序图)法和 KJ(川喜田二郎)法。"新七种工具",不是对前述"老七种工具"的替代,而是补充。老七种工具强调用数据说话,重视对过程的质量控制;新七种工具基本上是用来分析语言文字资料(非数据)的,着重解决全面质量管理中 PDCA 循环的 P(计划)阶段的有关问题。

除上面提到的工具外,检查表和流程图也是很常用的质量控制工具。下面重点介绍"老七种工具"中的帕累托图、因果图和控制图。

(1) 帕累托图

帕累托图由此图的发明者意大利经济学家帕累托(Pareto)的名字而得名。帕累托发现在许多国家中少数人占有大量财富,而多数人仅拥有少量财富。这些少数人对财富起着支配作用。于是他提出了"关键的少数(vital-few)和次要的多数(trivial-many)"的关系。这个关系存在于社会的很多场合,例如,在一个股份制公司中,人们常常会发现,大约20%的股票持有者往往占有大约80%的股票总值。这种80/20关系还存在于以下场合:80%的营业额是由20%的顾客产生的;80%的破坏是由20%的原因造成的;80%的延误是由20%的分包商造成的。要注意的是,上述80%和20%都是指大约,不是指精确的数值,它强调的是"关键的少数"和"次要的多数"的原则。

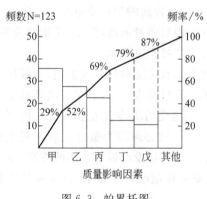

图 6.3 帕累托图

后来,著名质量管理专家朱兰把这一原理应用到质量管理中来,作为寻找影响质量主要因素的一种方法。通过排列图找出影响质量的主要因素,才能有的放矢,取得良好的经济效果。帕累托图是分析和寻找影响质量主要因素的一种工具,其形式参见图6.3。图中的左边纵坐标表示频数(如件数、金额等),右边纵坐标表示频率(以百分比表示),图中的折线表示累积频率,横坐标表示影响质量的各项因素,按影响程度的大小(即出现频数多少)从左向右排列。通过对帕累托图的观察分析,可抓住影响质量的主要因素。影响质量的因素通常分为以下三类。

A 类为累计百分数在70~80%范围内的因素,即"关键的少数",是主要因素。

B 类为除 A 类外累计百分数在80%~90%范围内的因素,是次要因素。

C 类为除 A、B 类外累计百分数在90%~100%范围内的因素,是一般因素。

B 类和 C 类构成了"次要的多数(trivial-many)"。

图 6.3 是帕累托图的一个示例,图中的"甲、乙、丙、丁"四个因素为关键的少数,即 A 类因素;因素"戊"为 B 类因素,"其他"中的其他因素为 C 类因素,合起来构成次要的多数。

(2) 因果图

因果图又称鱼刺图、树枝图等,是一种逐步深入研究和讨论质量问题的图示方法。因果分析图是以结果作为特性,以原因作为因素,在它们之间用箭头联系表示因果关系,如图 6.4 所示。因果图是一种充分发动项目成员动脑筋、查原因、集思广益的好办法,也特别适合于项目团队中实行质量的民主管理。当出现了某种质量问题,但未搞清楚原因时,可针对问题发动大家寻找可能的原因,使每个人都畅所欲言,把所有可能的原因都列出来,然后将这些因素先分类别,将各类别的因素填写在原因类别框中。

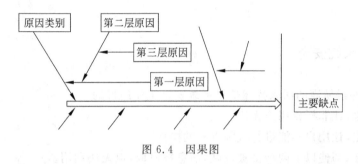

图 6.4 因果图

对于同一类别组的原因,还可以分出它们的层次,按照层次的先后逻辑,标注在相应位置上,如图 6.4 所示,这样导致质量问题发生的原因就层次分明、一目了然,在此基础上再结合帕累托图分析其中的主要原因。

(3) 控制图

控制图如图 6.5 所示,它是一种有控制界限的图,用来分析引起质量波动的原因是偶然的还是系统的,可以提供系统原因存在的信息,从而判断工作过程是否处于受控状态。

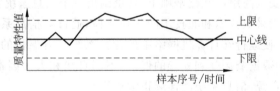

图 6.5 控制图

控制图按其用途可分为两类,一类是供分析用的控制图,用控制图分析工作过程中有关质量特性值的变化情况,看工作过程是否处于稳定受控状态;另一类是供管理用的控制图,主要用于发现工作过程是否出现了异常情况,以预防产生不合格的交付物。

图 6.5 中上/下控制线表示变化的最终限度,当在连续的几个设定间隔内变化均指向同一方向时,就应分析和确认项目是否处于失控状态。当确认项目过程处于失控状态时,就必须采取纠偏措施,调整和改进项目过程,使项目过程回到受控状态。控制图法是建立在统计质量管理方法基础之上的,它利用有效数据建立控制界限,如果项目过程不受异常原因的影响,从项目运行中观察得到的数据将不会超出这一界限。

实际上,控制图可以用于监控任何形式的输出变量,比如还可以监控项目的进度和费用变化、范围变化的幅度和频率、项目的其他管理结果等,从而确认项目过程是否处于受控状态。

6.2 信息系统安全、监理与审计

由于信息技术的迅速发展,社会对信息化依赖度不断增加,信息安全问题日益凸现出来:计算机黑客的猖獗、计算机病毒的泛滥、有害内容的恶性传播、国际信息间谍的潜入、网络恐怖活动的威胁、信息战争的阴影等,这些问题迫使人们必须在建设信息系统项目过程中注意信息系统安全问题。另外,为了减少信息系统项目的风险,还应加强信息系统的监理与审计。

6.2.1 信息系统安全

可以使用朴素易懂的话来描述信息系统安全工作的目的。
(1) 进不来,让非授权用户无法进入。
(2) 拿不走,让用户不能进行权限以外的操作。
(3) 看不懂,即使以上两项都被攻破,信息被窃取,也无法利用。
(4) 改不了,非法入侵者和非权限使用者无法对信息进行修改。
(5) 跑不掉,系统有详尽的日志,可以做到事后追查。

1. 信息系统安全的含义和层次

信息系统的安全是一个系统的概念,它既包括了信息系统物理实体的安全,也包括了软件和数据的安全;既存在因为技术原因引起的安全隐患,也有非技术原因如因为人的素质和道德等因素引起的安全隐患。在此基础上,这里给出一个信息系统安全的定义:

信息系统安全是指采取技术和非技术的各种手段,通过对信息系统建设中的安全设计和运行中的安全管理,使运行在计算机网络中的信息系统是有保护的,没有危险,即组成信息系统的硬件、软件和数据资源受到妥善的保护,不因自然和人为因素而遭到破坏、更改或者泄露系统中的信息资源,信息系统能连续正常运行。

要应对信息系统安全,需要建立完整的标准体系。GB17859—1999《计算机信息系统安全等级保护划分准则》是该标准体系的基础性标准。在该文件中,我国安全等级保护分为五个层面,如图6.6所示。随后国家陆续出台了多个信息系统安全等级保护的相关配套标准,包括GB/T 20269—2006、GB/T 20270—2006、GB/T 20271—2006 等。最新的版本为GB/T 22239—2008《信息系统安全等级保护基本要求》,提出和规定了不同安全保护等级信息系统的最低保护要求,即基本安全要求。根据信息系统在国家安全、经济建设、社会生活中的重要程度,遭到破坏后对国家安全、社会秩序、公共利益以及公民、法人和其他组织的合法权益的危害程度等,GB/T 22239—2008将信息系统的安全要求由低到高划分为五级,针对每一级别,提出了具体的信息系统安全机制和管理活动。该标准认为,基本安全要求分为基本技术要求和基本管理要求两大类。技术类安全要求与信息系统提供的技术安全机制有关,主要通过在信息系统中部署软硬件并正确的配置其安全功能来实现,从物理安全、网络安全、系统安全、应用安全几个层面提出(如图6.6所示);管理类安全要求与信息系统中各种角色参与的活动有关,主要通过控制各种角色的活动,从政策、制度、规范、流程以及记录等方面做出规定来实现,涉及安全管理制度、安全管理机构、人员安全管理、系统建设管理和系统运维管理等方面。

图 6.6 安全等级保护各层面所涉及的具体内容

2. 信息系统安全的设计

信息系统的安全问题不但表现在信息系统的运行过程中,在信息系统的规划、设计与实现阶段就已经开始了。信息系统安全的设计包括物理实体安全的设计、硬件系统和通信网络的安全设计、软件系统和数据的安全设计等内容。由于篇幅所限,这里仅对软件系统和数据的安全设计内容展开阐述。

软件是保证信息系统正常运行,促进信息技术普及应用的主要因素和手段。数据是信息系统的中心,数据的安全管理是信息系统安全的核心。信息系统的软件和数据安全问题,成了人们最经常遇到的、同时又是必须加以解决的问题。

(1)选择安全可靠的操作系统和数据库管理系统

选择一个安全可靠的操作系统是软件安全中最基本的要求。因为操作系统是其他软件的运行基础,只有在保证操作系统安全可靠的前提条件下,讨论软件的安全才有意义。

大部分的信息系统都运行在某个数据库管理系统之上,安全的数据库管理系统直接制约了信息系统应用程序及数据文件的安全防护能力。为此,在进行数据库管理系统选择时一定要考虑它自身的安全策略和安全能力。

(2)设计、开发或采购安全可靠的应用程序

通过计算机和网络进行的信息犯罪活动,往往是由篡改应用程序入手进行的。由于大多数的应用程序开发人员缺乏必要的安全意识,程序中又没有有力的安全保护措施,从而使犯罪人员可以比较容易得手,轻而易举地改变程序的部分代码,删除、修改及复制某些数据信息,使程序在"正确的运行"中产生一些错误的结果,从而达到其目的。因此,在设计、开发或采购应用程序时,应尽量考虑一些安全策略和措施。

(3)注重信息系统中数据安全的设计

信息系统中数据安全的设计包括数据存取的控制、防止数据信息泄露、防止计算机病毒感染和破坏、数据备份的方法等几项工作。

当然，面对信息系统安全的脆弱性，除了在信息系统设计上增加安全服务功能，完善系统的安全保密措施外，还必须花大力气加强信息系统的安全管理，因为诸多的不安全因素恰恰反映在组织管理和人员录用等方面，而这又是信息系统所必须考虑的基本问题，所以应引起各信息系统应用部门领导的重视。

3. 新型网络环境下信息系统安全面临的新挑战

互联网的快速发展为信息系统安全带来了新的挑战，基于互联网的信息系统安全问题已远远超出早期的单机安全问题。病毒、蠕虫、垃圾邮件、僵尸网络等攻击持续增长，各种软硬件安全漏洞被利用并进行攻击的综合成本越来越低，而内部人员的蓄意攻击也防不胜防，甚至逐渐形成了以经济利益为导向的网络黑客产业。

在新网络环境下安全攻击方式更加多样，蠕虫、木马等各类恶意软件不断发展新的技术，使得其传播和破坏范围迅速扩大，很难对其进行检测和跟踪。安全攻击的对象也不仅仅限于服务器和台式机。随着无线终端用户规模的快速增长，出现了很多针对手机操作系统的病毒攻击、SIM卡复制以及针对无线传输协议的黑客攻击。在数据泄露方面，除了攻击存储介质，其他方式更加多样，例如在红外、蓝牙、无线网络等传输模式中截取传播数据等。

除了技术原因，用户的广泛参与以及社交网络的普及也为信息系统带来了潜在的安全威胁。用户在信息系统的使用过程中不断暴露自己的各种信息，特别是作为社交网络的用户，彼此之间的联系更加紧密，为各种攻击手段的快速蔓延创造了条件。例如，在信息系统项目开发过程中，各干系人频繁通过社交网络进行即时沟通和知识共享，会产生信息泄露的风险以及受某个网络攻击导致在整个网络传播的可能性。

4. 云安全技术

为了应对安全威胁方面的新挑战，各种安全技术层出不穷，基于云计算背景下产生的云安全技术是一项正在兴起中的技术，它使得用户的信息系统安全防御能力不再局限于自己所拥有的设备和软件，而是可以借助云端的数据和服务中心作为应对安全威胁的手段和方式。云安全技术既不是某款产品，又不是解决方案，而是一种安全服务能力的提供模式，它极大地提高用户在享受安全服务的简易性、方便性以及高效性。

用户将安全能力放在"云"端，通过云端按需提供给用户需要的安全能力配置，用户按需购买，并可以动态变动。同时，云安全中心负责相应的安全防护。例如，基于云的主机安全不再需要客户端保留安全特征库信息，所有的特征信息都存放于互联网的云端。云终端用户通过互联网与云端的特征库服务器实时联系，由云端对异常行为或病毒进行集中分析和处理，云端可以根据客户端的需求按需配置安全能力。

6.2.2 信息系统监理

信息系统监理可以很好地帮助用户方回避信息系统项目建设中的各种风险。本节首先讲解信息系统监理的含义，然后阐述信息系统监理的内容，最后介绍监理的类型。

1. 信息系统监理的含义

依据中国信息产业部《信息系统工程监理暂行规定》（信部信[2002]570号），信息系统工程监理是指依法设立且具备相应资质的信息系统工程监理单位，受业主单位委托，依据国家有关法律法规、技术标准和信息系统工程监理合同，对信息系统工程项目实施的监督管理。

所以，信息系统监理，是指具备相应资质的第三方（丙方），根据信息系统的建设规律以及国家法律法规、建设合同和监理合同的要求，对信息系统建设过程中的行为、事件和文档进行审查和监督，为用户方（甲方）提供与项目有关的信息和信息处理能力的支持，以确保信息系统项目的建设成功。

监理方（丙方）的监理与建设方（乙方）的项目管理有联系，但更主要的是区别。它们的联系是都按照信息系统的建设规律与项目管理的思想进行管理。它们的区别是主体不一样，项目管理是由建设方（乙方）实施的，在成本、进度和质量三者中主要考虑前两者，特别是成本，并且项目管理涉及信息系统建设的各个环节；而监理是由第三方即监理方（丙方）实施的，在成本、进度和质量三者中主要考虑的是质量，其次是进度，最后才是成本，并且监理的内容主要取决于监理方（丙方）与用户方（甲方）签订的监理合同，不一定涉及信息系统建设的各方面。

2. 信息系统监理的内容

一般来说，项目管理工作的核心可以归纳为"三控两管一协调"。所谓"三控"，是指成本、进度和质量三者的控制；所谓"两管"，是指合同管理和信息管理；所谓"一协调"，是指甲乙丙三方关系的协调。这里的甲方，通俗地说，就是指出钱的，即项目投资方（通常也是用户方）；这里的乙方，通俗地说，就是指干活的，即项目建设方；这里的丙方，通俗地说，就是指监督的，即项目监理方。

当然作为监理也是从"三控两管一协调"这些工作着手监理，只不过是角度不同。信息系统监理的工作内容包括质量控制、进度控制、投资控制、合同管理、信息管理、关系协调六个基本内容。当然，为了能使信息系统项目更好地合乎业主的要求，顺利地完成，监理公司可能还会做一些扩展性的服务，这里就不再展开。

具备良好素质的监理人员，能够极大地降低信息系统的建设风险。首先，监理非常熟悉信息技术，有丰富的、成功的信息系统建设经验，能帮助甲方对信息系统建设方案进行正确评价和选择，并能对乙方提供的各种证明材料、演示软件等市场信号进行辨析。其次，在信息系统的建设过程中，监理方可以根据自己的经验判明乙方是否偏离了甲方的实际需求，是否简化了系统的功能模块，是否采用了性能较低的配置或质量较差的产品，是否隐含了安全问题或系统的缺陷等。

除上述两种主要由乙方形成的风险外，监理方还能大大降低由于甲方因管理改革不到位或不及时造成的风险。监理方有丰富的管理知识和成功的信息系统建设经验，它能在项目合同签订之初，指出甲方为了建设该信息系统需要调整的业务流程或管理体制，并制订出一个详细的改革计划，并在系统建设过程中，不断督促甲方按计划排除阻力进行调整。

所以，监理方不仅仅对乙方有约束，对甲方也有约束。对乙方而言，是监督和管理，重在监督；对甲方而言，是督促和助理，重在助理。

3. 信息系统监理的类型

信息系统监理的类型有很多，比如按照监理对象的类型划分，可以分为三类：硬件网络集成项目的监理、软件产品实施型项目的监理以及软件开发型项目的监理。按照业主的要求和介入项目的深度分类，可分为咨询式监理、里程碑式监理和全程式监理三种类型。下面对后一种分类展开阐述。

（1）咨询式监理

咨询式监理以咨询工作为主，重点在于项目前期组织的信息化整体规划和需求分析，工作完成的方式是以提交组织的信息化整体规划书为主要任务，对于信息系统项目实施阶段发生的问题，主要根据业主提出要求，回答相应问题。由于这种监理形式对项目介入较浅，监理基本上不需要和建设方发生过多接触，监理人员更多担当的是咨询顾问的角色。对甲方单位而言，这种方式的成本相比较是最低的。

（2）里程碑式监理

所谓里程碑式监理，是指按照信息系统的建设规律，将信息系统的建设划分为若干个阶段，在每一个阶段结束都设置一个里程碑，在里程碑到来时通知监理方进行审查或测试。一般来讲，这种方式比咨询式监理的费用要多，当然，监理方也要承担一定的责任。不过，里程碑的确定需要乙方的参与，或者说监理合同的确立一般需要开发方的参与，否则就会因对里程碑的界定不同而互相扯皮。

（3）全程式监理

所谓全程式监理，显然是最复杂的一种，不但要求对信息系统建设过程中的里程碑进行审查，还应该派相应人员全程现场跟踪、收集系统开发过程中的信息，不断评估信息系统建设方的质量和效率。这种方式费用最高，监理方的责任也最大，适合那些对信息系统的建设不太了解、技术力量偏弱的用户方采用。

4. 监理合同

项目的监理工作需要监理合同进行保障，一般而言，监理合同的内容包括以下几点。

（1）项目监理原则。例如独立公正原则，负责制原则，回避原则，保密原则等。以保证在监理过程中，监理方与施工方没有利益关联和冲突，能够按照相关法律制度完成监理工作，出现相关问题可以找到责任承担方。

（2）监理关系。合同中需要明确监理方与项目各方之间的关系，包括业主、系统提供商、分系统承建商等。

（3）监理工作范围。确立监理工作涉及的具体系统硬件配置和软件模块，以及相应的工作阶段，例如某个子系统的招标、设计、实施、验收等环节。

（4）监理工作依据。依据所监理的信息系统项目特点，列出监理工作的依据，包括相关的国际和国家法规、制度、标准，涉及开发、网络质量、安全体系结构等各方面。

（5）监理人员组成。依据项目所涉及的不同技术支持和业务领域，监理组应配备相关的技术人员以及任务小组，并设计组织结构，方便各成员之间的沟通。进一步，应明确各监理人员的职责范围。

(6) 监理工作方法及流程。明确项目进行的各个阶段具体的监理工作内容和要求，制订各项工作制度，涵盖沟通、质量检查、控制等各方面工作，并设计具体的监理工作流程。

6.2.3 信息系统审计

相比信息系统监理已有的大量实践来说，信息系统审计是个比较新的事物，在国内还处于探索阶段。本节首先介绍信息系统审计的含义和内容，再简要介绍信息系统审计的流程。

1. 信息系统审计的含义和内容

信息系统审计是审计技术与信息技术共同发展的必然产物，是一个获取并评价证据，以判断信息系统是否能够保证资产的安全、数据的完整以及有效率地利用组织的资源并有效果地实现组织目标的过程。

信息系统审计与控制协会（Information Systems Audit and Control Association，ISACA）成立于1969年，总部在美国的芝加哥，它是从事信息系统审计的专业人员唯一的国际性组织。信息系统审计师资格（Certified Information System Auditor，CISA）是这一领域的唯一职业资格。

获取信息系统审计师资格（CISA）的人员被称为信息系统审计师，也称IT审计师或IS审计师，是指既通晓信息系统的软件、硬件、开发、运营、维护、管理和安全，又熟悉经济管理的思想，能够利用规范和先进的审计技术，对信息系统的安全性、稳定性和有效性进行审计、检查、评价的专家级人士。

信息系统审计的对象覆盖了信息系统从规划、建设、运行、维护到报废的整个生命期的过程。它拓展了传统审计的内涵，将审计对象从财务范畴扩展到了同经营活动有关的一切信息系统，具体来说信息系统审计的基本内容包括以下几个方面。

(1) 计算机资源管理审计；
(2) 硬件、软件的获取审计；
(3) 系统软件审计；
(4) 程序审计；
(5) 数据完整性审计；
(6) 系统开发审计；
(7) 应用系统开发审计；
(8) 系统运行审计；
(9) 系统维护审计；
(10) 操作审计；
(11) 安全审计。

其中系统开发审计、系统运行审计和系统维护审计合称系统生命期审计。信息系统审计的这些基本内容的相互关联关系可以概括如图6.7所示的关系，它表明了执行信息系统审计业务时的先后顺序，其中应用系统开发审计、系统维护审计和安全审计都与程序审计有关，都要检查系统的程序。

由以上信息系统审计的内容可知，信息系统审计与信息系统监理、信息系统测试和信息

系统评价各有不同,具体如下:

(1) 信息系统监理重在对系统规划与开发过程监督和管理,而信息系统审计不但要对开发过程审计,还要对系统运行过程审计;

(2) 信息系统测试主要是测试系统是否实现了设计的逻辑模型,并且主要是从技术上进行测试,而信息系统审计更重要的是测试系统是否忠实于组织的实际运作原型,是否符合国家的法律法规;

(3) 信息系统的评价是信息系统审计的延伸,信息系统的评价更带有主观性,与评价指标的选取有关,而信息系统的审计相比较更客观,强调的是数据的真实性和系统性能的客观性。

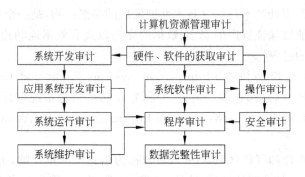

图 6.7　信息系统审计基本内容相互关系图

2. 信息系统审计的流程

信息系统审计的流程是指信息系统审计工作从开始到结束的整个过程,它包括三个阶段:审计计划阶段、审计实施阶段和审计报告阶段。

(1) 信息系统审计的计划阶段

信息系统审计的计划阶段是整个信息系统审计过程的起点,主要任务是通过调查被审计单位的内部环境,初步评价审计风险,接受审计委托,在此基础上制订审计计划。

(2) 信息系统审计的实施阶段

信息系统审计的实施阶段是根据计划阶段确定的范围、要点、步骤、方法进行取证、评价,借以形成审计结论,实现审计目标的中间过程。它是信息系统审计全过程的中心环节,主要由符合性测试阶段和实质性测试阶段构成。

符合性测试的目标是审查被审计单位信息系统的内部控制制度的建立及遵守情况,根据测试结果修订审计计划,确定后续测试——实质性测试的程度。为此,信息系统审计人员需要对信息系统的一般控制和应用控制执行一系列的测试。实质性测试是对交易和事项的详细测试或分析性复核测试,以获得审计期间这些事项或交易合法、完整、准确或真实存在的审计证据。实质性测试的目的就是要实施必要的数据测试,对能否达到组织特定的控制目标向管理层提供最终的保证,其结果是发布信息系统审计报告的依据。

(3) 信息系统审计的报告阶段

在信息系统审计的报告阶段,信息系统审计人员必须运用专业判断,以经过核实的审计证据为依据,形成审计意见,出具信息系统审计报告。审计报告中应说明信息系统审计的范围、目标、期间和所执行的审计工作的性质和范围,以及信息系统审计结论和建议等。

6.3 信息系统项目风险管理

项目风险是一种不确定的事件,一旦发生,就会对项目目标产生某种正面或负面的影响。风险有其成因,同时,如果风险发生,也会导致某种后果。信息系统项目由于具有范围难以精确确定且经常发生变更,采用的技术复杂且更新较快,受人力资源影响很大等特点,导致信息系统项目建设过程中经常存在很多不确定的因素。显然,信息系统项目的风险管理对于信息系统项目建设的成功来说是一个很重要的内容,需要引起高度重视。信息系统项目风险管理最主要的目的就是帮助信息系统项目团队积极迎接风险,主动控制风险,以最小代价应对风险,使潜在机会或回报最大化,潜在风险损失最小化。

项目风险管理就是对项目风险进行识别、分析和应对的系统的过程。因而本节主要阐述三方面的内容:信息系统项目风险的识别、信息系统项目风险的定性定量分析、信息系统项目的风险应对与监控。

6.3.1 信息系统项目的风险识别

风险识别指确定哪些风险会影响项目,并将其特性记载成文。在项目生命期的任何阶段,新风险都可能会出现,因而项目风险识别是一项贯穿于项目实施全过程的工作。这项工作的目标是识别和确定出项目究竟有哪些风险,这些项目风险会给项目的工期、成本、质量、范围等方面带来什么影响等。

1. 风险识别的依据和成果

要进行信息系统项目的风险识别,就要考察与项目有关的制度、文档、项目偏差以及内外环境的变化。具体来说,要考虑以下内容。

(1)事业环境因素

在风险识别过程中,任何一种存在于项目周围并对项目成功有影响的组织事业环境因素与制度等,都可以成为风险识别的依据。比如信息产业部出台的有关系统集成项目管理的各种规定就需要关注。

(2)组织过程资产

从先前项目的项目档案或知识库中获取相关信息,包括以前项目中的实际数据、吸取的经验教训和学习到的知识,特别是先前做过的案例所形成的风险数据库能够为新项目的风险识别提供很大的帮助。

(3)项目范围说明书和工作分解结构

通过项目范围说明书可查到当时的项目假设条件信息。有关项目假设条件的不确定性,应作为项目风险的潜在成因进行评估。另外,风险都是和具体的项目工作联系在一起的,需要借助工作分解结构识别各项工作可能存在的风险。

除此之外,进行风险识别还要参考风险管理计划和项目管理计划,这是因为,风险管理计划中阐述了项目的风险管理政策,比如哪些是一级风险,哪些是二级风险等;另外,要进行风险识别,也要求对项目管理计划中的范围、进度、费用和质量管理计划有所了解,项目团队应该对范围偏差、进度偏差、成本偏差、质量偏差等进行审查,以确定可能存在的各种风险。

风险识别过程的主要成果是形成项目管理计划中风险登记册的最初记录,即形成风险事件列表,又叫风险清单。

2. 风险识别的方法和工具

要进行风险识别,首先需要对与该项目有关的各种文件进行审查,对项目文件(包括计划、假设、先前的项目文档和其他信息)进行系统和结构性的审查。其次,需要根据历史资料,特别是以往类似项目所形成的风险分解结构(Risk Breakdown Structure,RBS)模板(参见图 6.8),来识别 RBS 上的各种可能出现的风险。

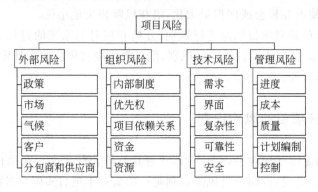

图 6.8 风险分解结构

除此之外,还可以采用很多其他的风险信息搜集技术,包括访谈、头脑风暴法、德尔菲技术、SWOT 分析、假设分析、核对表分析、因果图分析、挣值分析等。比如访问有经验的项目参与者、项目干系人或相关领域专家,可以识别各种类型的风险;因果图可用来识别风险的成因;利用挣值分析可以得到进度偏差和成本偏差,在此基础上可以进行风险识别。

(1) 头脑风暴法

头脑风暴的目的是取得一份综合的风险清单。可以在一位主持人的推动下,与会人员就项目的风险头脑风暴,各抒己见。也可以图 6.8 中的风险分解结构(RBS)作为基础框架,然后对风险进行分门别类,按类别识别风险。

(2) 德尔菲技术

德尔菲技术是专家就某一专题达成一致意见的一种方法。项目风险管理专家以匿名方式参与此项活动,主持人用问卷征询有关该项目重要风险的见解,问卷答案交回并汇总后,随即返回给专家审阅,请他们进一步发表匿名意见。此过程进行若干轮之后,会得到关于主要项目风险的一致看法。

(3) SWOT 分析

从项目内部的优势(Strength)、劣势(Weakness),以及外部的机会(Opportunity)与威胁(Threat)四个角度对项目进行审议,以扩大风险考虑的广度。

(4) 假设分析

每个项目都是根据一套假定、设想或者假设进行构思与指定的。假设分析是检验假设有效性的一种技术。这种方法一般先给出项目状态或情况的描述,然后变动项目的某种因素,分析变动后项目整个情况会怎样,会有什么样的风险发生,风险的后果怎么样等。因而,假设分析法对下列项目风险识别工作特别有用:分析和识别项目风险的后果;分析和识别项目风险可能波及的范围;研究某些关键因素对项目的影响等。

6.3.2 信息系统项目的风险定性定量分析

通过风险识别得到风险清单并记录在风险登记册后,项目团队可以采取进一步行动对风险进行定性和定量的分析。定性风险分析是指对已识别风险进行风险分类、评估其发生的概率以及一旦发生将对项目产生的后果。定量风险分析是指量化各项风险对项目预期产生的影响,得到每个风险的风险期望值,在此基础上,对所有风险进行排序和确定风险级别。

1. 风险的定性分析

风险的定性分析主要包括两个部分:风险发生概率的评估和风险一旦发生造成影响或后果的评估。简而言之,就是通过风险定性分析,希望得到某个具体风险事件的风险概率和风险影响值。风险概率评估指调查每项具体风险发生的可能性。风险影响评估旨在调查风险对项目目标(如时间、费用、范围、质量)的潜在影响,既包括消极影响或威胁,也包括积极影响或机会。针对识别的每项风险,确定风险的概率范围和影响范围。

风险的定性分析可通过挑选对风险事件熟悉的人员,采用召开会议或进行访谈等方式对风险进行评估,参与人员既可以是项目团队成员也可以是项目外部的专业人士。访谈或会议需要由经验丰富的主持人引导讨论过程,参与者对每项风险事件的概率级别及其对每项项目目标(成本、时间、范围、质量)的影响进行评估,确定风险概率和风险影响值的等级。粗略评估风险概率及影响之后,通过查询风险概率(可能性)度量表以及风险影响值度量表(参见表6.2和表6.3),就可以将定性分析的结果转化为一个定量的数值。

表 6.2 风险概率(可能性)度量表

现象分析	风险可能性范围	分级计算数值	顺序计量分值
非常不可能发生	0~10%	5%	1
发生可能性不大	11%~40%	25%	2
可能在项目中发生	41%~60%	50%	3
较可能发生	61%~80%	70%	4
极有可能发生	81%~100%	90%	5

举例来说,如果有一个风险事件是信息系统的人机界面很不友好,经过项目团队的评估,该风险较可能发生,那么我们可以对照表6.2,它出现在第一列的第四种现象,对应的风险概率可以采用三种方式给出:

(1)对应第二列中可以给出具体的数值,比如估计为75%;
(2)对应第三列中可以给出分级概率数值,即70%;
(3)对应第四列中可以给出顺序计量分值,即4。

当然,对于具体采用上述三种方式中的哪一种计算项目团队应该在风险管理计划中规定。

进一步对这个风险事件一旦发生造成的影响进行评估。这个风险可能会造成项目一定程度上的返工,预测该风险事件一旦发生对于进度的影响将是12%,对于成本的影响是7%,对于质量的影响很小,只涉及个别模块,对于范围的影响几乎觉察不到。那么,参见表6.3,如果采用非线性度量法,则可以到表中查到该风险对项目主要目标的影响分别是:成本影响值,0.1;进度影响值,0.4;范围影响值,0.05;质量影响值,0.1。该风险的最终影响值是上述四个影响值的最大值,即0.4。

需要注意的是,任何一个风险事件都是在项目的成本、进度、范围、质量四个方面对项目产生影响,所以在定性分析中,必须要分析出每一个风险事件对上述四方面的具体影响,并参照表6.3的表体部分内容给出相应的描述,再从表6.3中找对四方面影响最大的值作为该风险事件的风险影响值,比如上述人机界面不友好的风险影响值是0.4。

表6.3 风险对四大项目主要目标影响值表

定性度量		非常低	低	中等	高	非常高
非线性度量		0.05	0.1	0.2	0.4	0.8
项目目标	成本	不显著的成本增加	成本增加<10%	成本增加10%~20%	成本增加20%~40%	成本增加>40%
	时间	不显著的进度拖延	进度拖延<5%	进度拖延5%~10%	进度拖延10%~20%	进度拖延>20%
	范围	范围减少不易察觉	范围次要部分受到影响	范围主要部分受到影响	范围减少到干系人无法接受	项目最终结果不可用
	质量	质量退化不易察觉	只有要求很高的应用受到影响	质量降低需要干系人确认	质量降低到干系人无法接受	项目最终结果不可用

资料来源:PMBOK 2012

2. 风险的定量分析

风险的定量分析是指在得到风险概率和风险影响值之后,进一步得到每个风险的风险期望值,在此基础上,对所有风险进行排序和确定风险级别。风险期望值是评价风险预期损失或机会的重要参数,它的计算公式为:

$$风险期望值 = 风险概率 \times 风险影响值$$

比如在上面人机界面不友好的例子中,如果采用表6.2中第三列的分级风险概率数值得到风险概率为70%,即0.7;而风险影响值为0.4。那么对于人机界面不友好这个风险事件来说,其结果为:

$$风险期望值 = 风险概率 \times 风险影响值 = 0.7 \times 0.4 = 0.28$$

如果风险概率采用表6.2中第二列或第三列的百分比计数,风险影响值采用表6.3中非线性度量计数,那么风险概率和风险影响值都是小于或等于1的值,得到的风险期望值也是小于或等于1的值。这样,就消除了项目规模对风险期望值的影响,可以将不同项目识别出的风险事件的风险期望值进行统一比较,实现排序,以实现多项目的风险统一管理。

如果项目团队特别想知道上述得到的风险期望值0.28的具体含义,可以将0.28乘以项目总的合同金额,比如项目合同金额为100万,那么,该风险事件的风险期望值为28万。

当然，这只是一个大致的估计，不是精确的估计，是为了让大家对风险期望值有一个直观的理解。

知道了每个风险事件的风险期望值之后，还需要对它们确定等级，不同的等级应该对应不同的负责人。可以按照风险的期望值大小对识别的风险事件划分等级，具体的划分原则要根据各个组织的风险政策的细则来确定。例如表6.4所示，某IT公司规定风险期望值在[0,0.05]之间的风险为四级风险，由项目成员负责，并通知项目经理；(0.05,0.1]之间的风险为三级风险，由项目经理负责，并通知公司主管项目的副总；(0.1,0.2]之间的风险为二级风险，由公司主管项目副总负责，并通知客户和总经理；风险期望值在0.2以上的风险为一级风险，由总经理负责，并通知客户。这样，就可以对识别出的所有风险事件进行分级，并且每个风险事件的责任也很明确。要说明的是，表6.4中的数据只是一个模板，不同的组织、不同的项目团队应该制订自己的风险等级政策。

表 6.4　风险等级划分表

风险等级	风险值范围	风险负责人
一级风险	0.2＜风险期望值≤1	总经理负责，通知客户
二级风险	0.1＜风险期望值≤0.2	公司主管项目副总负责，通知客户和总经理
三级风险	0.05＜风险期望值≤0.1	项目经理负责，通知主管副总
四级风险	0≤风险期望值≤0.05	项目成员负责，通知项目经理

在上述对每个风险事件都计算得到了风险期望值，并且进行了排序和定级后，可以将每个报告期中前十个风险事件找到。这十个风险事件需要重点关注和应对，通常所说的"十大风险追踪"就是对前十个风险事件进行跟踪和监控。

对于识别出的每个风险事件，还可以对每个风险事件的紧迫性进行评估。需要近期采取应对措施的风险可被视为急需解决的风险。实施风险应对措施所需要的时间、风险等级等都可作为确定风险优先级或紧迫性的指标。

6.3.3　信息系统项目的风险应对与监控

风险应对是指为信息系统项目增加成功实现的机会，减少失败威胁而制订方案，采取相应措施进行处理的过程。风险监控则是风险应对计划制订以后，在每个报告期中对已识别的风险进行监控，对新出现的风险进行重新识别和应对的过程。

1. 风险的应对

风险应对过程包括确认与指派相关风险应对负责人，从几个备选方案中选择一项最佳的风险应对措施来应对识别出的风险。风险应对过程应该根据风险排序和定级后的优先级水平处理风险。信息系统项目风险应对的措施可以分为两大类，一类是对于威胁大于机会的消极风险的应对策略，一类是对于机会大于威胁的积极风险的应对策略。

（1）消极风险的应对策略

① 规避。风险规避是在考虑到某项目的风险及其所致损失都很大时，主动放弃或终止该项目，以避免与该项目相联系的风险及其所致损失的一种处置风险的方式，它是一种最彻

底的风险处置技术。当然,这是一种消极的风险处置方法,因为同时也失去了实施项目可能带来的收益。

②转移。风险转移是指项目组将风险有意识地转移给与其相互经济利益关系的另一方的风险处置方式。购买保险是最重要的风险转嫁方式,非保险型转嫁方式是指项目组将风险可能导致的损失通过合同的形式转嫁给另一方,其主要形式有租赁合同、委托合同、分包合同等。通过转嫁方式处置风险,风险本身并没有减少,只是风险承担者发生了变化。

③缓解。风险缓解是为了最大限度地降低风险事件发生的概率和减小损失幅度而采取的风险处置技术。比如在时间和空间上把风险因素与可能遭受损害的人、财、物隔离等。

(2) 积极风险的应对策略

①开拓。风险开拓是指通过确保机会肯定实现而消除与特定积极风险相关的不确定性,例如可以为项目分配更多的资源,如增派有经验、能力强的项目成员。

②分享。风险分享是指将风险的责任分配给最能为项目利益获取机会的第三方,比如建立风险分享合作关系,签订机会利润分享合同等。

③提高。风险提高是指通过提高积极风险的概率或其积极影响,识别并最大程度地发挥这些积极风险的驱动因素,强化其触发条件,提高机会发生概率。

除上述六种措施外,不管是威胁还是机会都还可以采用风险接受的策略。风险接受又称作风险自留,是由项目团队自行准备风险准备金以承担风险的处置方法,在实践过程中有主动接受和被动接受之分。

主动自留是指在对项目风险进行识别和分析的基础上,明确风险的性质及其后果,风险管理者认为主动承担某些风险比其他处置方式更好,于是筹措资金将这些风险自留。被动自留则是指未能准确识别和分析风险及损失后果的情况下,被迫采取自身承担后果的风险处置方式。被动自留是一种被动的、无意识的处置方式,有时会造成严重的后果,使项目团队遭受损失或错过机会。有选择地对部分风险采取接受方式,有利于项目团队获利更多,但接受哪些风险,是项目团队必须认真研究的问题,如自留风险不当可能会造成更大的损失。

在风险应对的过程中,就是要在风险登记册或风险事件应对表中针对每个具体的风险事件给出相应的风险应对措施、风险应对措施处理的截止日期、风险事件的负责人等信息。

针对特定风险事件的风险应对措施应该是很具体的,但归纳来说,可以将风险应对措施分为两大类:预防措施和纠正措施。

预防措施是指为防止风险事件发生采取的措施。鉴于风险事件发生后有很多的不良后果,首先要想办法避免这种引起不良后果的风险的发生。这里要列举的就是防患于未然的措施。比如项目文档不完备可能会对后面的系统维护和升级造成困难,为防止这一风险发生,项目经理就可要求项目成员做好系统实施的各个阶段文档,并定期抽查以监督项目成员的文档撰写。

纠正措施是指一旦风险发生时所采取的应对措施。当防范措施失效或防范措施没有被认真执行时,风险就有可能发生。风险一旦发生,项目组就必须想办法将风险事件发生后的损失降低到最低程度。比如由于项目成员跳槽造成项目进度延迟而一时又招不到合适的员工时,可以采取去高校招聘相关专业的处于实习阶段的在校学生来做兼职人员。

2. 风险的监控

在项目生命期实施项目风险应对措施时,应持续对项目工作进行监督,对已经识别的风险进行监控,同时寻找可能出现的新风险。换句话说,风险监控是指识别和分析新生风险,追踪已识别风险和"风险应对表"中的风险,重新分析现有风险,审查风险应对策略的实施并评估其效力的过程。风险监控是项目生命期内不间断实施的过程。

在风险监控中,一般要关注以下工作。

(1) 风险再评估。应安排定期进行项目风险再评估,同时要检查并记录风险应对策略处理已识别风险及其根源的效力。

(2) 偏差和趋势分析。通过挣值分析、项目偏差和趋势分析等对项目总体绩效进行监控,与基准计划的偏差可能表明威胁或机会的潜在影响。

(3) 风险准备金分析。在项目任何时点都要将剩余的风险准备金金额与拟接受的风险进行比较,以确定剩余的风险准备金是否仍旧充足。

(4) 更新风险登记册。将新的风险识别和应对情况,原有风险的变动情况纳入风险登记册中。

(5) 更新风险数据库。对于典型的风险事件可以形成记录并对风险分解结构和组织的风险数据库进行更新。项目风险管理活动获取的经验教训,将有助于促进组织经验教训,使风险数据库更加丰富。

6.3.4 案例:学院网站建设项目的风险识别、分析与应对

学院网站建设项目组决定,必须使用规范的风险管理思想来识别、分析、应对与监控学院网站建设项目的风险。本项目风险的识别与应对经过了以下三个步骤。

(1) 风险识别:列出所有可能的风险事件。

(2) 风险分析:为每个风险事件分析风险概率和风险影响值,计算风险期望值,确定风险的级别和顺序。

(3) 风险应对:确定风险应对的策略、应对措施及其截止时间和负责人。

1. 风险的识别

风险识别的方法是确定"风险编号"、找出可能发生风险的"WBS模块"、再拟定"风险事件名称"。

项目组成员依据前已有的 WBS 中那些没有下一层工作的底层工作包,通过头脑风暴法识别出可能会影响项目进度、成本、范围、质量的潜在风险,对每个风险事件都进行编号,赋予一个含义明确的名称记录在表 6.5 的风险识别、分析和应对表中。

表 6.5　学院网站建设项目风险识别、分析和应对表

风险识别				风险定性与定量分析					风险应对			
编号	WBS模块	风险事件	风险概率	风险影响描述	风险影响值	风险期望值	排序	级别	风险策略	风险应对措施	风险处理截止时间	风险负责人
1	项目管理	项目费用超过预算	6%	10%≤成本增加<20%	0.2	0.012	8	四级	缓解	加强成本控制	一周	工作包负责人
2	项目管理	项目时间超过计划时间	10%	5%≤进度拖延<10%	0.2	0.020	6	四级	缓解	压缩关键路径	三天	工作包负责人
3	项目管理	项目成员积极性不高	9%	工作质量受到较小影响	0.1	0.009	9	四级	缓解	交叉作业，避免单一劳动的枯燥感，刺激成员提升效率和效能	一周	工作包负责人
4	需求调研	院党委调研经常推后	20%	10%≤进度拖延<20%	0.4	0.080	1	三级	接受	根据调整后的时间调研	一天	项目经理
5	需求分析	某些需求超出项目范围	25%	范围主要部分受到影响	0.2	0.050	3	三级	规避	明确列出超出项目范围的需求，与业主确认是否需要增加，否则不列入考虑范围	一天	项目经理
6	模块设计	漏掉某些模块	6%	范围的次要部分受到影响	0.1	0.006	11	四级	接受	加班，补充功能模块	一周	工作包负责人
7	模块设计	多设计了某些功能	15%	10%≤进度拖延<20%	0.4	0.060	2	三级	接受	去掉镀金部分	三天	项目经理
8	美工设计	界面设计不友好	9%	质量低需要得到学院领导批准	0.2	0.018	7	四级	接受	改进界面设计方案	两天	工作包负责人
9	硬件规划与采购	软硬件不兼容	1%	项目的最终产品实际上不能使用	0.8	0.008	10	四级	规避	详细规划硬件采购要求	三天	工作包负责人
10	系统测试	测试有漏洞	5%	质量降低使产品不能使用	0.8	0.040	4	四级	接受	重新测试并改进	一周	工作包负责人
11	撰写报告	提交的报告用户看不懂	8%	10%≤质量降低<20%	0.4	0.032	5	四级	接受	报告交付给用户前，重点看，经过仔细审查，报告的技巧性不够	一周	工作包负责人
12	产品转移	用户不愿意使用新系统	1%	质量降低需要得到有关领导的批准	0.2	0.002	12	四级	接受	加强用户沟通与培训	一周	工作包负责人

2. 风险的分析

风险的分析阶段由项目团队分别确定"风险概率"、"风险影响描述"、"风险影响值"、"风险期望值"、"排序"、"风险级别"。具体做法如下：

（1）对每件风险事件，由项目组有经验的成员分别对该风险事件发生概率进行估计，加总平均得出此事件的风险概率。

（2）对每件风险事件，由项目组有经验的成员分别对该风险事件一旦发生，造成的影响进行讨论。将在进度、成本、范围与质量四方面的影响进行具体描述，然后到表6.3（风险影响值的转换表）中分别找到对应的影响值，将四方面影响最大的影响值填入表6.5的风险影响值一栏中，将对应的风险影响描述填入"风险影响描述"一栏中。

（3）根据得出风险概率和风险影响值，将"风险概率"与"风险影响值"相乘计算得出风险期望值，并将风险事件按照风险期望值从大到小排序，为其赋予一个顺序编号，对于前十个风险我们要重点进行监控，进行十大风险追踪。

（4）项目组假设参照表6.4中风险等级划分表确定风险等级，可以根据得到的风险期望值得到风险的级别，并确定相应的风险负责人。假设规定风险期望值在[0,0.05]之间的风险为四级风险，由项目的相应工作包负责人负责，并通知项目经理；(0.05,0.1]之间的风险为三级风险，由项目经理负责。

3. 风险的应对

在风险应对中，确定"风险策略"、"风险应对措施"、"风险处理截止时间"和"风险负责人"。对每件风险事件，项目组员讨论确定一种主要的风险策略，确定出一项或多项措施来应对风险。参照表6.4中风险的级别可以得出每件风险事件的负责人。根据所要采取的具体措施，确定处理的截止时间，比如截止时间填写一周，那么，对于预防类措施，截止时间是指风险识别之后的一周之内；对于纠正类措施，截止时间是风险发生之后的一周之内。

经过上述分析，学院网站建设项目的风险识别、分析和应对表如表6.5所示。

思考题

1. 信息系统项目为什么要实行全面质量管理？
2. 请简述软件能力成熟度模型的层次及其含义。
3. 请简述PDCA循环的含义。
4. 请比较质量保证与质量控制的含义与区别。
5. 请分析帕累托图、因果图、控制图的作用。
6. 请介绍信息系统安全的层次，谈一谈你对信息系统安全设计的思考。
7. 请简要介绍信息系统监理和审计的含义。
8. 请详细介绍风险分析与应对的含义。

第 7 章 项目管理软件

在信息系统建设阶段,融合了先进的项目管理思想和工具的项目管理软件,可以在时间和资源有限的条件下,辅助人们顺利完成从个人到企业,从小型到大型信息系统的开发建设工作。基于此,本章将首先分析项目管理软件的功能和特点,然后简述几种主要的项目管理软件的特性,并详细介绍一种比较常用的项目管理软件——Microsoft 公司的 Project 2013,包括项目范围、资源、成本、进度等的管理。

7.1 项目管理软件概述

项目管理软件的发展离不开项目管理优化技术和计算机技术的发展。计算机诞生之时,伴随项目管理技术的出现,产生了早期的项目管理软件,与当时的其他软件一样,在巨型计算机上运行,价格昂贵,主要应用于特定的领域。项目管理软件的大量涌现是在 20 世纪80 年代,计算机成本下降与性能的迅速提高,加之项目管理技术方法的蓬勃发展,项目管理软件的数量不断增加,功能逐渐强大,普遍应用于各种行业,操作不断简化,价格也大幅下降。

目前,在项目管理领域有许多软件,数量众多,各有所长,涵盖了项目管理全过程的各个阶段和方面,为更好地了解项目管理软件的应用,有必要对其进行分类,在分类的基础上了解各种软件的功能,即在项目管理的什么阶段、什么领域发挥了什么作用,有利于在总体上把握项目管理软件的功能,有的放矢地进行软件选型。

项目管理软件可以按照软件适用的阶段和软件适用的项目对象来进行分类。不同的软件提供的功能不完全一样,需要说明的是,这些功能并不是所有项目管理软件都完全具备的,企业用户应该按照项目特点和管理需求,选择适宜的管理软件。

7.1.1 适用于项目管理不同阶段的软件

1. 适用于特定阶段的项目管理软件

这类软件定位的使用对象和使用范围被限制在一个比较窄的范围内,特定解决项目管理中某个重要问题,如项目建议书和可行性研究工作评估与分析软件、招投标管理软件、快速报价软件等。

2. 适用于项目各个阶段的软件

这类软件能够在项目进展的各个阶段进行相应的管理分析工作,如进度计划、费用控制、合同与办公事务管理等。

3. 对项目运作进行集成管理的软件

这类软件能够把项目进展每个阶段与上、下游阶段的联系、约束、控制等制约影响全面反映在项目管理的过程中。例如,某些高端软件就可以将费用管理在各个阶段的投标预算、核算、结算、费用控制、决算等环节紧密联系,进行关联管理。

7.1.2 适用于不同项目对象的软件

1. 适用于大型复杂项目

这类软件具有项目管理各方面完善的功能,专业性强,提供了丰富的管理工具和方法;但购置费用较高,软件不易使用,使用人员必须经过专门培训。

2. 适用于中小型或企业事务处理项目

这类软件一般具备项目管理所需要的最基本的功能,包括进度管理、资源管理等,通过模块设置或二次开发,可很好地满足用户的需要;购置费用低,使用简单方便。

项目管理软件虽然功能强大,但如同其他软件一样,只能在管理中起辅助决策的作用,真正影响项目管理绩效的,是如何利用软件所反映的信息进行科学决策,控制调整。全部依靠软件来解决所有项目管理的问题,是非常危险的想法。

目前市场上项目管理软件很多,最为大众熟悉的有微软公司的Project,其他还包括Primavera公司的P6、SureTrak和Expedition;Computer Associates International 公司的CA-SuperProject;Welcom公司的OpenPlan;Symantec公司的TimeLine;Scitor公司的Project Scheduler;北京梦龙科技公司的LinkProject等。这些软件有些属于高端软件,功能复杂,适合专业项目管理人员进行超大型多个项目的管理,有些则适用于中小型项目管理的需要,功能完备使用方便,价格相对低廉。企业用户在进行软件选型时,应重点考虑自身需要与软件功能的匹配,当然财务状况和操作人员熟悉程度以及与组织内现有流程的契合程度也是需要参考的因素。

7.1.3 项目管理软件的不同功能

1. 进度计划及追踪控制管理

对大多数项目而言,时间是最重要的资源。通过定义作业及相互的逻辑关系,利用网络技术进行进度计划管理,是项目管理软件中应用最普遍的、技术最成熟的功能,它也是目前绝大多数项目管理软件的核心部分。软件能够根据作业信息,计算关键路径;进行时间进度分析;实时反映实际的计划执行状况,并进行相应调整控制;输出报告。

2. 费用管理

项目管理软件所具备的最基本的费用管理功能是与进度计划集成在一起的费用跟踪功能,对作业中所消耗人员、材料设备、管理等费用可以按项目一次性计算,也可以分摊到具体的某个作业中。而具备高水平的费用管理功能的软件能够集成完成项目生命周期内的所有费用的分析和管理,保持各项管理的一致性,并与合同相关内容联系,具体的功能包括投标报价、预算管理、费用预测、费用控制、绩效检测和差异分析等。

3. 资源管理

项目中涉及的资源包括消耗性的材料设备以及非消耗性的人力、专利等。资源管理功能能够为所有资源建立完善的数据,对资源状况以及资源对作业的贡献进行管理,能够根据作业要求和已有资源自动调配,对资源受限或过剩的情况进行资源均衡。

4. 沟通管理

项目进行过程中,需要各个干系人在不同时点、不同地点进行大量的信息和数据的交互沟通。包括进度报告发布、项目文档管理、项目组成员间及其与外界的通信与交流、项目公告板和消息触发式的管理交流机制等。借助于互联网,项目管理软件可以在任何时间将在任何地点的所有干系人纳入到沟通网络中。同时,在沟通中软件提供保障数据安全性的功能。

5. 风险管理与预测

项目存在时间、费用、质量、技术上的风险,针对这些风险的管理技术已经比较成熟,并体现在了项目管理软件中,常见的功能包括综合权重的三点估计法、因果分析法、多分布形式的概率分析法和基于经验的专家系统等。同时,考虑到风险,对项目未来状况进行预测也是项目管理软件的重要功能,一般而言,还需要在预测的基础上,提供应对的解决方案。例如,当项目实际费用超出预算所采用的应对措施等。

6. 同时处理多个项目

越来越多的项目管理软件提供给用户可以处理多个项目的功能,并且可以在多个项目间进行资源和数据的共享调配。

7.2 Microsoft Project 2013 介绍

Project 2013 作为 Project 系列当前最新的版本,具有更加强大和完备的功能,除提供了 Microsoft Office Project Standard 2013、Microsoft Office Project Professional 2013 和 Microsoft Office Project Server 2013 三个常规版本外,还提供了 Microsoft Office Project Online、Project Online with Project Pro for Office 365 和 Project Pro for Office 365 三个在线版本,可以满足不同层次、不同组织项目管理的需要。通过以下链接,用户可以自行选择购买所需版本:

http://office.microsoft.com/zh-cn/project/FX103797290.aspx

Microsoft Office Project 2013 区别于之前的版本,在易用性、互动性和多样性三个方面都做出了较大改进。

首先,在易用性方面,Project 2013 提供了一个全新的快速开始项目的"一站式中心",

如图 7.1 所示。区别于以往开始项目时的单一空白窗口，这里可以选择从 Microsoft Office Excel、SharePoint 列表中导入项目信息，或者利用 Project 预制的模板编制新的项目计划。同时，针对已有的项目计划，使用者也可以随时通过 SkyDrive 将其打开，根据需要进行编辑。

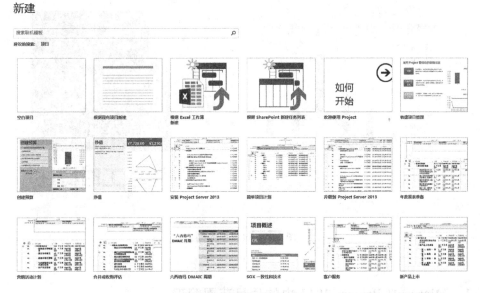

图 7.1　项目开始界面

其次，在互动性方面，Project 2013 为团队成员提供了实时联系的平台，如图 7.2 所示。所有成员可以随时沟通工作进度更新，提出问题，甚至进行长期战略讨论。只需将项目与团队所用的微软即时通信工具 Lync 2013 相连；或者在录入项目资源时，添加项目成员的 Outlook 账号，则可通过将鼠标悬停在某个姓名上选择电话、短信或者邮件方式进行沟通。

图 7.2　项目成员联系平台

最后，在多样性方面，Project 2013 提供更为丰富的项目报告制作方法，如图 7.3 所示。使用者可直接利用 Project 2013 制作专业、色彩丰富的报告，而无需将数据导入其他应用软件中再进行加工。

下面，本书将以"学院网站建设项目"为例演示 Microsoft Project 2013 的各项管理操作。

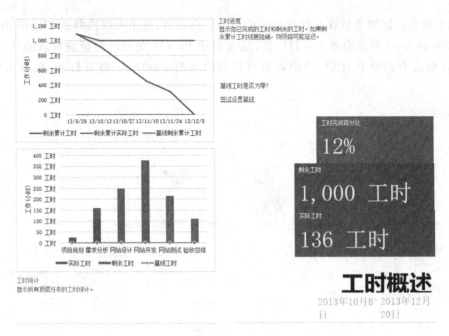

图 7.3 项目报表制作

7.2.1 Microsoft Project 2013 中的项目范围管理

1. 建立项目文件

在使用 Microsoft Project 2013 来管理项目时,第一步是创建一个新项目文件。创建新项目时,可以选择从开始日期或完成日期来安排项目日程,并且可定义特定的文件属性来帮助组织或查找项目。

(1) 创建新项目

第一步,进入"一站式中心",单击"新建"按钮,选择"空白项目"命令。

第二步,选择"项目"→"项目信息"命令。若要从开始日期安排项目日程,在"开始日期"文本框中输入希望项目开始的日期,如图 7.4 所示。若要从完成日期安排项目日程,则选择"日程排定方法"下拉列表框中的"项目完成日期",然后在"完成日期"文本框中输入希望项目完成的日期。

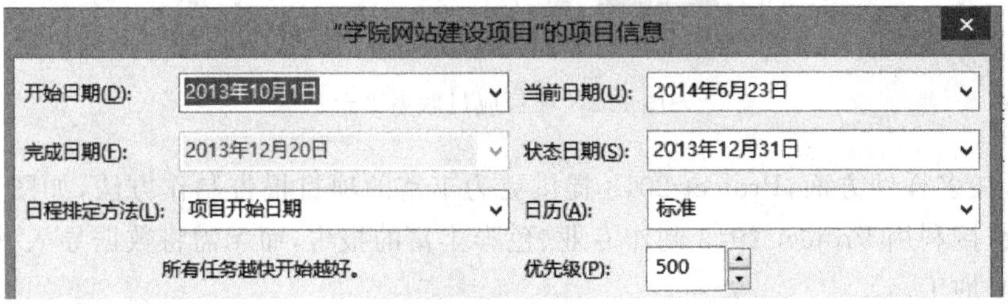

图 7.4 项目信息

（2）定义项目的文件属性

为了帮助用户组织或查找项目，可以为项目输入文件属性，如描述性标题、主题、项目经理或注释。

第一步，为活动项目输入基本文件属性，选择"文件"→"信息"→"项目信息"→"高级属性"命令，在文件属性框中输入相关的项目信息。若要为活动项目添加自定义文件属性，请选择"自定义"选项卡。

第二步，在"名称"、"类型"和"值"框中键入相关信息，然后单击"添加"按钮。

（3）修改项目日历

为了真实模拟现实世界，可以修改项目日历，以反映项目人员的工作时间。日历的默认值设为星期一至星期五是工作日，星期六和星期日是非工作日，但如遇到节假日或有特殊安排，则可通过修改日历体现真实工作日程。如图7.5所示，设置项目日历的步骤如下。

第一步，选择"视图"→"甘特图"命令。

第二步，选择"项目"→"更改工作时间"命令。

第三步，如果要在整个日历中修改每周中的某一天为非工作日，则选择"工作周"→"详细信息"命令，单击"将所列日期设置为非工作时间"单选按钮，在左侧周列表中选择星期几，单击"确定"按钮。

图 7.5 项目工作日修改

第四步，在日历中选择一个日期。

第五步，单击"例外日期"选项卡，输入"名称"。

第六步，如需调整连续的一段工作时间，请在"开始时间"框中输入开始调整的时间，在"完成时间"框中输入结束调整的时间。

第七步，单击"确定"按钮，如图7.6所示。

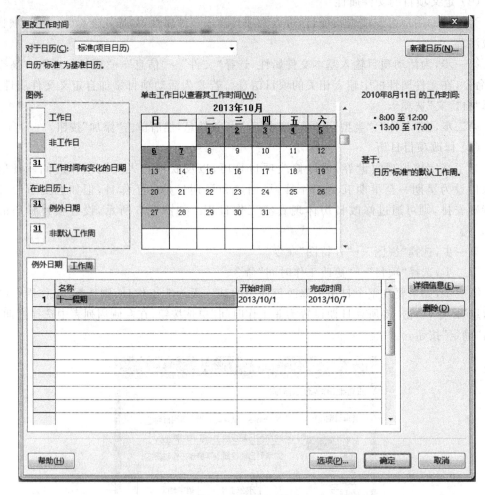

图 7.6 项目日历修改

2. 建立任务

通常,项目是由一系列相互关联的任务组成。任务定义时,需要考虑如下因素:一个任务代表了一定量的工作,应有明确的可交付结果;任务时间应短于总体项目工期,任务越短,估计时间和资源越容易,同时也便于定期跟踪其进展情况;对于风险较大的工作,应该进行更详细地分解;应注意避免将休假等事项定义为任务。

第一步,选择"视图"→"甘特图"命令。

第二步,在"任务名称"栏中输入任务名称。

第三步,在"工期"栏中,输入每项任务的工作时间,单位可以是月、星期、工作日、小时或分钟,不包括非工作时间。

第四步,按照任务发生的先后次序输入任务。

所建的任务可以参见图 7.7 的左侧任务列表。

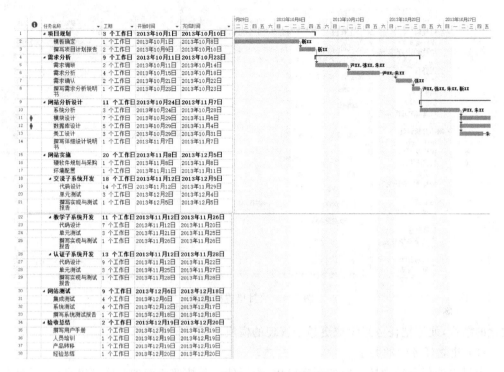

图 7.7　软件开发项目甘特图

3. 进行任务管理

任务建立之后,通常需要设置里程碑,并对任务之间的关系等方面进行管理。

(1) 创建里程碑

在项目进行的过程中,某些或某个任务完成,意味着阶段性工作的结束或开始。Project 可以用里程碑来标识项目中重要事件的参考点,用于监督项目的进度。创建里程碑的方法很简单,只需将该任务的工期输入为 0 个工作日。相应地,"甘特图"中的开始日期处就会显示一个里程碑符号◆,如图 7.8 所示,假设增加一个里程碑"提交项目计划报告"。除了工期为 0 的任务会被自动标记为里程碑之外,也可以将任意一项任务标记为里程碑。如果要将某个任务的完成标记为里程碑,单击"任务名称"栏中的任务,然后右击"任务信息"按钮,再选择"高级"选项卡,选中其中的"标记为里程碑"复选框,如图 7.9 所示。

图 7.8　项目里程碑创建

(2) 建立工作分解结构(WBS)

可以使用"任务"选项卡"日程"栏中的"升级"按钮 或"降级"按钮 使得指定任务成为摘要任务或子任务。这样可将相关的任务按一定层次缩进到概括的任务中,从而创建层

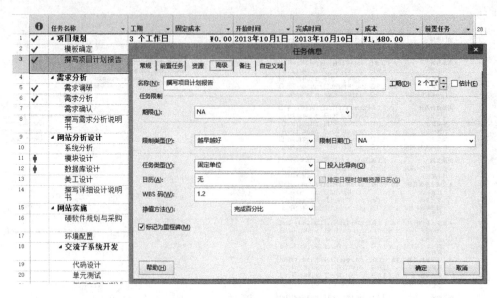

图 7.9 项目里程碑设置

次化的结构,便于把任务组织成更易于管理的模块。

(3) 建立任务间的关系

项目中的任务通常按一定的顺序发生,为了使任务按照正确的时间顺序进行,需要在相关的任务间建立链接,并指定相关的类型。关于任务的相关性,Microsoft Project 定义了四种,即"完成-开始"、"开始-开始"、"完成-完成"或"开始-完成"。在默认情况下创建"完成-开始"相关性。用户可以根据项目的实际情况来选择任务链接类型。建立任务链接的方法如下。

第一步,选择"视图"→"甘特图"命令。

第二步,在"任务名称"栏中,按照链接顺序选择要链接的两项或多项任务。要选择相邻的任务,按住 Shift 键,然后单击需要链接的第一项和最后一项任务。要选择非相邻的任务,则按住 Ctrl 键,然后依次单击需要链接的任务,如图 7.10 所示。

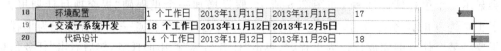

图 7.10 项目任务链接

第三步,单击"链接任务"按钮 。

第四步,如果需要改变任务链接,双击需要修改的任务之间的链接线。 弹出"任务相关性"对话框。

第五步,在"类型"文本框中,选择所需的任务链接类型。在"延隔时间"文本框中以工期或前置任务工期百分比的形式,输入所需的前置重叠时间或延隔时间。以负数或负的百分比输入前置重叠时间(例如,-2d 表明两个工作日的前置重叠时间),以正数或正的百分比输入延隔时间,如图 7.11 所示。

第六步,单击"确定"按钮。

图 7.11 项目任务链接修改

另外,如果需要取消任务链接,可在"任务名称"域中选择需要取消链接的任务,然后单击"取消任务链接"按钮 。此时,所有这些任务将会根据与其他任务的链接或限制重新安排日程。

(4) 拆分任务

有时需要中断任务的执行,过一段时间后才继续开始。例如,一个资源撤离某项任务,而接替者要再过一段时间才能开始工作。此时,可以拆分任务来表示没有开展工作的时间段。根据不同的需要可以将任务拆分任意多次。拆分任务的方法如下。

第一步,选择"视图"→"甘特图"命令。

第二步,单击"任务"选项卡"日程"栏中的"任务拆分"按钮 。

第三步,在任务的甘特条形图中,选择任务,单击要拆分的日期,然后拖动条形图的第二部分,直至要继续开始工作的日期。

另外,如果要取消拆分,可以拖动拆分后的任务的某一部分使其与另一部分相接。

由此,完成了对一个项目范围的确定,建立了相应的项目文件,并定义了项目中的任务,以及任务的分解结构、完成时间、先后顺序、彼此关系等重要信息。

4. 项目查看与调整

(1) 查看整个项目

项目在输入完基本数据后,需要进行检查,确信已排定了项目日程。Microsoft Project 提供了多种方法和手段,用户可以从不同的角度来了解项目的整体情况。

通过"甘特图"可以了解整个项目,具体方法如下。

第一步,选择"视图"→"甘特图"命令。

第二步,选择"视图"选项卡中的"完整项目"命令。

第三步,单击"显示比例"中的"放大"按钮 或"缩小"按钮 ,可改变时间刻度,查看甘特图的条形图。

另外,用"日历"视图可以按照每月的日历牌显示任务(如图 7.12 所示)。

用网络图可以看到任务间的关系,以及任务的工期、开始时间和结束时间,如图 7.13 所示。

(2) 调整日程

如果在查看信息过程中发现不能满足项目完成日期的要求,则可以调整任务、资源来缩短日程。

首先要查看关键任务,检查关键任务的相关性,如果两个任务可以同时开始,则可将任

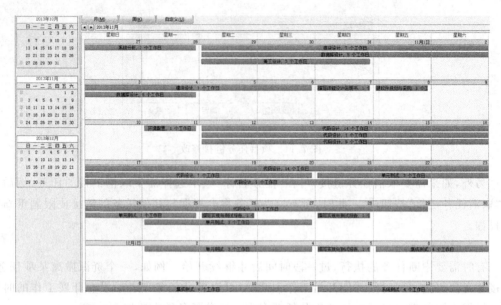

图 7.12　项目的日历表

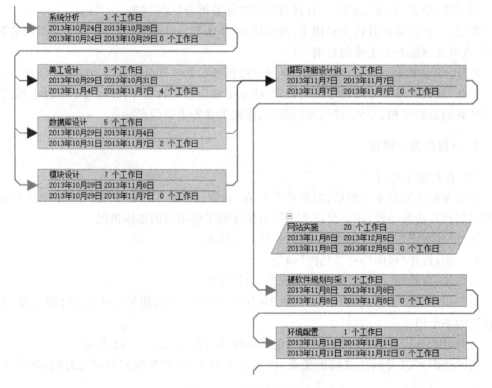

图 7.13　项目的网络图

务相关性更改为"开始-开始"。如果两个任务应同时完成,则可以将任务相关性更改为"完成-完成",这样可在很大程度上缩短关键路径。从而缩短了完成日期。

其次,检查和调整重叠任务。如果存在比日程中显示的时间更早开始的任务,则可为任务添加前置重叠时间,从而使任务的开始日期与前置任务的完成日期彼此重叠。例如,如果"美工设计"可以在"系统分析"完全结束前开始,则可在系统分析完成一半后开始"美工设计"任务,从而更有效地利用时间。因此,可以在"系统分析"任务完成和"美工设计"任务开始之间设置前置重叠时间。在 Microsoft Project 中,输入负数或负数百分比作为前置重叠时间,例如—2d 或—30%。当然也可通过添加延隔时间来延迟任务(在"建立任务间的关系"中所提到的"任务相关性"对话框的"延隔时间"栏中输入正数或正数百分比,如图 7.10 所示)。

同时,也可以检查和调整对任务的限制。可将对任务的默认限制"越早越好"更改为其他七种限制之一,或将限制重设为默认限制。以便更好地反映任务完成的时间,创建更精确的日程。

再次,可以通过拆分任务来调整日程。当需要暂时停止某个任务,而进行另一个任务时,利用拆分任务使其中断,并在日程的后续阶段将其恢复。

另外,可以通过添加更多的资源来缩短任务的工期。例如,如果某任务的工期为两个工作日,并且已分配一个资源,在为该任务添加了另一个资源时,则该任务的工期将有可能缩短到一个工作日。如果用户在资源分配上具有比日程期限更多的灵活性,则添加资源是缩短日程的有效方法。具体资源调整的原则和方法,将在下一部分中进行说明。

(3) 制作项目概述报表

在项目计划完成后,为了更好地了解项目细节,并将其展示给其他相关人员,Microsoft Project 提供了内置的"项目概述"报表,如图 7.14 所示,获取方法如下。

第一步,选择"报表"→"查看报表"→"仪表板"→"项目概述"命令。

第二步,双击想要修改的图表,即可在右侧格式设计栏,或上方"图表工具"选项卡中选择所需的图表样式。

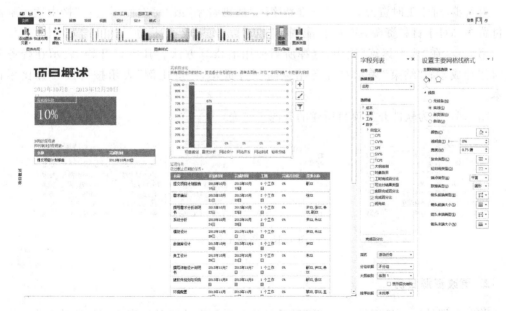

图 7.14 项目概述报表

7.2.2 Microsoft Project 2013 中的项目资源管理

任何项目都必须使用资源，这些资源包括人力、物力和财力。一个好的项目管理者可以用较少的资源，保质保量地完成任务。在 Microsoft Project 中将资源量化，并与任务结合起来，自动管理它们之间的关系。用户可以随时了解资源的使用情况和当前状况，根据这些数据进行决策分析。

1. 建立资源工作表

可以使用"资源工作表"视图创建人员、设备和材料资源的列表，由它们组成工作组并实施项目任务。资源列表可以由工时资源或材料资源组成。工时资源为人员或设备；材料资源为可消耗的材料或供应品，例如，打印纸、打印机或光盘。另外，还可为资源分配标准工资率、加班工资率或每次使用成本，从而可以精确地管理项目成本。建立资源工作表的方法如下。

第一步，选择"视图"→"资源视图"→"资源工作表"命令。

第二步，选择"视图"→"表"→"项"命令。

第三步，在"资源名称"栏中，输入资源名称。如果要指明资源组，可在资源名称的"组"栏中，输入组名。

第四步，在"类型"栏中，选择资源类型。"工时"对应工时资源。"材料"对应材料资源。

第五步，对于每个工时资源（人员或设备），在"最大单位"选项区域中键入该资源可用的资源单位数，为百分比。例如，输入 200% 表明特定资源的两个全时单位。对于每个材料资源（会在项目中不断消耗），在"材料标签"栏中，输入材料资源的度量单位，如千克、吨等。

第六步，对于工时资源，应在"标准费率"、"加班费率"或"每次使用成本"栏中输入资源支付费率。对于材料资源，应在"标准费率"或"每次使用成本"栏中输入支付费率。

第七步，在"成本累算"栏中，选择所需使用的累算方法。其中，"开始"表示在任务开始时累计成本；"结束"表示在任务结束时累计成本；"按比例"表示按完成百分比累计成本。

图 7.15 是为软件开发项目所建的资源工作表。

	❶	备注	资源名称	类型	材料标签	缩写	最大单位	标准费率	加班费率	每次使用成本	成本累算	基准日历
7			详细设计	李XX	工时		李	100%	¥10.00/工时	¥5.00/工时	¥0.00	按比例	标准
6			详细设计	王XX	工时		王	100%	¥10.00/工时	¥5.00/工时	¥0.00	按比例	标准
5			详细设计	蔡XX	工时		蔡	100%	¥10.00/工时	¥5.00/工时	¥0.00	按比例	标准
4			需求调研	尹XX	工时		尹	100%	¥10.00/工时	¥5.00/工时	¥0.00	按比例	标准
3			需求调研	朱XX	工时		朱	100%	¥10.00/工时	¥5.00/工时	¥0.00	按比例	标准
2			项目信息明星	张XX	工时		张	100%	¥15.00/工时	¥5.00/工时	¥0.00	按比例	标准
1			项目经理	靳XX	工时		靳	100%	¥20.00/工时	¥5.00/工时	¥0.00	按比例	标准

图 7.15 资源工作表

2. 更改资源日历

前面介绍的项目日历是每个资源默认的工作时间和休息日。当个别资源的工作日程完全不同，或者计算假期或设备停工期时，可以修改个别资源的日历。资源日历的更改方法与项目日历的更改方法类似。

如果一组资源具有相同的工作时间和休息日,则可为其新建一个基准日历,如图7.16所示,建立一个基准日历的方法如下。

第一步,选择"项目"→"属性"→"更改工作时间"命令,弹出"更改工作时间"对话框。

第二步,单击对话框中的"新建"按钮,并输入新基准日历的名称。

第三步,单击"新建基准日历"单选按钮,从默认日历开始创建。或者基于某个已有日历单击"复制"按钮,然后单击"日历"框中的日历名称。

第四步,单击"确定"按钮,然后修改日历上的日期和小时。

第五步,在"资源工作表"视图中,为每一个希望分配新基准日历的资源在其"基准日历"栏中选择新基准日历。

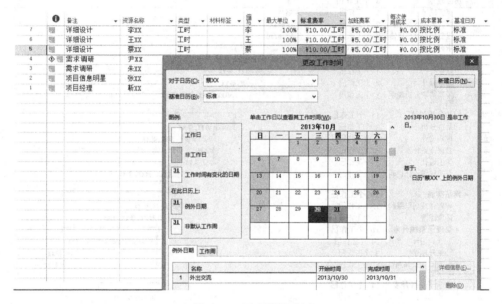

图7.16 更改资源日历

3. 为任务分配资源

给任务分配资源就是让任务和资源关联起来,比如安排一个任务由哪些人来完成,需要使用哪些材料和设备。分配方法如下。

第一步,选择"视图"→"甘特图"命令。

第二步,在"任务名称"栏中,选择希望为其分配资源的任务,然后单击"分配资源"按钮 。

第三步,在"资源名称"栏中,选择希望为其分配任务的资源。要分配几个不同的资源,则按住Ctrl键并单击"资源名称"。

第四步,可以指定资源为全职或兼职。如果是兼职,需在"单位"栏中输入或选择小于100的百分比,该百分比表示希望资源在任务上花费的工作时间的百分比。如果要分配多个相同的资源(例如三个测试人员),可在"单位"栏中输入或选择大于100的百分比(300%)。必要时可在"资源名称"栏中输入新资源的名称。

第五步,单击"分配"按钮,则在"资源名称"栏左边出现选中标记,表明该资源分配给了所选定的任务。单击"删除"按钮,取消该资源对选定任务的分配。单击"替换"按钮可以实现一个资源替换另一个资源。

第六步,单击"关闭"按钮。

在"甘特图"中选择任务,双击该任务,会弹出"任务信息"对话框,选择"资源"选项卡,可查看资源的分配情况,也可以进行资源分配。图7.17是给任务分配资源后的甘特图。当资源分配后,"任务名称"的前一列出现 标志,则表示分配给该任务的资源出现了过度分配的情况。

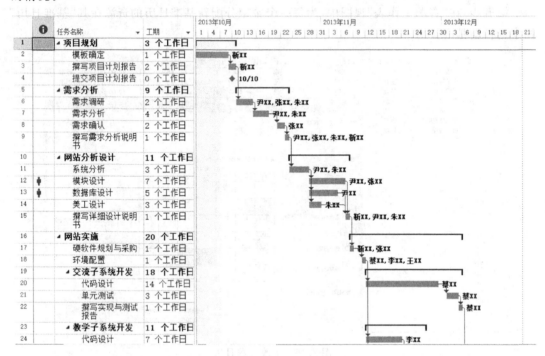

图 7.17 给任务分配资源后的甘特图

4. 查看资源分配状况

(1) 查看资源使用状况

如果希望详细了解资源的分配情况,请选择"视图"→"资源使用状况"命令,通过这个视图可以查找在指定任务上为每个资源安排的工时数,并可以查看过度分配的资源(在"资源使用状况"视图里,如果资源名称为红色并且为粗体,则资源为过度分配)。还可确定每个资源具有多少可用时间能用于其他工作分配,如图7.18所示。

(2) 制订资源概述报表

在分配资源后,为了更便捷地向项目组展示资源分配情况,Microsoft Project提供了内置的"资源概述"报表。选择"报表"→"查看报表"→"资源"→"资源概述"选项,即可得到资源概述报表,如图7.19所示。

第7章 项目管理软件

图 7.18 项目的资源使用状况

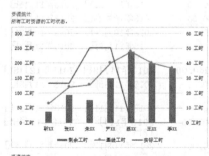
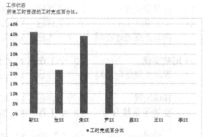

图 7.19 资源概述报表

7.2.3 Microsoft Project 2013 中的项目成本管理

项目的成本管理主要目的是通过定期、经常地收集项目的实际成本数据,并进行成本的分析,将成本控制在预期范围内。在 Microsoft Project 中,成本的管理主要包括以下几个方面。

1. 为项目添加估计成本

在默认情况下,Microsoft Project 所呈现的栏中并不包含"成本",因此输入每项任务所需费用的步骤如下。

第一步,选择"视图"→"甘特图"命令。

第二步,选择"工期"域后右击,在弹出的快捷菜单中选择"插入列"命令。

第三步,在弹出的"列定义"对话框中,在"域名称"下拉列表中选取"成本"选项后,单击"确定"按钮。

第四步,针对每项任务所需的费用,依次进行输入,如图 7.20 所示。

		任务名称	工期	成本	开始时间	完成时间
1	✓	▲项目规划	3 个工作日	¥1,000.00	2013年10月1日	2013年10月10日
2	✓	模板确定	1 个工作日	¥200.00	2013年10月1日	2013年10月8日
3	✓	撰写项目计划报告	2 个工作日	¥800.00	2013年10月9日	2013年10月10日
4		▲需求分析	9 个工作日	¥1,800.00	2013年10月11日	2013年10月23日
5	✓	需求调研	2 个工作日	¥500.00	2013年10月11日	2013年10月14日
6	✓	需求分析	4 个工作日	¥700.00	2013年10月15日	2013年10月18日
7		需求确认	2 个工作日	¥500.00	2013年10月21日	2013年10月22日
8		撰写需求分析说明书	1 个工作日	¥100.00	2013年10月23日	2013年10月23日
9		▲网站分析设计	11 个工作日	¥3,900.00	2013年10月24日	2013年11月7日
10		系统分析	3 个工作日	¥600.00	2013年10月24日	2013年10月28日
11		模块设计	7 个工作日	¥1,500.00	2013年10月29日	2013年11月6日
12		数据库设计	5 个工作日	¥1,200.00	2013年10月29日	2013年11月4日
13		美工设计	3 个工作日	¥400.00	2013年10月29日	2013年10月31日
14		撰写详细设计说明书	1 个工作日	¥200.00	2013年11月7日	2013年11月7日
15		▲网站实施	20 个工作日	¥13,560.00	2013年11月8日	2013年12月5日
16		硬软件规划与采购	1 个工作日	¥2,500.00	2013年11月8日	2013年11月8日
17		环境配置	1 个工作日	¥400.00	2013年11月11日	2013年11月11日
18		▲交流子系统开发	18 个工作日	¥4,940.00	2013年11月12日	2013年12月5日
19		代码设计	14 个工作日	¥3,920.00	2013年11月12日	2013年11月29日
20		单元测试	3 个工作日	¥840.00	2013年12月2日	2013年12月4日
21		撰写实现与测试报告	1 个工作日	¥180.00	2013年12月5日	2013年12月5日

图 7.20 输入项目各个任务的成本

2. 项目成本的定义

在 Microsoft Project 中,项目的成本由如下的计算获得:

$$成本 = 实际可变成本 + 剩余可变成本 + 固定成本$$

其中：

实际可变成本＝(实际工时×标准工资率)＋(实际加班工时×加班工资率)＋资源每次使用成本

剩余可变成本＝(剩余工时×标准工资率)＋剩余加班成本。即在总可变成本中，减去实际消耗的可变成本，即是剩余可变成本，这是项目进度在成本方面的一种表示。

如图 7.21、图 7.22 所示，在项目任务未开始进行时，图 7.21 中所示的所有项目任务的实际成本均为零，剩余成本为待进行的所有任务的总成本。当项目进行一段时间后，"模板确定、撰写项目计划书、需求调研"三个任务均开始进行，此时，如图 7.22 所示，已进行的项目任务实际成本与剩余成本均随任务进行发生变化。

固定成本，是指无论任务的工期或资源完成的工时怎么变化，其成本都不会更改的部分，例如设备成本。Microsoft Project 中不允许在"实际成本"和"剩余成本"中自行输入，它们是由资源的投入比例与资源成本等因素决定的，而固定成本是可以通过以下方法设定的，如图 7.21 所示。

第一步，选择"视图"→"甘特图"命令。

第二步，选择"视图"菜单中的"表"子菜单，然后选择"成本"命令。

第三步，在任务的"固定成本"栏中，输入成本。

	任务名称	固定成本	固定成本累算	总成本	基线	差异	实际	剩余
1	▲项目规划	¥0.00	按比例	¥1,480.00	¥0.00	¥1,480.00	¥0.00	¥1,480.00
2	模板确定	¥200.00	按比例	¥360.00	¥0.00	¥360.00	¥0.00	¥360.00
3	撰写项目计	¥800.00	按比例	¥1,120.00	¥0.00	¥1,120.00	¥0.00	¥1,120.00
4	▲需求分析	¥0.00	按比例	¥3,680.00	¥0.00	¥3,680.00	¥0.00	¥3,680.00
5	需求调研	¥500.00	按比例	¥1,060.00	¥0.00	¥1,060.00	¥0.00	¥1,060.00
6	需求分析	¥700.00	按比例	¥1,340.00	¥0.00	¥1,340.00	¥0.00	¥1,340.00
7	需求确认	¥500.00	按比例	¥740.00	¥0.00	¥740.00	¥0.00	¥740.00
8	撰写需求分析说明书	¥100.00	按比例	¥540.00	¥0.00	¥540.00	¥0.00	¥540.00

图 7.21　输入固定成本

	任务名称	固定成本	固定成本累算	总成本	基线	差异	实际	剩余
1	▲项目规划	¥0.00	按比例	¥1,480.00	¥0.00	¥1,480.00	¥776.00	¥704.00
2	模板确定	¥200.00	按比例	¥360.00	¥0.00	¥360.00	¥216.00	¥144.00
3	撰写项目计	¥800.00	按比例	¥1,120.00	¥0.00	¥1,120.00	¥560.00	¥560.00
4	▲需求分析	¥0.00	按比例	¥3,680.00	¥0.00	¥3,680.00	¥159.00	¥3,521.00
5	需求调研	¥500.00	按比例	¥1,060.00	¥0.00	¥1,060.00	¥159.00	¥901.00
6	需求分析	¥700.00	按比例	¥1,340.00	¥0.00	¥1,340.00	¥0.00	¥1,340.00
7	需求确认	¥500.00	按比例	¥740.00	¥0.00	¥740.00	¥0.00	¥740.00
8	撰写需求分析说明书	¥100.00	按比例	¥540.00	¥0.00	¥540.00	¥0.00	¥540.00

图 7.22　可变成本

3. 资源成本设定

由上面的分析可以看出，项目成本的计算，离不开相关资源的成本设定。

第一步，切换到"资源工作表"视图。

第二步，输入每个资源对应的标准和加班费率。

第三步,根据资源的种类,在"成本累算"下拉列表框中选择"开始"、"结束"或"按比例",如图 7.23 所示。

图 7.23　项目资源成本设置

对资源采用"开始"累算方式,意味着一旦到达开始时间,成本就会发生,不管资源有没有真正被使用。比如,对于会议室这个资源,按照计划租借之后,就会产生费用。与此对应,采用"结束"的计算方式,则会在项目活动结束时才支出。采用"按比例"累算方式,是 Microsoft Project 默认的计算方式,即项目进行到什么时候,就对资源付费到什么时候。

4. 项目实际成本的计算

在了解了资源成本的意义之后,就可以把资源分配到任务中,再对项目的实际成本进行计算和管理。

首先,对于任务本身,在没有资源分配的情况下,可以按照比例确定某个时点时,任务的实际成本。具体步骤如下。

第一步,选择"视图"→"甘特图"命令。

第二步,双击任务的任何域,打开"任务信息"对话框,设定某项任务的"完成百分比"。

第三步,此时,任务实际成本即会按比例产生,而剩余成本则是总成本与实际成本的差额,如图 7.24 所示。

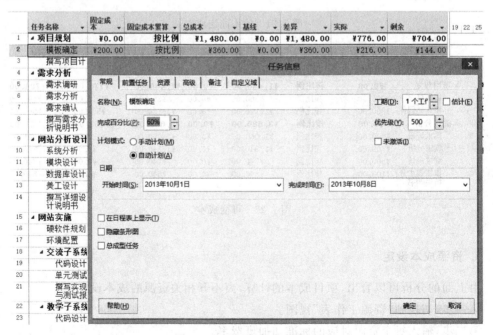

图 7.24　项目任务进度设置

如果将资源分配到任务中,相应的成本计算流程如下。

第一步,确定所涉及的任务,完成百分比设定为 0。

第二步,选择"任务信息"的"资源"选项卡,从资源名称的下拉列表中选择相应的资源,即将资源分配到相应的任务中,如图 7.25 所示。

第三步,在"任务信息"中,把任务的完成比例设置为相应的比例值。此时,任务的实际成本将会包含资源成本部分。

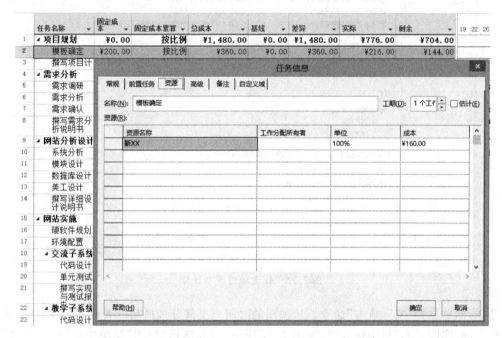

图 7.25　项目任务资源设置

5．跟踪成本更新

(1) 跟踪项目成本

项目管理者可能希望了解资源的成本支出或项目在某一阶段的成本超出等信息。跟踪项目成本将有助于查看在何处需要进行更改来按时在预算内完成项目。

随着任务的执行,Microsoft Project 将基于任务成本累算方式和资源支付费率来自动更新实际成本。但如果想独立于任务的实际工时来跟踪实际成本,则可手动输入成本。如果要手动更新成本,必须先关闭实际成本的自动更新,然后在工作分配的剩余工时为零时输入自己的实际成本。具体方法如下。

第一步,选择"文件"→"选项"命令,然后选择"日程"选项卡。

第二步,取消选中选项卡下部的"Project 自动计算实际成本"复选框,如图 7.26 所示。

第三步,选择"视图"→"任务分配状况"命令。

第四步,选择"视图"菜单中的"表"子菜单,然后选择"跟踪"命令。

第五步,在"实际成本"栏中输入要更新成本的工作任务的实际成本。如果希望输入日程中某一天或某一段时间的实际成本,可以选择"任务分配状况工具"菜单中的"详细信息"

图 7.26 修改项目成本计算

子菜单,然后选择"实际成本"命令。从视图的时间刻度部分选择某一天或某一段时间,然后在任务的"实际成本"栏中输入值,如图 7.27 所示(可以选择"视图"菜单中的"时间刻度"来改变时间刻度,以便按周、按月输入)。

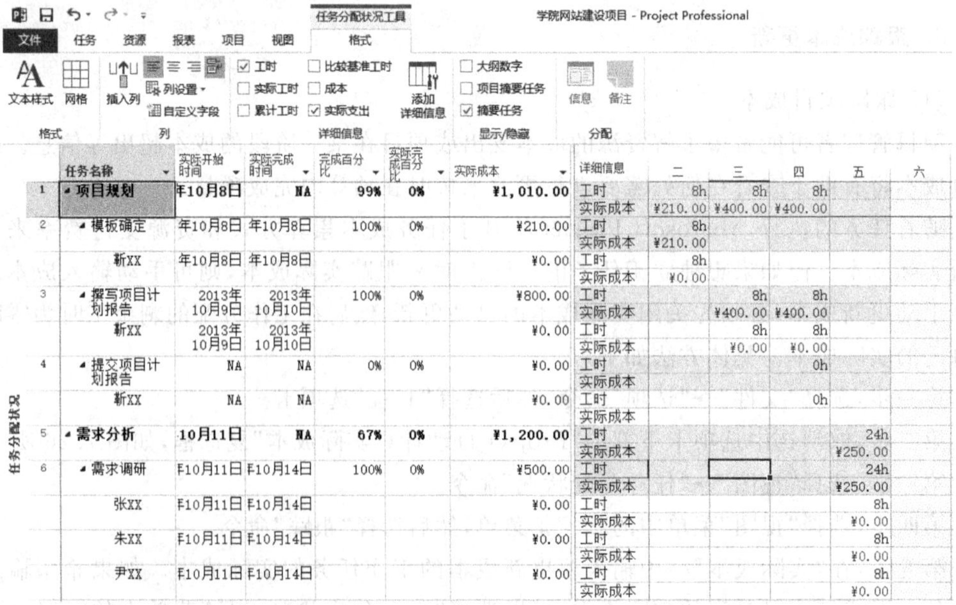

图 7.27 录入项目实际成本

在项目进行过程中,查看成本状况的方式有以下几种。

首先,通过选择"项目"菜单中的"项目信息",然后单击"统计信息"按钮,可以检查项目的"当前"、"基线"、"实际"和"剩余"成本来查看项目是否在预算内,如图7.28所示。

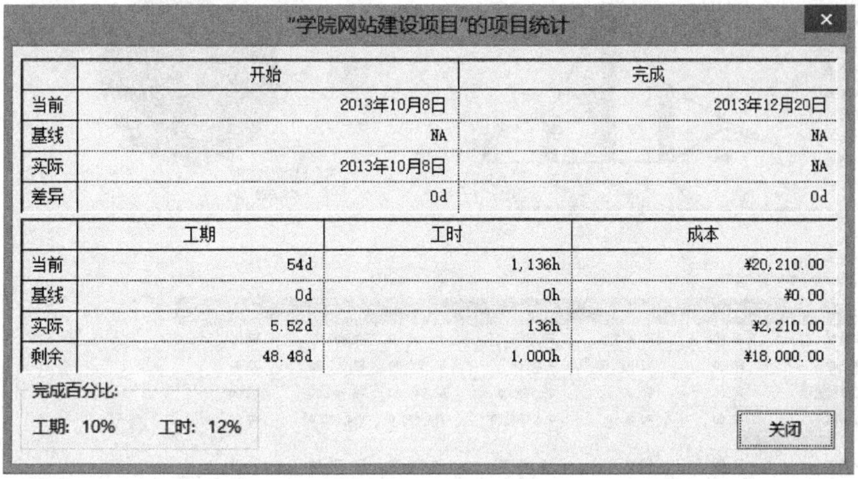

	开始	完成
当前	2013年10月8日	2013年12月20日
基线	NA	NA
实际	2013年10月8日	NA
差异	0d	0d

	工期	工时	成本
当前	54d	1,136h	¥20,210.00
基线	0d	0h	¥0.00
实际	5.52d	136h	¥2,210.00
剩余	48.48d	1,000h	¥18,000.00

完成百分比:
工期:10% 工时:12%

图7.28 查看项目当前成本

其次,通过"甘特图"视图,也可以查看任务成本。选择"视图"→"甘特图"命令,选择"视图"菜单中的"表"子菜单,然后选择"成本"命令,比较"总成本"和"基线"栏中的值。"差异"域中的值为成本差异。

最后,还可以查看分配给任务的资源和与该任务相关的资源成本。选择"视图"→"任务分配状况"命令。选择"视图"菜单中的"表"子菜单,然后选择"成本"命令。比较分配给该任务的资源的"总成本"、"基线"、"实际"和"剩余"栏中的值。

(2) 定制成本分析报表

项目进展到一定程度后,通过制作资源成本相关报表可有效展现项目进度及绩效,为下一步的项目实施提供参考,Microsoft Project 提供了内置的一系列项目成本报表供选择,具体方法如下。

第一步,选择"报表"选项卡下"查看报表"栏"成本"菜单中的任一报表类型,如"任务成本概述",如图7.29所示。

第二步,当报表中显示的数据信息太多,可以单击相应的图标,然后单击"筛选"按钮,选择想要显示的信息,如图7.30所示。

第三步,若 Microsoft Project 内置报表类型不能满足使用者的需求,使用者可以自定义报表。选择"报表"选项卡下"查看报表"栏"新建报表"菜单中的"图表"类型选项,如图7.31所示。输入报表名称,生成默认报表后,可通过之前所介绍的图表信息筛选及图表格式定制得到所需的报表。

任务成本概述

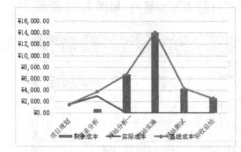

图 7.29 任务成本概述报表

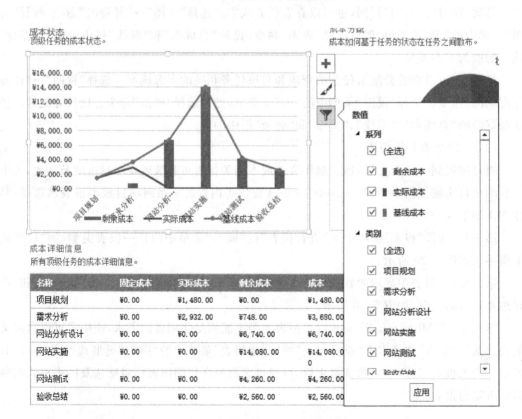

图 7.30 项目报表信息筛选

第7章 项目管理软件

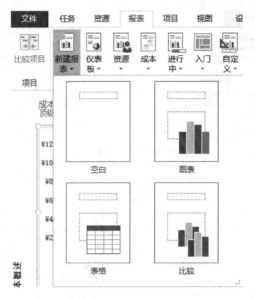

图 7.31　自定义项目报表

7.2.4　Microsoft Project 2013 中的项目进度管理

在项目管理中,需要监视项目的三个重要因素:时间、费用和范围。调整其中任何一个因素都会影响其他两个因素。意外的延迟、成本的超出和资源更改等事件都将在日程计划中导致问题。Microsoft Project 提供了多种方法来保持项目信息为最新,可进行实时跟踪,及早确定可能影响项目成功的问题,并提出解决方案。

1. 跟踪日程

为了保证项目按日程进行,每个任务应尽可能地按时开始和完成。但在实际执行过程中,实际进度与计划难免会出现差异,重要的是应尽早发现偏离基线计划的任务,以便调整任务相关性、重新分配资源或删除某些任务来满足最终期限的要求。使用"跟踪甘特图"视图可以比较每个任务的当前日程和原始日程,显示任务完成的百分比,协助管理者发现问题,如图 7.32 所示。具体步骤如下。

第一步,选择"任务"→"甘特图"→"跟踪甘特图"命令。

第二步,如果要查看差异域,可选择"视图"菜单中的"表"子菜单,然后选择"差异"命令。同样地,如果要查看工时,可选择"工时"命令。

在显示差异之前必须更新任务的实际开始和完成日期、实际工时值或实际工期。Microsoft Project 将基于输入的信息计算其他任务信息。

输入任务的实际信息的方法如下。

第一步,选择"视图"→"甘特图"命令。

第二步,在"任务名称"栏中选择要更新的任务。

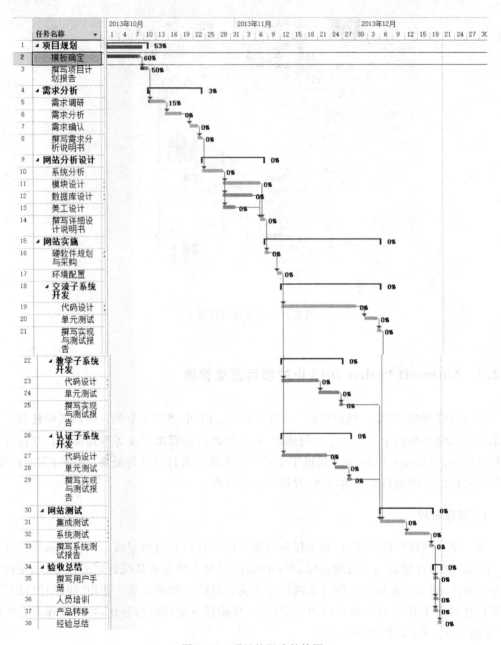

图 7.32 项目的跟踪甘特图

第三步,如果任务已按日程开始,请单击"任务"→"日程"→"跟踪时标记"按钮 →。如果任务没有按日程进展,则单击"更新任务"按钮,弹出"更新任务"对话框,如图 7.33 所示。在"实际工期"文本框中键入任务的实际工期。在"完成百分比"文本框中输入 0~100 之间的数字,用百分比来更新任务的进度,在"实际"部分下的"开始"或"完成"框中输入或选择日期。如果输入了完成日期,请确保任务已经 100% 完成;Microsoft Project 将假定日期默认是正确的并相应地重排其他任务的日程。

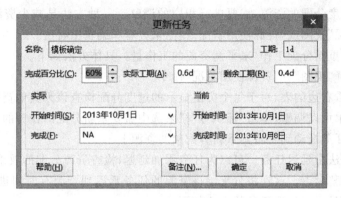

图 7.33　更新项目任务

2．追踪资源使用

在管理过程中,通常需要查看资源分配是否平衡,如果存在过度分配资源,需要查看是否添加更多的资源或重新分配任务。

资源的过度分配是指分配给人员和设备的工作超出其在计划工作时间内所能完成的工作量。查看过度分配的资源及其任务的方法如下。

第一步,选择"视图"→"资源使用状况"命令。

第二步,选择"视图"→"数据"→"筛选器"→"过度分配的资源"命令。任何过度分配的资源将单独以红色来显示。

第三步,可以查看分配了多少资源工时量。选择"资源使用状况工具"→"添加详细信息"命令。单击"使用状况细节"选项卡,选择"可用域"中的"资源分配百分比",单击"显示"按钮,如图 7.34 所示。

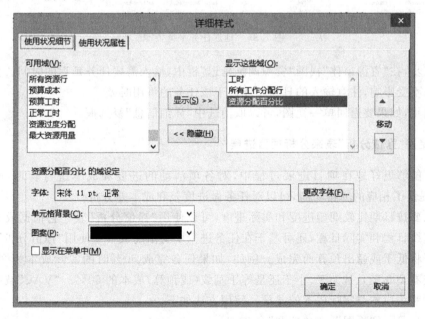

图 7.34　查看资源分配量

如果存在过度分配的资源,需要进行相应的调整。一种方法是减少资源工时。可以使用"任务分配状况"视图或"资源使用状况"视图来查看和编辑工时值。

还可以通过重新分配工作,来平衡资源的工作量。具体方法如下。

第一步,选择"视图"→"资源使用状况"命令。

第二步,查看右边的表,对于每个突出显示的过度分配检查该天其他资源的可用性。

第三步,如果可以调整,单击"标识号"栏来选中需要重新分配的任务的整个行。

第四步,将任务拖动到要将其重新分配给的资源上。

还有一种方法是延迟任务。可以为任务添加延迟,检查资源分配的效果,然后在必要的情况下进一步调整延迟。这样将分配给该资源的任务延迟到资源有时间进行,而且不延误整个项目完成的日程。延迟任务的方法如下。

第一步,选择"视图"→"资源使用状况"命令。

第二步,选中过度分配的资源,选择"视图"→"拆分视图"→"详细信息"→"资源窗体"命令,如图7.35所示。

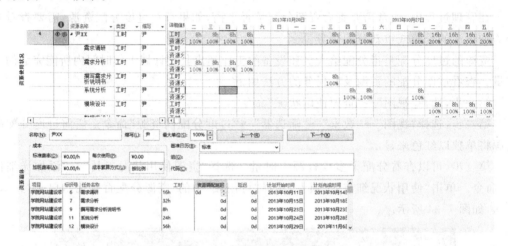

图 7.35　延迟任务平衡资源

第三步,在"资源窗体"视图"资源调配延迟"栏中,输入需要任务延迟的时间。为了确保后继任务不受影响,注意输入的日期不能迟于该任务的可用时差。

第四步,如果要返回单一视图,可以取消选中"详细信息"复选框。

3. 使用"挣值分析"表来分析项目进展

为了能够更好地在项目进展过程中,对各项活动的进度和成本进行管理,Microsoft Project 提供了相应的分析功能,可以对任务做进度差和成本差分析。

如果要按日期比较期望进度和实际进度,可以使用"挣值分析"表。它根据成本来比较任务的基线日程和实际日程,还可基于在任务进行中支出的成本来使用"挣值分析"表,预测任务是否将低于或超出预算而完成。例如,如果任务完成50%时的实际成本为200美元,则可以查看200美元是大于、小于还是等于基线(或预算)成本的50%。"VAC"域中显示任务完成时基线成本与实际成本的差异。使用方法如下。

第一步,选择"视图"→"甘特图"命令。

第二步,选择"视图"菜单中的"表"子菜单,然后选择"更多表格"命令。

第三步,在"表"列表中单击"挣值"选项,然后单击"应用"按钮,如图 7.36 所示。

	任务名称	计划值 - PV (BCWS)	挣值 - EV (BCWP)	AC (ACWP)	SV	CV	EAC	BAC	VAC
1	▲项目规划	¥1,480.00	¥1,480.00	¥1,480.00	¥0.00	¥0.00	¥1,480.00	¥1,480.00	¥0.00
2	模板确定	¥360.00	¥360.00	¥360.00	¥0.00	¥0.00	¥360.00	¥360.00	¥0.00
3	撰写项目计划报告	¥1,120.00	¥1,120.00	¥1,120.00	¥0.00	¥0.00	¥1,120.00	¥1,120.00	¥0.00
4	▲需求分析	¥3,680.00	¥2,932.00	¥2,932.00	¥748.00	¥0.00	¥3,680.00	¥3,680.00	¥0.00
5	需求调研	¥1,060.00	¥1,060.00	¥1,060.00	¥0.00	¥0.00	¥1,060.00	¥1,060.00	¥0.00
6	需求分析	¥1,340.00	¥1,340.00	¥1,340.00	¥0.00	¥0.00	¥1,340.00	¥1,340.00	¥0.00
7	需求确认	¥740.00	¥370.00	¥370.00	-¥370.00	¥0.00	¥740.00	¥740.00	¥0.00
8	撰写需求分析说明书	¥540.00	¥162.00	¥162.00	-¥378.00	¥0.00	¥540.00	¥540.00	¥0.00
9	▲网站分析设计	¥6,740.00	¥0.00	¥600.00	¥740.00	¥600.00	¥6,740.00	¥6,740.00	¥0.00
10	系统分析	¥1,080.00	¥0.00	¥600.00	1,080.00	-¥600.00	¥1,080.00	¥1,080.00	¥0.00
11	模块设计	¥2,900.00	¥0.00	¥0.00	2,900.00	¥0.00	¥2,900.00	¥2,900.00	¥0.00
12	数据库设计	¥1,600.00	¥0.00	¥0.00	1,600.00	¥0.00	¥1,600.00	¥1,600.00	¥0.00
13	美工设计	¥640.00	¥0.00	¥0.00	-¥640.00	¥0.00	¥640.00	¥640.00	¥0.00
14	撰写详细设计说明书	¥520.00	¥0.00	¥0.00	-¥520.00	¥0.00	¥520.00	¥520.00	¥0.00

图 7.36 项目挣值分析表

"挣值"表中的各种值将根据到当前日期(含)为止的实际工时和成本来进行计算。如果要更改计算日期,请选择"项目"→"项目信息"命令。在"状态日期"文本框中输入要使用的日期,然后单击"确定"按钮。

前述内容是以"学院网站建设项目"为例对 Microsoft Project 2013 中的常用操作进行了简单演示,更加详细的内容请读者参考 Microsoft Project 2013 的相关教程或书籍。

思考题

1. 项目管理软件一般具有什么功能?
2. 请上网查找资料,说明企业如何根据实际情况选择适宜的项目管理软件。
3. 请应用 Project 2013 绘制一个信息系统开发项目的甘特图。
4. 除了本章所介绍的这些软件,你还知道什么其他的项目管理软件?

第8章 典型信息系统项目管理

前面七章对于一般信息系统项目管理的内容和方法进行了比较充分的讨论,本章将对三类典型信息系统项目——企业资源计划(ERP)项目、电子商务项目和电子政务项目的项目管理逐一进行初步的讨论和分析。对于本章的内容,授课教师可以根据学生的专业特性进行自由选择,并自由地进行扩充。

8.1 企业资源计划项目管理

在知识经济浪潮席卷全球的今天,ERP(Enterprise Resource Planning,企业资源计划)作为一个建立在信息技术基础上,利用现代企业的先进管理思想,全面地集成了企业所有资源信息,为企业提供决策、计划、控制与经营业绩评估的全方位和系统化的管理平台,受到了企业越来越多的重视。

MRP(Material Requirement Planning,物料需求计划)、MRP Ⅱ(Manufacturing Resources Planning,制造资源计划)和 ERP 都是信息技术在企业应用的深化,它们首先表现为一种现代管理的思想,其次表现为某种具体的应用软件,最后在实施时表现为功能强大的企业信息系统。

企业资源计划系统的发展,经历了订货点法、基本 MRP 和 MRP 系统、闭环式 MRP、MRP Ⅱ,直到演变为现在的 ERP,并且还在不断地发展演变,如有的将下一代系统称为 ERP Ⅱ,有的则称为 TEI(Total Enterprise Integration,企业总成)。

8.1.1 企业资源计划项目的特点

ERP 是由美国著名的计算机技术咨询和评估集团——加特纳集团(Garter Group)提出的一整套企业管理系统体系,其核心思想是把企业内部各个方面的管理资源,如采购、生产、库存、销售、成本、财务和人力资源等,通过一个平台有机地整合在一起并加强协作,提高整体资源应用效率,使企业运作更加强调流程导向而不是强调职能部门导向。概括地说,ERP 是建立在信息技术基础上,利用现代企业的先进管理思想,全面地集成了企业所有资源信息,为企业提供决策、计划、控制与经营业绩评估的全方位和系统化的管理平台。

ERP 项目要实施成功,产业界有一个等式,即:

企业 ERP 系统的成功应用＝有准备的企业＋合适的软件＋成功实施

这个等式表明,ERP 要成功,有准备的企业、合适的软件和成功实施这三个条件缺一不可。首先,企业自身应该具备一定的条件,并在实施开始前积极准备,这是成功的前提;其次,要根据企业情况选择一款适合自己的成熟产品,这是项目成功的基础;在前两个条件既定的情况下,项目能否成功,则取决于实施队伍的实施能力和实施效果。在引入 ERP 系统的过程中，实施是一个极其关键的环节，ERP实施情况已经成为制约ERP效益发挥的一大瓶颈因素。

ERP软件与一般财务软件或小型信息系统应用的最大不同点就是"实施"这个概念。一般的财务软件或其他小型应用软件，只要软件开发商或经销商对用户稍做培训，用户便可以操作软件。软件应用效果好坏主要取决于软件本身的质量。ERP系统则不同，ERP系统能否成功应用受诸多环节和因素的影响，如果事先不进行充分的准备和缜密的计划，往往会导致应用失败。对应用软件进行规范的"实施"是其中最重要的环节，这正是人们通常所说的"三分软件，七分实施"的道理。对ERP系统"实施"这个概念的理解应该包括以下几个方面：

（1）ERP系统的实施难度很大，需要有实施方法论的指导，需要一支职业化专门从事系统实施的队伍，需要编制规范化培训教材。

（2）ERP系统的实施不仅仅是对用户进行软件操作培训，更重要的是应首先对企业进行业务流程分析（Business Process Analysis），理顺和规范企业业务管理流程。这是ERP系统实施的一个重要步骤。

（3）ERP系统的实施不仅仅是指导用户如何使用软件，还要协助用户进行各种企业信息的标准化和规范化编码。

（4）ERP系统的实施不仅仅要求企业适应ERP系统提供规范的管理模式，还要求在实施过程中也能根据用户的特殊业务处理需求对ERP软件进行相应的客户化改造。

（5）ERP系统的实施是一个耗费时间、人力与资金的过程，实施周期短则半年，长则一至两年（如果分为若干期工程，周期甚至更长），实施费用少则与软件价格相当，多则达到软件购买价的数倍。

好的ERP系统实施能起到改变和优化业务处理过程催化剂的作用。整个ERP系统的实施过程要求将业务流程的调整和重新设计与软件功能应用紧密结合在一起，同步进行。在这个过程中，可能对现行的企业管理产生巨大的冲击，比如：企业组织机构的调整及各部门职责的重新界定、每个人工作职责及工作方式的改变等。这些变化一方面会有利于企业商业目标的实现，另一方面也是对每个员工，包括所有管理人员和业务人员的挑战，企业决策层能否理解和接受这种理念对于软件实施的成功至关重要。

在ERP的实施过程中，还一定要有一个清醒的认识，就是ERP的实施不是一帆风顺的，是很曲折的。第1章曾讲到了如图1.3所示的幸福度曲线，并详细分析了ERP选型期、ERP上线准备期、ERP上线试运行期、ERP正式运行期等四个阶段。ERP项目的特点，这里就不再重述。

8.1.2 ERP选型的一般方法

如果企业一旦决定上马ERP项目，第一个头疼的问题就是：如何选择适合自己的ERP系统软件？面对市场上各式各样的ERP软件供应商，ERP系统选择是否得当，对于企业具有重要影响。购买ERP系统对任何企业而言都是一笔不小的投资，动则几十万、上百万，甚至以千万计，选择不当，会造成巨大的投资浪费；同时，ERP软件上马以后，会直接关系到企业目前和长远的业务发展，选择不当，其后果不堪设想。因为ERP软件选择和实施不当导致系统失败甚至企业陷入困境的例子并不罕见。

ERP软件的选择是一个非常繁琐的过程，除了需要将各种因素考虑周全以外，还要有一个科学的过程设计和良好的过程控制，才能保证决策的科学合理。一般而言，软件选择可以参考以下四个步骤。

1. 确定ERP软件评价指标体系

评价ERP软件系统的因素非常多，在实际操作过程中，企业可以考虑软件的功能、质量、技术的先进性、软件和服务供应商的实力以及价格等方面的要素，并形成一个完整的评价体系，作为评价软件的标准。在此基础上，可以根据企业自身的特点设计上述指标的权重。

2. 制作招标书，发布招标公告

在对企业业务流程进行分析的基础上，通过进一步的面谈确定企业管理系统中各业务子系统近期和长期的功能需求及其优先级，并形成功能需求结构树和功能需求表。在此基础上，选型小组将经各部门经理确认的功能需求表整理成招标书，发布招标公告。

3. ERP的软件演示与评估

根据项目组的安排和投标企业的要求，各家应标的供应商会进行软件现场演示，并回答用户企业提出的各种问题。用户企业要针对各软件演示的功能对企业业务需求的满足程度、操作界面的友好性、演示的针对性和演示人员的服务态度、业务素质及对其解答问题的满意程度等方面给出评价意见。

项目选型小组还应通过多种方式，调查和研究候选软件及应标供应商的相关信息，对软件供应商及软件本身的背景及其相关信息进行充分地了解。如果有可能，还可以去拜访曾经用过该候选软件的用户，听取他们的建议，并吸取他们的经验教训。

4. 评标和定标

各ERP软件供应商会根据用户企业招标公告中的信息化需求，向用户企业提供项目建议书或投标书。企业的软件选型小组根据各供应商的项目建议书对候选软件与本企业需求的吻合程度及实施建议进行评分，再根据企业确定的ERP软件选择指标的权重进行加权统计，得出各候选软件综合得分，从中选出得分最高的两到三家报给高层领导，并分别列出他们的优点和缺点。最后，由企业的最高领导和信息化领导小组成员共同做出软件和服务商选择的决策。

另外很重要的一点是，在进行软件选型时一定要选择已经有成功用户的ERP企业，如果可能，应选择那些在本行业有成功用户的ERP实施商和软件提供商。如果该行业没有成功的案例，至少要有相近行业的成功用户。

在考察ERP软件实施商或者软件提供商时，一定要到这两类厂商单位去做一次实地调研，看看这些企业自身的信息化管理水平如何，是不是存在"灯下黑"的现象——自己号称能够照亮别人，给别人做信息化，但自己的信息化水平却很差，"灯下"是黑的。

8.1.3 ERP 实施准备

在这一阶段,项目实施小组的人选将被最终确立,并共同确认项目的工作计划。召开有双方高层参加的项目正式启动会,明确本项目对实现公司远景目标的重要性,从而引起全公司对项目的重视,取得公司各层次对项目的支持。ERP 项目实施准备阶段主要完成以下的任务。

1. 项目实施团队人选确定

ERP 项目实施是一个复杂的系统工程,需要组织上的保证,如果项目的组成人选不当、协调配合不好,将会直接影响项目的实施周期和成败。项目组应由企业自身骨干和咨询顾问共同组成。

用户企业的项目组织应该由三层构成:(1)领导小组,由企业的一把手牵头,并与负责信息化工作的副总一起组成领导小组;(2)项目实施小组,一般是由项目经理来领导组织工作,其他的成员由企业主要业务部门的领导或业务骨干组成,主要的 ERP 项目实施工作是由他们来完成的;(3)业务组,每个业务组必须有固定的人员,协同实施小组一起制订新的工作规程和准则。这部分工作的好坏是 ERP 实施能不能贯彻到基层的关键所在。

咨询公司根据项目情况和顾问的能力也会指定一名项目经理,负责该项目实施工作。然后还要派出咨询顾问,包括应用顾问和技术顾问。对于比较大的系统,一般每个模块由 1~2 个咨询顾问负责。因此从人员上看,准备实施 ERP 的企业内部人员是实施团队的主体,咨询顾问的工作是引导、规范、指导和协助。

2. 针对不同层次的培训

一般来说,至少可以有三个层次的培训,一方面,针对企业高层和项目组进行的 ERP 概念培训,让大家掌握基本的 ERP 理论知识,方便以后工作的展开。

另一方面,针对项目组的关键用户进行产品理念和总体架构的培训,便于做业务流程分析和优化时双方的沟通。业内习惯上把企业内参加 ERP 实施项目组的用户称为关键用户(Key User),他们通常是企业主要业务部门的业务骨干,也是实施的骨干。在此基础上,每个模块的实施顾问应对本模块的关键用户以及与本模块有关的关键用户进行培训,培训的内容包括关键用户产品操作培训,使他们能在培训的基础上继续深入研究各模块的功能和设置,成为最终用户的培训者、方案设计的参与者。

在试运行之前,还要对最终用户培训,即对客户企业的具体业务人员进行软件产品的系统操作培训,使其能够熟练掌握日常业务在系统上线后的操作过程。培训应该由关键用户来主持,一是检验他们对系统的掌握程度,二是由他们和最终用户直接沟通效果常常更好。

3. 业务流程分析与优化

对于业务流程的管理,首先要进行差异分析,即分析企业需求和产品是否匹配,存在哪些差异。然后确定业务组织结构(需要考虑扩展性,为将来发展留下余地),并定义将来的业务流程。这是整个实施过程中最重要的一步,也是最能体现咨询顾问价值的地方。企业将未来业务流程定义好后，未来的系统就基本确定了，剩下的工作就是把它实现出来。

如果用户企业的利润率或竞争力在本行业处于中下水平，说明本企业的业务流程可能存在问题，需要对业务流程改进（Business Process Improvement，BPI）或业务流程再造（Business Process Reengineering，BPR），对于那些根本就没有书面业务流程的用户单位还需要先做业务流程规范化（Business Process Normalization，BPN）。如果选择的软件含有本行业的最佳实践和最优管理模式，在做业务流程分析和诊断时，应对照软件中的业务流程进行优化。

当然，是不是要全盘照搬或参照软件中的流程，或者说套装软件系统是不是要"一次到位"，需要考虑用户单位的信息化基础和人员素质，如果信息化基础好、人员素质好，可以考虑多适应软件系统中的流程，上尽可能多的模块；而对于信息化基础较差和人员素质整体较差的用户，可以选准突破口，按照软件系统中的流程和管理模式做好规划，分步实施，一个流程一个流程来优化，一个模块一个模块来实施。

4. 组织二次开发

实际上，任何企业都会有一些特色流程，否则就没有生存的必要了。这些特色流程，一般都是使企业赖以生存的流程，是体现该企业区别于其他企业的流程，也是使企业的销售产品实现差别化的流程，需要软件系统中的流程作相应的更改，以实现互相的适应。

在项目实施过程中，可以通过配置参数和自定义的方式来使系统适应客户的特色流程，使应用程序与客户的业务需求相一致。但有些时候，通过上述参数设定的方法仍不能满足客户的需求，比如客户需要一些特定的报表等。如果在主实施计划里已经考虑了二次开发，并对可能给项目实施带来的风险进行了分析，而且有相关的预算，则项目实施的过程中还包括客户化的开发和修改。

5. 静态数据准备

系统应用的基础数据包括静态数据（也称为主数据）和动态数据，静态数据一般不随时间不同而改变，如会计科目、物料数据、客户数据、供应商数据、物料清单（Bills of Materials，BOM）、工艺流程等。静态数据的准备工作包括：制订主数据准备计划、静态数据模板确认、收集方法确认、分头进行数据准备、建立数据文档、对数据准备进行校验。静态数据整理的工作量非常大，极易出错，却又极其重要，数据的准备和整理工作几乎贯穿实施的始终。

8.1.4　ERP 上线试运行

在这一阶段，将完成最终数据准备，并导入到正式系统中。在试运行阶段，需要进一步对系统进行测试和完善，并建立操作手册和系统运行管理制度。

1. 静态数据转换和动态数据准备

数据转换在整个 ERP 项目实施中是一个里程碑，它标志着整个实施进入到新的阶段。此阶段主要是把前期准备好的静态数据手工录入或导入到系统中，为系统上线提供基础数据。静态数据主要包括初始静态数据和业务输入数据等。

动态数据随时间的改变而改变,如期初结存数据(如会计科目的期初余额、存货期初余额、固定资产余额、资产负债表科目余额等)。动态数据是以系统上线前的某个时点的期初数据和历史数据作为准备基础,因此必须在系统上线前迅速完成。建议达到以下条件:物品代码资料必须准确,重复率为零;BOM 资料准确率在 98% 以上;库存数据准确率在 95% 以上;工艺路线准确率在 95% 以上;产品提前期数据必须准确等。

2. 系统测试和完善

对于一个复杂的 ERP 项目,测试工作是必不可少的。测试是对业务流程进行真实模拟,重点在异常情况的处理,也要检验用户对咨询顾问提交的应用方案是否认可,系统是否具备正式上线条件。客户对查询结果、表单的格式等细节可能还会有不满意的地方,因此需要客户进行确认。这时要及时发现问题,对不影响项目目标和实施进度的要尽量予以解决。测试内容包括:业务流程实现、数据转换和数据接口、用户权限、数据查询和报表打印、大数据量集中应用对系统功能性能影响等。

在测试出现的问题中,有些是不能立即解决的,需要调整业务流程的设计,对实施方案做较大的修改,而且这种修改可能会影响到项目目标,实施范围或实施进度。对这一类问题,要在测试结果的基础上,由项目领导小组和咨询顾问共同协商,修改应用方案,并相应调整受影响的其他计划。

3. 制订操作手册和运行制度

岗位操作手册将作为系统上线之后的业务流程和操作的指导。为了保证系统的高效、平稳的运行,还需要建立相应的规章制度,明确客户各部门、岗位和人员的工作规范和责任,具体有两方面内容:一是技术方面的规章制度,包括系统维护、数据备份、网络安全等制度;二是应用方面的规章制度,如操作员权限管理原则,主数据、业务流程、报表变更调整需要遵循的程序等内容。

8.1.5 ERP 项目的验收与后评估

在新系统运行一段时间达到稳定之后,就可以对 ERP 项目进行总体评估,并组织进行项目的最终验收。主要应进行的工作包括:整理各阶段验收文档;对于项目的实施成果进行总结、评价;项目总体验收(验收安排,签署验收报告和维护协议)等。

项目实施结束后,是否就意味着项目成功了呢?大多数公司都是以项目是否如期完成,预算是否得以有效控制等标准来评估一个项目是否成功,这无疑是不够的。一个综合的项目评估体系应至少包括四个部分:系统实施本身、公司变革程度、短期战略目标和长期战略目标。从这四个方面对项目实施做出综合评估,可以了解到企业是否最大限度地利用了已上线的系统,以及系统对企业长、短期战略目标的影响程度。

ERP 项目实施成效评价是在项目完成的基础上进行的。由于企业处在激烈的竞争环境中,对实施效益应当分别从纵向(与原有系统相比的优劣程度)和横向(与同行业企业相比的优劣程度)来分析和评价。只有新系统运行平稳同时又具有原系统不具备的优势,并有助于保持企业目前和长远的竞争利益,才能认为企业成功地实施了 ERP。这种比较应当建立在量化的基础上,以确保比较的公开、公正和可信。

8.2 电子商务项目管理

随着 Internet 的发展与普及,电子商务(Electronic Commerce,EC)逐步成为基于 Web 信息系统的主流,电子商务项目管理也逐步成为项目管理的重要领域之一。电子商务项目管理泛指对一个电子商务项目所有过程和各个方面进行计划、组织、管理和监控的过程,是为了达到预期成果和目标而采取内部和外部的持续性的工作程序,它既包括电子商务开发项目,也包括电子商务策划项目和电子商务运营项目等。但一般的电子商务项目或狭义的电子商务项目多指电子商务开发项目。

电子商务项目管理围绕整个电子商务项目的全过程,对项目的立项授权、需求分析、软硬件的评估选择、系统的实施,以及验收与后评估等环节进行全面的管理和控制。

8.2.1 电子商务项目的特点

电子商务项目是典型的一类项目,除具备一般项目的共同特征外,还具有如下几个特点。

(1) 角色多样性

在一般项目中,主要角色包含有两个,即项目的投资者(客户或业主)和项目的承建商。而电子商务项目的角色除了项目的投资者和项目的承建商外,还可能包括项目的策划者、设计者,甚至还涉及到第三方电子商务平台、第三方支付、第三方物流,以及供货商等。

(2) 复杂性

电子商务项目复杂性主要表现在电子商务项目的实施,涉及管理、技术、商业多重因素;需要整合商家、供应商、第三方平台、第三方支付、第三方物流的多重数据和资源;需要控制多重关联的商业和业务活动中的流程。这些多重整合需要跨越公司之间以及公司内部各部门之间的边界,从而使得沟通与协调变得更加困难,也使得电子商务的管理面临着现实的挑战。此外,电子商务项目的复杂性还表现在:投资者的高期望值;为适应电子商务的要求,需要进行内部组织结构和流程的调整;市场需求和机遇带来的紧迫时间压力;市场的培育和客户的积累需要时间使得电子商务项目实施初期很少盈利,项目存在着严重的预算压力。

(3) 动态性

电子商务项目往往处于一种激烈的竞争环境中,唯一不变的就是变化,新技术的不断涌现、商业模式的不断变化、竞争对手推陈出新以及跨界者的不断进入,改变了以前项目运行所必须遵循的逻辑顺序,电子商务项目不仅是一个按部就班的软件生产过程,必须以快速应变和充满创造力的开发过程应对市场压力。这使得客户在电子商务项目的实施过程中,必须不断调整商务和业务规划,使其与电子商务系统同步;有的项目可能要不断修改实施原来的规划和设计。

(4) 风险较大

电子商务项目是技术和商务的结合,是创建新的商务活动,决定电子商务项目成功的关键因素不是技术方面,而是对市场的了解,项目结果主要是得到无形的对商品的管理与服务能力。此外,电子商务项目通常不是简单地将现有业务搬到网上运作,其实施将改变现有的业务流程,影响业务结构,不仅涉及技术问题,还涉及企业内部管理、外部渠道及同业竞争等多种因素,一旦失败很难弥补。

(5) 生命周期短

电子商务项目中的两个核心词汇分别是:技术和商务。现在,信息技术生命周期短,电子商务项目所依赖的计算机技术、网络技术、通讯技术,以及物流技术、支付手段不断推陈出新;商业环境也在不断发展变化,新模式、新对手不断涌现,市场机会来得快,去得也快,这使得电子商务项目必须快速应对市场需求,否则项目尚未建成,就有可能面临被淘汰的危险。

8.2.2　电子商务系统建设的一般方法

电子商务系统的建设是电子商务项目管理重要环节之一。一般来说,企业可以有三种方式获取电子商务系统:一是专门开发,既可选择由企业自主开发,也可请专业的电子商务系统公司开发;二是直接购买电子商务套装软件;三是直接采用第三方电子商务平台提供的电子商务系统。相对来讲,第一种方式成本较大、风险较高,但是可以更好满足客户的需求;第二种方式风险较小,但是不能满足客户的个性化需求;第三种方式,系统较为成熟、风险较小,但是业务数据、客户数据都依托于平台,对平台依赖程度较高,对中小企业较为适用,对大企业不太适用。

电子商务系统委托开发选择外包商的一般方法如下。

(1) 招标准备。电子商务项目的用户方先自行组建或委托专门的招标公司组织项目招标领导班子,准备好招标书和投标标底。

(2) 招标。通过招标公告,从申请投标的承包商中挑选出部分合格的承包商,给他们发招标书,予以答疑,并在规定的时间内接收承包商的投标文件。

(3) 开标。在公证部门的监督下在预先规定的时间和地点将各投标人的投标文件正式启封揭晓。

(4) 评标。招标机构确定的评标委员会根据招标文件的要求,对所有投标文件进行评估、排序,并推荐出若干个中标候选人。

(5) 定标。在评标的基础上,最终确定中标人,或者授权评标委员会直接确定中标人。

(6) 签订合同。就投标文件中已有的内容再次确认,对投标文件中未涉及的一些技术性和商务性的具体问题达成一致意见。

电子商务套装软件选型一般方法如下:

(1) 筛选候选系统供应商,根据企业的期望和需求,综合分析评估可能的候选软硬件供应商的产品,筛选出若干家重点候选对象。

(2) 让重点候选对象作针对性的系统演示。

(3) 企业结合演示的结果和咨询公司的参考意见,确定初步选型,在经过商务谈判等工作后,最终决定入选系统。

在电子商务项目建设方式的选择阶段,主要项目管理工作是进行电子商务系统选择的风险控制,包括正确全面评估系统功能,合理匹配系统功能和自身需求,综合评价供应商的产品功能和价格、技术支持能力因素等。

8.2.3 电子商务项目的实施

实施是电子商务项目的最重要步骤,包括项目实施前的准备和实施过程管理。

电子商务项目实施前的准备工作,主要包括以下几点。

(1) 界定实施环境,确定实施过程中所涉及的组织与企业。

(2) 确定实施过程中所用到的方法与工具。

(3) 组建实施团队,确定实施领导和相关人员。

(4) 制订实施成本和进度,辨别主要的里程碑。

(5) 制订初始进度表和预算;准备实施前数据,包括对系统旧数据进行相关备份,规范数据格式等。

在上述准备工作完成后,就可真正进入电子商务实施阶段,直到最后完成电子商务系统的研制或引进。电子商务项目实施过程管理活动主要有以下几个方面。

(1) 跟踪并记录项目进展情况

在电子商务项目执行过程中,项目团队成员要及时跟踪项目进展情况,并记录相关的执行信息。一般来讲,项目执行信息可通过下列渠道收集:定期的项目报告(如项目执行情况日报表、周报表,甚至是月报表等)、项目例会的会议记录、电话和邮件信息、现场检查、项目管理信息系统等。

(2) 分析并管理项目执行状况

在获得详细项目进展状况后,接下来就要对这些基础执行数据进行分析,识别电子商务项目在进度、成本、范围及质量等方面的偏差,并针对偏差采取相关的措施。

(3) 监控和管理项目风险

在电子商务项目执行过程中,项目风险在任何时候都有可能出现,所以在整个项目执行阶段,项目团队一直都要对项目可能存在的风险进行监控,并对项目出现的问题进行有效管理。

(4) 管理和控制项目变更

项目变更的控制与管理是任何项目管理不可或缺的重要组成部分。任何 IT 项目,尤其是电子商务项目,易受外部环境和市场变化的影响,可以说,变更几乎是不可能避免的事,所以电子商务项目团队要把项目变更控制和管理作为项目实施阶段的重要管理任务之一。

(5) 总结并编制项目报告

电子商务项目执行阶段的一项重要管理工作就是对某一周期的工作进行总结,形成项目周期性报告,当然也包括编写项目总结报告,便于项目经理向相关项目干系人报告项目进展情况,并及时获得项目干系人对项目进展的反馈。

在电子商务项目实施阶段,除了上面主要的管理过程外,还包括一些其他的工作,如为项目团队营造积极的工作氛围,创建良好的客户关系等。

8.2.4　电子商务项目的验收与后评估

一般在电子商务项目正式验收前,先要进行一段时间的上线试运行。上线试运行的主要目的是发现系统还存在哪些问题,与企业实际商务情况是否一致。

验收是电子商务项目管理的最后一个阶段,确认项目是否达到原先预期的目的,主要验收包括:确定该电子商务项目是否提供了预期的成果;确定该电子商务项目在不断变化的环境中是否可行;重新评估最初的战略,从中吸取教训并改进以后的电子商务项目建设计划;尽快确认已失败的项目并找出失败原因,以免以后的系统中犯同样的错误。

验收具体可通过回答以下问题进行。

(1) 项目是否达到预期的目标?还有哪些没有实现?

(2) 系统性能如何?系统是否支持现有系统?

(3) 项目费用是否控制在一定范围之内?是否有其他预算外费用增加?

(4) 企业员工对系统满意度如何?

(5) 客户关系改善了吗?如果没有,问题出在哪里?

由于电子商务的环境变化较快,所以相对来说,电子商务项目的验收评估更加困难。因此为了更客观对电子商务项目进行评价,在项目验收并运行一段时间后,公司还应该组织相关人员对项目从经济效益等多方面进行后评估。后评估能更为准确地对项目进行客观评价。

8.3　电子政务项目管理

电子政务(Electronic Government,EG)建设也是一类项目,因此必须在其建设过程中采用项目管理的思想和方法。电子政务项目不是以商业利润为基本追求,而是以社会公众利益为主要方向,具有公共项目的特征,其效益相对来说难以评价。每个电子政务项目的建设都具有相当重要的现实意义。

电子政务不仅是一项技术应用——通过信息技术提升办公效率,而且往往是一项制度变革,即将传统政务上网引发的制度和流程的变革。这些效果很难通过技术指标来反映。如果从不同利益者来分析,其建设者、委托者、使用者和受益者的利益四方经常难以统一,故要认真进行项目干系人分析。

8.3.1　电子政务项目的特点

电子政务项目,除具备一般项目的共同特征外,还具有如下几个特点。

(1) 涉及角色众多

与电子商务项目类似,电子政务项目的角色除了项目的发起者和项目的承建商外,可能还包括政府横向的不同业务部门、政府纵向的上下级机构,以及相关的事业单位,服务的对象包括政府部门的领导、一般的工作人员,以及企事业单位、个人或公众用户等。

(2) 复杂程度高

电子政务可以说就是一种基于数字化流程的政府管理形态,因此电子政务需要流程,没有流程也就没有电子政务。电子政务就是要以信息技术的应用，推动政府创建、优化自身的流程。并利用现代的信息技术实现政府流程的电子化、管理的现代化。但这需要跨越政府不同业务部门之间以及政府上下级部门之间的边界，实现信息资源的共享，政府业务流程的公开透明。在这个复杂的过程中，如何克服形形色色的阻力是电子政务能否成功的重要因素之一。

（3）业务和需求具有动态性

中国正处于转型期，政府部门的改革力度不断加强，政府部门的业务结构、管理模式在不断的调整，此外，新技术的不断涌现、商业模式的不断变化，也要求政府不断调整适应环境的变化，这就使得电子政务项目的实施过程中，要不断调整业务规划和需求，有的项目可能要不断修改原来的规划和设计。

（4）安全性要求高

电子政务的稳定和安全运行，涉及国家机密、政务等高敏感信息的安全问题，涉及维护公共秩序和行政监管的准确实施问题，涉及到为社会公众、企事业单位提供公共服务的可靠稳定问题。电子政务是党委、政府、人大、政协有效决策、管理、服务的重要手段，必然会遇到各种敌对势力、恐怖集团、捣乱分子的破坏和攻击。网上黑客入侵和犯罪、病毒泛滥和蔓延、信息间谍的潜入和窃密、网络恐怖集团的攻击和破坏、内部人员的违规和违法操作、网络系统的脆弱和瘫痪、信息产品的失控等，都可能对电子政务的安全带来威胁，未来应对这些挑战，保障电子政务的可靠稳定运行，必须保证电子政务项目的安全性。

8.3.2 电子政务系统建设和运维的一般方法

政府部门的核心业务是政务活动，政府不可能完全依靠自己的力量进行电子政务系统的建设和维护，这就要求引入外包机制发展电子政务。通过外包，可以把政府从具体的技术工作中解脱出来，使其能够集中精力做好电子政务项目的规划和管理工作，同时由专业的外包公司提供服务，可以充分利用其在技术、融资、管理等方面的优势，为政府提供优质的电子政务服务。这样政府不仅能够提高电子政务的质量，还可以节约资金，精简人员，提高服务效率与效能。

外包商的选择是电子政务项目建设的关键环节，直接影响电子政务项目的成败，需要采取科学的方法。选择电子政务外包商时，需要注意如下几个问题。

（1）进行认真细致的需求分析。对电子政务项目的需求要进行认真细致的需求分析，既要保证必要的需求得到满足，又要防范增加过多的不必要需求。

（2）建立明确的外包商选择标准。要将外包厂商的技术实力、项目经验、服务水平、与实际需求的匹配程度、与现有电子政务系统的集成性、未来系统的开放性与可扩展性等作为选型的标准。

（3）引入竞争机制，采用招标的方法。在招标过程中，避免在价格问题上走极端。既要避免把价格压得过低，盲目选择那些便宜但不中用的外包商，又要避免认为价格越高产品越好，盲目追求高端技术、最新技术、追求功能齐全。

电子政务建设和运维外包的采购方式包括：公开招标、邀请招标、竞争性谈判、单一来源采购等。

（1）公开招标。政府采购公开招标活动应当遵循公开透明原则、公开竞争原则、公正原则和诚实信用原则。采购人或采购代理机构应在招标文件确定的时间和地点组织开标。

（2）邀请招标。符合以下情形的项目,可采用邀请招标方式采购：具有特殊性,只能从有限范围的供应商处采购。

（3）竞争性谈判。符合下列情形之一的项目,可采用竞争性谈判方式采购：招标后没有供应商投标或没有合格标的或重新招标未能成立；技术复杂或性质特殊,不能确定详细规格或具体要求；采用招标所需时间不能满足用户紧急需要；不能事先计算出价格总额。

（4）单一来源采购。符合下列情形之一的项目,可以采用单一来源方式采购：只能从唯一供应商处采购；发生了不可预见的紧急情况,不能从其他供应商处采购；必须保证原有采购项目一致性或服务配套的要求,需要继续从原供应商处添购,且添购资金总额不超过原合同采购金额的10%。采用公开招标方式的费用占政府采购项目总价值的比例过大。

8.3.3 电子政务项目的实施

电子政务项目的实施需要实施电子政务的政府部门进行相应的实施准备以及上线试运行,其中实施准备包括数据准备、流程准备、人员培训等。

（1）数据准备

政务信息资源是电子政务的基石,政务部门往往是社会上最大的信息资源拥有者,掌握着大量宝贵的甚至稀缺的信息资源。完备、准确、标准、兼容的数据是电子政务项目成功的基础,前些年流行的一个形容电子政务项目的说法"有路没车,有车没货,有货没好货",就是缺乏有效数据准备的后果。

电子政务项目的有效实施就是要充分开发和利用好政府的信息资源,实现政府部门之间信息资源的互联互通和共享,实现政府部门到企业、个人之间的信息发布和传播,这其中数据准备是十分关键的。如果没有完整、一致、准确的基础数据,系统是无法运行的,即使是勉强运行,也无法取得预期的效果。

（2）流程优化准备

以政府行政机构改革为中心,优化政务流程,是实施电子政务的必然要求。电子政务的实施,意味着政务流程的优化。政务流程优化是对政府治理理念、原则、结构、行为等进行大规模的改革,以提高政府的绩效和服务的品质。电子政务项目的成功实施离不开政府部门流程的优化准备,政务流程优化是一种系统的、综合的改进作业绩效的方法。

（3）人员培训

系统能否发挥其应有的作用并产生效益,主要取决于用户对系统功能的理解和正确的使用程度。电子政务项目的成功实施离不开公务人员的有效使用,公务人员具备不具备相关的技能和相关的知识,是不是树立了相应的观念,都会在很大程度上影响到电子政务系统的有效实施,因为最终电子政务系统是靠人来运行的,靠人来操作的,所以如果人员培训不够,人员素质达不到一定要求,电子政务系统构建得再好,也是无法取得成功的。人员准备包括对相关的人员进行电子政务管理理念、管理知识的培训,以及电子政务系统的使用方法、相关技术和安全规范的培训等。

(4) 上线试运行

试运行是指利用实际的数据,全面测试与运行系统的过程。在该过程中,需要开发人员和最终用户密切配合。系统将实际运行一段时间,对实际不合理之处,要进行进一步的纠正和完善,逐渐使系统走向正常运行的轨道。待系统做好了一切正式运行的准备工作后,便可以正式交付政府用户,投入正常使用了。

8.3.4 电子政务项目的验收与后评估

电子政务项目竣工或完成阶段性工程时,需要对项目进行竣工验收和阶段性工程验收。验收工作由验收机构完成,验收小组的组成由项目管理委员会确定,一般由业主单位、监理单位、管理单位及有关专家组成。

项目的验收管理包括项目的阶段性验收管理,里程碑的验收管理,总体验收管理等。不同阶段,验收的内容、要求是不同的。项目验收的依据是承建单位与业主的合同,项目建设任务书,相关工程的国家质量技术标准等。

验收时,承建单位需要提供工程验收内容,项目工程技术报告、实施报告、试运行报告和用户评价报告等验收文件。对项目进行阶段性验收和里程碑验收时,验收小组要总结项目的前期工程进展情况,肯定工程进展中在保证质量、工期、节约资金等方面的成绩,指出施工中存在的问题,提出对问题的解决整改要求,确保项目实施循着正确的方向进行。无论是项目阶段性验收,还是最终验收,验收组织都应该对所验收的工程情况进行认真总结,形成统一的验收意见和共识,拿出书面的验收结论。

为了更客观对电子政务项目进行评价,在项目竣工验收并运行一段时间后,还应该组织相关人员对项目进行后评估,电子政务项目的后评估是电子政务建设中一个非常重要的问题。电子政务项目究竟实施得如何,是否达到了预期的效果,都需要进行有效的评价。电子政务的后评估,应该包括如下几个方面。

(1) 电子政务项目的成熟度。这里面包括网络建设的成熟度,信息管理的成熟度,数据库的建设和技术使用的成熟度,安全保障成熟度等。

(2) 电子政务项目对政府绩效提升的贡献。通过电子政务项目的实施,政府的工作效率提高了没有,政府给老百姓提供的服务改善了没有,政府和政府之间,政府和企业之间,政府和公众之间的关系改善了没有,这些都是衡量政务信息化应用系统的成效的重要指标。

(3) 用户的满意度。也就是电子政务项目的使用者,政府的公务人员、企业、公民对电子政务项目的满意程度。评估的方面包括:政府的开放度高不高,政府提供的服务应用的深度、广度如何,反馈的速度快不快,能不能给用户提供更多的个性化的服务等。

思考题

1. ERP 项目实施成功有什么特点?
2. ERP 选型有哪些一般步骤?
3. ERP 实施准备有哪些工作要做?

4. ERP 上线试运行有哪些工作要做？
5. 请上网查找资料，结合教材内容分析电子商务和电子政务项目各有什么特点？
6. 电子政务建设和运维外包的采购方式有哪些，各是什么含义？
7. 请到图书馆查找相关资料，分别分析 ERP 项目、电子商务项目和电子政务项目的评价方法。

主要参考文献

1. 教育部高等院校管理科学与工程类学科专业教学指导委员会、国际信息系统协会中国分会(CNAIS)课题组. 中国信息系统学科课程体系 2011. 北京：清华大学出版社,2011.
2. 中国高等院校信息系统学科课程体系课题组. 中国高等院校信息系统学科课程体系. 北京：清华大学出版社,2005.
3. 美国项目管理协会. 项目管理知识体系指南(第 5 版)(PMBOK 指南). 北京：电子工业出版社,2013.
4. 黄梯云,李一军. 管理信息系统导论(第 3 版). 北京：机械工业出版社,2004.
5. 陈禹. 信息系统的分析与设计(第 2 版). 北京：高等教育出版社,2011.
6. 陈国青,(德)雷凯. 信息系统的组织、管理、建模. 北京：清华大学出版社,2002.
7. 李东. 管理信息系统的理论与应用(第 3 版). 北京：北京大学出版社,2007.
8. 凯西·施瓦尔贝,著,王金玉,时郴,译. IT 项目管理. 北京：机械工业出版社,2002.
9. 孙强,左天祖,刘伟. IT 服务管理. 北京：机械工业出版社,2004.
10. 左美云. 信息系统开发与管理教程(第 3 版). 北京：清华大学出版社,2013.
11. 左美云. 知识转移与企业信息化. 北京：科学出版社,2006.
12. 左美云. CIO 必读教程(CIOBOK)——CIO 知识体系指南. 北京：电子工业出版社,2004.
13. 左美云. IT 项目管理表格模板(含光盘). 北京：国际文化出版公司,2004.
14. 左美云,周彬. 实用项目管理与图解. 北京：清华大学出版社,2002.
15. 王超. 项目决策与管理. 北京：中国对外经济贸易出版社,1999.
16. 中国软件评测中心. 计算机信息系统集成项目管理基础. 北京：电子工业出版社,2004.
17. 中国软件评测中心. 计算机信息系统集成项目管理实践. 北京：电子工业出版社,2004.
18. 贝内特·P.得恩兹,凯瑟琳·P.雷著,沈婷译. 电子商务项目实施管理. 北京：电子工业出版社,2004.
19. 中国电子商务协会. 国际电子商务项目管理. 北京：人民邮电出版社,2004.
20. 许江林,刘景梅. IT 项目管理最佳历程. 北京：电子工业出版社,2004.
21. Harold Kerzner 著,杨爱华,杨磊,王增东,等译. 项目管理计划、进度和控制的系统方法(第 10 版). 北京：电子工业出版社,2010.
22. Joseph Phillips. 实用 IT 项目管理(第 3 版). 北京：机械工业出版社,2011.
23. 韩万江,姜立新. 软件项目管理案例教程. 北京：机械工业出版社,2005.
24. 林东清. 知识管理理论与实务. 北京：电子工业出版社,2005.
25. 布鲁克斯. 人月神话. 北京：人民邮电出版社,2010.
26. 张德. 人力资源开发与管理. 北京：清华大学出版社,2007.